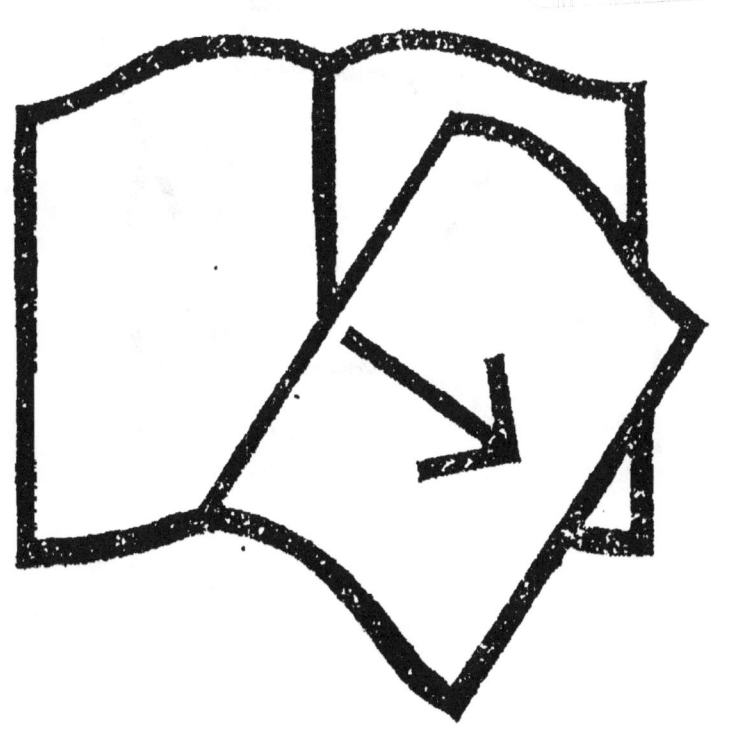

Couverture inférieure manquante

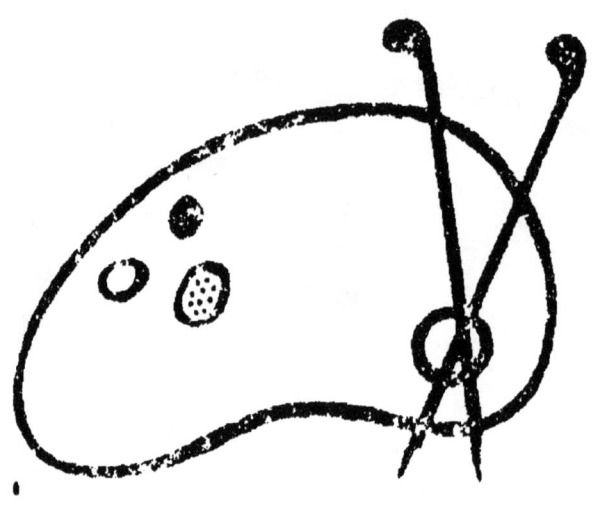

Original en couleur
NF Z 43-120-9

ERNEST D'HERVILLY

HISTOIRES
DIVERTISSANTES

DEUXIÈME ÉDITION

PARIS
G. CHARPENTIER, ÉDITEUR
13, RUE DE GRENELLE-SAINT-GERMAIN, 13
1882

HISTOIRES
DIVERTISSANTES

OUVRAGES DU MÊME AUTEUR

PUBLIÉS DANS LA BIBLIOTHÈQUE-CHARPENTIER

à 3 fr. 50 c. le volume.

CONTES POUR LES GRANDES PERSONNES...................	1 vol.
MESDAMES LES PARISIENNES, 3e édition...................	1 vol.
HISTOIRES DIVERTISSANTES.............................	1 vol.
D'HERVILLY-CAPRICES.................................	1 vol.
HISTOIRES DE MARIAGES..............................	1 vol.

Pour paraître prochainement :

HISTOIRE DE M. BÈDE ET DE QUELQUES-UNS DE SES AMIS......	1 vol.

Paris. — Imp. E. CAPIOMONT et V. RENAULT, rue des Poitevins, 6.

ERNEST D'HERVILLY

HISTOIRES
DIVERTISSANTES

DEUXIÈME ÉDITION

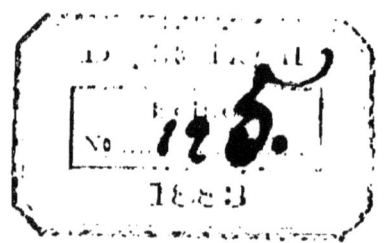

PARIS
G. CHARPENTIER, ÉDITEUR
13, RUE DE GRENELLE-SAINT-GERMAIN, 13
—
1882
Tous droits réservés

HISTOIRES DIVERTISSANTES

PARDON, MON AMI ; VENEZ !

Un jour qu'Aristide S***, un garçon tout à fait distingué, était en veine de confidences, il me dit ceci :

— Figure-toi, mon cher, — l'amour déçu cause parfois de ces agacements — qu'un matin de printemps, à la campagne, après avoir lu la lettre qu'une jolie dame daignait m'écrire, je fus assez peu galant homme pour m'écrier, devant mon domestique, avec une énergie à la Cambronne :

« Ah !... zut !... non, par exemple !... »

Et je jetai dans une coupe quelconque, avec un mouvement bien net de folle colère, la lettre mignonne que je venais de parcourir.

Jean, mon gilet sur le bras, me regardait, ébahi.

Tout en continuant de rabattre les pointes de mon faux col devant la glace, comme si rien d'extraordinaire ne se passait en moi, et que je fusse calme comme un boa, je vis naturellement la tête singulière que mon domestique faisait derrière mon dos.

Ce pauvre Jean était affecté profondément. Et son air semblait dire :

« Comment ! j'apporte à Monsieur, au saut du lit,
« une lettre de Paris, et qui sent d'un bon.... bien
« qu'elle ait passé la nuit en chemin de fer, qui rap-
« pelle la meilleure pommade de Monsieur, et Mon-
« sieur l'envoie au diable en criant.... zut ! Étrange !
« étrange ! Je suis pourtant sûr et certain que c'est
« de la dame à qui Monsieur m'envoie porter des
« bouquets.... »

Jean avait raison, dix fois raison. La lettre arrivait bien, en ligne plus ou moins droite, du boudoir de la dame en question. Et de plus, cette lettre contenait trois mots magiques, noyés dans une mer de pattes de mouche, et qui, en d'autres circonstances, m'eussent fait sauter d'allégresse : « *Pardon, mon ami. Venez !* »

« *Venez !* » Certes, cet appel suprême, et que je pressentais avoir été écrit avec un petit air de repentir tout à fait charmant, m'eût fait autrefois voler à Paris, par l'express du matin, 9 heures 32 minutes. Mais à l'heure où ce doux ordre me parvint, je n'étais plus du tout disposé, du tout, du tout, à venir, humble comme un chien battu, baiser la main de la coquette qui me tenait en laisse depuis trop longtemps.

Ah! mais non! Et puis ce n'était point la première fois que pareille chose arrivait. Libre à madame de K***, bien qu'elle soit veuve, de me tenir la dragée haute, — j'emploie cette locution populaire pour des raisons qui n'échapperont à personne, — mais j'étais bien libre également, après trois ou quatre déceptions, habilement préparées par ses blanches mains, de ne plus vouloir donner dans le piége, et de repousser violemment... la fameuse dragée enfin mise à la portée de mes dents d'enfant gâté.

J'avais trop souffert. Et je ne voulais plus souffrir, voilà tout. Non... zut! — Le bobo à l'âme que m'avait causé la première déception s'était envenimé, et maintenant c'était une plaie vive qui ne me laissait aucun repos, et sur laquelle je voulais absolument verser le baume de l'oubli.

En un mot, j'avais fait virilement mon deuil de cet amour, non pas sans but, mais dont le but se dérobait toujours devant moi. J'étais fatigué de marcher à sa poursuite. Par trois fois, madame de K*** l'avait mis presque sous ma main, et par trois fois, malicieusement, méchamment, elle m'avait repoussé, bien loin, au moment exquis où j'allais l'atteindre, haletant, harassé, mais retrouvant une nouvelle vigueur dans l'excès de ma joie de lutteur triomphant.

Non, zut! cent fois zut! Plus d'épreuves nouvelles!

A dire vrai, je n'avais nullement droit de trouver que madame de K***, que Cécile, fût cruelle. Mais, par ce temps de chemins de fer, on est habitué à aller si vite, si vite, qu'on a perdu jusqu'à la mémoire de ce qu'on appelait autrefois les relais.

Or, il y a beaucoup de relais encore, pour le cœur des femmes, sur la route de l'amour. Nous admettons que leur pudeur ait bien des arrêts aux différents buffets de la ravissante Ligne, mais nous nous fâchons s'ils durent plus de dix minutes. De là le mécompte. La femme voyage toujours à petites journées, dans notre monde du moins, et nous, h'las! nous brûlons le rail. *All right!*

Or, je suis de mon époque. Cœur perverti, je déteste marcher *piano*, en bavardant, et les pataches m'inspirent un profond dégoût. Je ne vois pas le charme fin des atermoiements féminins. Ils ne font que m'irriter, sans donner plus de saveur au jeu de l'amour et du hasard.

Enfin, comme les enfants qui cassent tout de suite leur poupée pour voir ce qu'il y a dans le ventre, nous avons hâte de faire tomber notre idole du haut piédestal où notre respect l'avait placée, pour avoir le plaisir de constater, lorsqu'elle choit et se brise, qu'elle est d'argile comme les autres!

Ah! les vieux rois sont partis, et ils ont emmené à jamais avec eux, parmi leur suite, les pages qui mouraient d'amour, muets en prose, bavards en vers, aux pieds charmants de leurs maîtresses!

Plus de vers, presque plus de prose, l'action! voilà notre siècle.

C'est pourquoi, en recevant la lettre presque suppliante de madame de K***, au lieu de la baiser avec transport et de faire immédiatement boucler ma valise, je m'étais écrié d'une façon.... barbare, pour ne pas dire autre chose.... *zut !*

Et pourtant !... Le soupir qui vint à la suite de ce *et pourtant !...* sembla charmer Jean qui m'aidait à passer ma jaquette.

Et pourtant l'odeur légère qu'exhalait le pauvre innocent billet de madame de K*** me rappelait les grâces séduisantes de cette fière créature. Je me souvenais des heures uniques pendant lesquelles, m'interrogeant sous les arbres des Champs-Élysées, en sortant de son cher petit hôtel, je contemplais, comme une mère, avec une émotion pleine de curiosité, mon amour nouveau-né, souriant.

Je me rappelais nos fâcheries sans cause, nos bonnes bouderies de trois jours. Chaque réconciliation rivait une chaîne invisible à nos cœurs, et très-secrètement, mais très-fatalement, mettait entre nous ce que les marins appellent un *va-et-vient*. Comment ce lien s'était-il formé? Je ne sais plus. Mais je sais que j'aimais madame de K***, depuis un an, sans qu'elle m'en eût donné hautement le droit. Plusieurs fois, je l'ai dit, j'avais cru, égrenant le chapelet de ses scrupules, arriver à la porte du ciel, du septième ciel, pardon. Mais toujours un obstacle inopiné s'était présenté devant moi, comme le Chérubin au glaive de lumière devant le malheureux Adam, désireux de revoir le Paradis.

Encore Adam connaissait-il le Paradis autrement que par ouï-dire, mais moi !...

Bref, désespéré, agacé surtout, à la suite d'une dernière tentative avortée, j'étais retourné dans « mes terres, » laissant madame de K*** réfléchir à Paris.

Je l'oubliais presque, — presque ! ô mon cœur, comme tu mens ! — lorsque le billet que Jean me remit ès mains raviva et mes sentiments de fureur et mes désirs refrénés.

Que faire ? Qu'auriez-vous fait à ma place, après vous être d'abord soulagé par un fort juron ? — Plaît-il ? Comment dites-vous cela ? — Je vous entends. — Vous auriez demandé à Jean de plier la couverture de voyage en rouleau dans sa courroie, et vous seriez parti avec enthousiasme ! Eh bien, oui, j'ai fait ce que vous dites là. Je suis parti en me voilant la face. Jean était du voyage, parbleu ! Je devais sans doute demeurer quelques jours dans la ville où mon bonheur allait peut-être s'épanouir enfin, tout seul, par la force des choses, pareil à ces jacinthes de Hollande qui fleurissent dans les salons sans autre nourriture que de l'eau claire.

A peine débarqué, baigné, — quel bain ! — restauré, léger comme un moineau, je courus aux Champs-Élysées.

« Aujourd'hui, m'étais-je juré comme un Romain, je ne sortirai d'ici qu'après le sac de la ville. Je m'accorde même une heure de pillage. La forteresse a résisté trop longtemps, sans motifs plausibles. »

Ah ! quel frisson poignant me saisit délicieusement quand j'entrai dans le petit salon d'hiver, regardant la femme de chambre se faufiler dans le *buen retiro* de madame de K***.

A mon tour je fus introduit, fort ému, je vous jure, dans le cher boudoir habité si souvent, la nuit, par mes rêves hardis.

L'ange ! oui, l'ange adoré, qui daignait enfin descendre sur la terre, pour moi seul, était étendu sur une causeuse, près d'un feu maigrelet, prisonnier derrière une toile métallique.

Je m'assis, tremblant, — eh ! sacrebleu ! oui, tremblant quoique déterminé à tout, — au bord d'un divan.

« Oh ! mon ami, je ne vous attendais plus ! »

Elle dit ces mots si tendrement, ma Cécile, que je me rapprochai d'elle. Je pris sa main. Elle était brûlante. Des intervalles de silence, terribles à franchir, se faisaient entre chacun de mes gestes.

Et chacun de mes gestes, innocents et timides, faisait comme frémir madame de K***. Évidemment elle avait désiré cette entrevue. Sa lettre, d'ailleurs, le prouvait. Oui, Cécile, touchée de ma constance antédiluvienne, et pensant aussi que ses dédains finiraient par lui aliéner mon cœur, s'était décidée à faire, la première, un pas en avant. Elle se repentait de ses rigueurs. Sans doute, et je le devinais, à la coloration divine de sa figure délicate, elle avait résolu de mettre en pratique les conseils de Ronsard :

> Vivez, si m'en croyez. N'attendez à demain.
> Cueillez dès aujourd'hui les roses de la vie.

Mais, — cette obstination de la dernière heure m'étonnait un peu ! — Cécile avait l'air de reculer devant cette détermination que le monde appelle une chute, et qui est une Assomption devant les yeux de l'amant.

Elle me fuyait. Par instant un pli éphémère qu'on eût dit creusé par une vive douleur secrète rayait son beau front. Elle pâlissait, tremblait, me repoussait. Il y avait dans cette lutte muette plus que la résistance instinctive de la femme qui se rattrape à toutes les branches, au bord de l'abîme.

En vain, plus doux que l'agneau, plus tendre que la brise de mai, j'essayais lentement de la rassurer. En une seconde, je lui faisais tous les serments que M. de Talleyrand fit dans le cours de sa vie. Efforts perdus ! Cécile se dérobait de mille façons à mes caresses respectueuses comme une Protée peureuse. Bientôt, je vis que ce n'était pas du tout de la coquetterie poussée à l'extrême. Cécile souffrait.

Enfin, elle s'échappa de mes mains frémissantes, et, avec un sourire contraint, me pria, me supplia de la laisser seule.

« Vous saurez tout plus tard.... Ne vous fâchez pas.... Adieu, adieu!

— Mais!... »

J'allais éclater, me sentant ridicule comme jamais on ne l'a été, mais je me contins, et, dignement, héroïque comme Régulus, je lui dis adieu à mon tour.

Dans l'escalier, comme le souvenir exaspérant de cette résistance, inexplicable après la lettre de la veille, me montait au cœur, je poussai un *zut!* consolateur, formidable, et je descendis, soulagé.

Dans la cour de l'hôtel se promenaient une jument, en costume d'exercice sanitaire, et son palefrenier. Au pas, gravement, ils en faisaient le tour. Un chien terrier les suivait pensif.

Ce tableau, d'un ton morne, m'arrêta, je regardai le cheval et son gardien.

« Une jolie bête! fis-je.

— Ne m'en parlez pas, monsieur! Jolie, mais si rude! Madame l'a montée, hier, pour la première fois. Elle a été joliment secouée, allez!

— Bah! dis-je, le cerveau traversé d'une flèche de feu.

— Oui. Avec ça, la selle était neuve....

— Je comprends! Et il y avait longtemps que madame de K*** n'avait monté?

— Deux mois, monsieur. »

Pauvre Cécile!... et moi qui l'accusais.... qui.... Je reviendrai dans huit jours, par exemple, murmurai-je.

Je partis, riant en moi-même, à longs éclats....
pauvre petite!...

L'AMOUR MOUILLÉ

Capitaine de Chablay, mon cher camarade d'excursions folles, vous rappelez-vous notre déjeuner du 8 février 1865 au restaurant du *Ruisseau des Singes!*

L'holocauste que d'un commun accord plein d'enthousiasme nous offrîmes, ce jour-là, à notre estomac pour apaiser ses fureurs trop légitimes — à quatre cent quinze lieues de Paris — est resté l'un des meilleurs souvenirs de ma reconnaissante fourchette.

Elle en est émue encore, ce jourd'hui!

Cet holocauste ne brillait point par la variété, je l'avoue; il se composait de côtelettes nombreuses — et incessantes! — d'artichauts (à une *barigoule* insensée) et de confiture d'arbouses.

Mais comme il vint à point! hein, capitaine?

Nous fondîmes dessus, avec une sombre énergie. Notre appétit exaspéré par l'air pur et vif, par la jeunesse, par les cahots dont la vieille calèche qui nous amena de Blidah nous avait comblés.

Aussi le malheureux *breackfast* fut anéanti, en deux temps, trois mouvements. Oh! ce ne fut pas long! Un quart d'heure après son apparition sur la table boiteuse, il n'en restait plus que des reliefs si insignifiants que ce n'est vraiment pas la peine d'en parler.

Je conseille aux estomacs contristés, comme un moyen de guérison radicale, une course de trois heures dans les gorges de la Chiffa.

Voilà un remède qui vaut bien la séduisante farine de lentille que Dubarri, le doux poëte, nous vend à prix d'or!

Il est vrai qu'il n'est pas à la portée de tout le monde. C'est triste. Mais passons.

Donc, le capitaine de Chablay et moi, un quart d'heure après notre délicieux repas, nous devisions, sous les feuilles énormes d'un figuier sauvage, mais non stérile, fumant, et contemplant de tous nos yeux les soubresauts capricieux du Ruisseau des Singes, pittoresque cascade qui tombe, presque à pic, de deux cents pieds de hauteur, au milieu de blocs écroulés, lançant des gerbes et des fusées irisées par le soleil à travers des massifs de chênes verts, d'arbousiers, de lauriers roses, de platanes, de trembles, de ricins gigantesques, de lentisques, d'acanthes prodigieuses.

On nous apporta le café, tandis que nos regards s'égaraient sous les masses inextricables de lianes, de lierres, d'un vert puissant, où les fleurs des bégonias, des cyclamens, des houblons, éclataient, charmantes, tout humides du pulvérin argenté qui plane sans cesse au-dessus de la ravissante cascatelle.

« Quel magnifique endroit! m'exclamai-je, ravi, rafraîchi, rassasié, rasséréné complétement enfin.

— Parfait! Quel admirable chaos de verdure, de jets de lumières, de jaillissements inattendus d'eau et de feux. C'est féerique. Tout étincelle. Tout verdoie.

— Et les oiseaux, écoutez donc!

— Et les singes! »

En effet, en face de nous, à deux cents mètres de distance, sur l'autre paroi du ravin profond, au bas duquel bouillonne la Chiffa, et vis-à-vis du Ruisseau des Singes, où nous faisions la sieste, nous pouvions apercevoir, folâtrant parmi les chênes verts et les liéges, les petits cynocéphales innocents et goguenards.

Ils s'en allaient, par couples, sans inquiétude, et vaquaient à leurs affaires particulières, gonflant de fruits leurs abajoues. On les voyait distinctement.

« Voilà un spectacle qui ne nous rapproche pas du boulevard Montmartre, capitaine. Voir des singes en liberté, comme des lapins à Meudon, cela recule diablement le pays où l'on a vu le jour. Que Batignolles me semble loin!

— Je ne m'en plains pas, reprit le capitaine de Chablay, en bourrant pour la troisième fois, avec soin, une pipe énorme, la pipe des Danaïdes!

— Ni moi, cher ami. Je constate, voilà tout, que

nous ne sommes pas tout à fait à Asnières-les-Égouts.

— Tant mieux ! »

Le capitaine (capitaine de Chablay, vous en souvenez-vous?) répondit ces deux mots d'une façon si amère, que je changeai de conversation immédiatement, pressentant dans le cœur de mon cher compagnon un *cor* moral, sur lequel il n'était pas charitable de poser le pied de l'allusion!

« Ah ! la splendide nature ! capitaine, dis-je, après un instant de silence. Que je vous remercie de m'avoir amené ici ! Ce Ruisseau des Singes est exquis. Ma parole, je passerais bien une saison dans cette *posada* isolée. Croyez-vous que notre hôtelier louerait une chambre à un jeune diable comme moi, qui voudrait déjà se faire ermite?

— Je ne le crois pas. A peine s'il a de quoi se loger lui et sa famille, et sa ménagerie.

— C'est bien fâcheux. Avec une petite clochette, que je sonnerais soir et matin, je pourrais faire mon salut ici. J'irais récolter des racines et des glands doux sur les collines. L'eau des torrents serait ma boisson favorite. Et, la nuit, un lit de feuilles sèches recevrait mes membres salutairement fatigués.

— Pas moyen, cher toqué, de vous satisfaire. On ne loge personne, même à pied, au Ruisseau des Singes.

— Dure loi ! — Cette *osteria* était faite pour moi, et cette jolie cascade, murmurante, me séduisait. Quelles belles douches on recevrait dans ces poé tiques bocages! Comme on pourrait joindre, en ces déserts, le lyrisme à l'hydrothérapie!... Voilà mon élément!

— Au diable!... allez au diable, sacrebleu! avec vos idées, mon cher! Qui vous prie d'éreinter la nature? Vous avez encore de spirituelles idées, vous!

— Eh! capitaine! qu'avez-vous? Je vous ai blessé?... Vous n'êtes pas partisan du traitement hydrothérapique? Vos convictions...

— Non! mille tonnerre...! Ne parlez pas de cela, voulez-vous?

— Ah! je vous demande pardon, mon ami. J'ignorais... quelque vieille blessure?... Eh?

— Au fait... oui!... Et je vais vous conter l'histoire. Aussi bien vous pourriez à chaque instant, sans le vouloir, me faire un mal de chien. La chose se cicatrise, voyez-vous, mais c'est lent... »

En disant ces paroles, le capitaine, fort rouge, tapait des doigts sur le côté gauche de son uniforme.

« Mon pauvre capitaine, croyez que... si j'avais su...

— Tiens! parbleu! il n'aurait plus manqué que cela!... Enfin, voici l'histoire annoncée. Oh! ce n'est pas un roman banal, c'est là le *hic*, c'est un roman stupide.

— Vous êtes dur... capitaine.

— Je suis à peine juste. Mais l'homme n'est pas parfait, et vous allez me comprendre. Il y a deux ans, étant en congé, à Paris, j'allais souvent dans le monde. C'était l'hiver. Naturellement, autant que le faire se pouvait, je voltigeais de la brune à la blonde, sans mépriser la rousse, essayant tour à tour sur les faibles cœurs les séductions de mon brillant costume ou les grâces plus discrètes de l'habit noir des pékins.

— Merci, capitaine. Il est très-gentil, ce mot-là.

— Un jour... sacrebleu! non, un soir, ce fut moi qui mis bas les armes. Une petite dame, châtaine, cette fois, grosse comme une mouche, mais jolie, ah!...

— Je vois d'ici la photographie, capitaine ; poursuivez.

— Bref, mon ami, le capitaine de Chablay rendit son épée, honteusement, à ce délicat petit être. J'étais fou!

— Ah! tant que cela?

— Fou à lier! — Je la suivis partout, de bal en bal, de souper en souper. Elle soupait si bien!—Mais la malheureuse était, est et sera toujours mariée, sacrebleu!

— De là, grande difficulté! Mari toujours présent! Bref, le volume était en lecture indéfiniment... et vous étiez sans l'espoir d'y jeter jamais un simple coup d'œil?

— Restait le tour de faveur....

— Parfait! charmant! Un tour de faveur!... Garçon, l'*Annuaire?*

— Ne riez pas, mon cher. — Gérardine....

— Joli nom !... Gérardine, ou *la tueuse de capitaines* aux tirailleurs algériens, ces lions de l'Atlas !

— Gérardine y consentait. Mais quel prétexte inventer ? Son mari, vous l'avez dit, la surveillait de près — de trop près — jour et nuit. Que faire ?

— Oui, que faire ?

— Une amie lui parla d'un établissement hydrothérapique à la mode. Ce fut un trait de lumière pour elle. Gérardine consulta son docteur, et le docteur l'envoya.... aux environs de Paris, chez le docteur Udoret, un excellent homme... que j'exècre !

— Bah !

— Eh ! oui, tonnerre ! — Car, naturellement, le lendemain, jour où Gérardine entra dans la maison de l'infâme Udoret, je frappai moi-même à la porte dudit établissement. Une névrose subite me condamnait à y rester un mois. On a de ces maladies-là, à ce qu'il paraît. Je portais ma névrose gaillardement... Le mari ne venait que tous les deux jours.

— Et tout allait comme sur des roulettes, n'est-ce pas ?

— Miséricorde !...

— Voyons, capitaine... pas de modestes rougeurs...

— Certes, grâce aux bois qui ombragent le vieux parc de l'établissement du docteur Udoret, je vis mes cheveux se couronner de roses... une belle après-midi... mais... le revers terrible de la charmante médaille où était gravée la figure de Gérardine ne tarda pas à se montrer.

— Je comprends, le traitement ! c'était sérieux.

— Sacrebleu ! oui. Douche le matin, douche le soir, en filet, en pluie, en gouttes, en fouet, et tout le tremblement, et le docteur Udoret, et son opuscule par-dessus le marché !... Miséricorde !

— Que voulez-vous dire ?

— Figurez-vous, tonnerre ! que le misérable Udoret, lorsqu'il tient son patient sous la douche glacée, grelottant et demandant grâce, se met à lui lire des chapitres entiers de l'*Ouvrage* qu'il prépare depuis vingt ans. Dans le feu de sa déclamation, il oublie le robinet et les écluses, et l'infortuné auditeur grince des dents et se sent mourir en écoutant les théories de son bourreau. Cela se renouvelle deux fois par jour ! Et pas moyen de se sauver. Le pavillon où le docteur vous exécute est clos hermétiquement. *Ses murs étouffent les sanglots, absorbent l'agonie !*

— Mais c'est horrible, ce récit !

— C'était à devenir fou. Je le devenais. D'ailleurs, le régime et la douche me réduisaient à rien... et Gérardine m'aimait toujours !

— Effrayant ! simplement effrayant !

— Un soir, je pris la fuite. Ma parole, je m'évadai ! Je n'y tenais plus. Je serais mort. L'*Amour mouillé*, c'est joli, dans Anacréon (ode III), mais aux environs de Paris, en mars ! c'est épouvantable !

— Décidément, capitaine, vous supportez mieux le feu que l'eau. Pas bon, l'eau ; *al ma macache bono !*

— Ventre de buffle ! non ! — Aussi je refilai en

2.

Afrique, sans attendre mon reste... Pauvre Gérardine ! Elle était brune, la chère enfant !... Mon cœur saigne quand je pense à nos rares après-déjeuners, sous les arbres tutélaires du parc de M. Udoret, notre impitoyable docteur, mais, entre nous... les douches... l'affusion... les viandes blanches...

— Mauvais système pour entretenir le feu d'une passion.

— Vous l'avez dit. — N'en parlons plus. Et quittons ce Ruisseau des Singes dont le bruit rappelle trop en ce moment à mes oreilles le vacarme strident des robinets infernaux du docteur.

— Alors, en voiture, capitaine ! »

LE GROS VIEUX BOUQUIN

Madame, c'est un gros vieux bouquin, un épais in-quarto du siècle passé, un pesant et massif volume solidement relié en veau brun, avec filets d'or, et arborant encore une tranche peinte d'un beau vermillon dont les années ont à peine atténué l'éclat.

C'est un gros vieux bouquin, madame, qui coûtait, en 1775, chez Humblot, libraire, rue Saint-Jacques, près Saint-Ives, à Paris, la somme de 24 livres.

Il est intitulé : LA NOUVELLE MAISON RUSTIQUE, *ou économie générale de tous les biens de la campagne, avec la vertu des simples, l'apothicairerie, et les décisions du droit français sur les matières rurales, dixième édition enrichie de figures en taille-douce, avec approbation et privilége du Roy.* »

Telle est la profession de ce gros bouquin.

Pourquoi, comment ce gros vieux vénérable bouquin se trouva-t-il, tout à coup, sous mes yeux quand je suis entré dans mon cabinet de travail? C'est ce que je ne saurais vous dire.

Ordinairement, ce gros vieux cher bouquin, qui fit partie de la bibliothèque du père de mon grand-père, est honorablement relégué dans les rayons inférieurs de ma bibliothèque, à côté de respectables confrères de son âge, de sa taille et de sa corpulence.

Bref, et sans chercher plus longtemps *rerum causas*, quand je suis entré dans la pièce où ma plume et moi nous nous livrons à un tas de petits exercices littéraires dont la postérité se souciera comme un coq d'une perle (ne nous marchons pas sur le pied), j'ai vu, sur ma table, le gros vieux bon bouquin en question. Mon chat dormait dessus.

En l'apercevant (le bouquin, pas le chat) et en le reconnaissant, car il y avait longtemps que nous ne nous étions vus, j'ai eu, madame, un petit battement de cœur plein d'émotion, et, en même temps, un sourire m'est venu aux lèvres.

Oui, Georgette, oui, madame, veux-je dire, ma

figure, à la vue du gros vieux bouquin, a pris successivement l'expression mélancolique du visage de *Jean qui pleure* et celle du visage de *Jean qui rit.*

Tout d'abord, je me suis rappelé, et j'ai revu instantanément l'époque où ce gros bouquin me semblait gigantesque, où je le portais avec peine entre mes bras d'enfant, l'époque enfin où mon cher père, à jamais regretté, y lisait une masse de vieilles recettes pour faire le bon vinaigre ou pour obtenir des poires magnifiques. Et alors, un voile humide s'est étendu sur mes yeux, et j'ai soupiré tristement.

Ensuite, je me suis souvenu de l'emploi singulier qu'on faisait, au temps de ma petite enfance, de ce gros bouquin pacifique, et... j'ai ri.

Vous ne vous rappelez sans doute plus, Georgette, madame, veux-je dire, à quoi servait, le dimanche, quand vous veniez à la maison dîner avec nous, le gros vénérable livre relié en veau brun, avec filets d'or?

Si je vous rafraîchis la mémoire à ce sujet, avec toutes les précautions possibles, m'en voudrez-vous, Georgette, et en rougirez-vous, madame?

Le gros vieux bouquin (comment dire cela gentiment, honnêtement, sans lourdeur?) le gros vieux bouquin, madame, servait à vous exhausser au moment du dîner, à vous mettre de niveau avec votre assiette, enfin.

La table était haute, et nous n'avions pas de chaises d'enfant.

C'était donc sur la reliure en veau brun, à filets

d'or, froide et polie, qu'on vous asseyait, ma chère Georgette, en ayant bien soin de relever, afin de lui conserver toute sa fraîcheur, votre jupe courte, ronde et raide comme un petit parapluie.

Oh! mignonne Georgette, vous aviez alors des nattes pendantes dans le dos, un nez très-retroussé, et des bras, et des mollets fermes comme un fruit!

A part les nattes et le nez retroussé, je pense que vous avez conservé le reste, comme autrefois?

Mais, dites donc, ma chère Georgette, entre nous, là, à la bonne franquette, je ne crois pas que vous pourriez encore mettre aujourd'hui, sur le gros vieux cher bouquin, ce qui y reposait jadis si facilement.

Voyons, ne rougissez pas, ma petite Georgette, madame, veux-je dire.

Voilà, je vous l'avoue, madame, la réflexion que j'ai faite, et qui m'a égayé tout à l'heure, en regardant le gros vieux bouquin, qui fut assez heureux, dans le temps, pour servir... de socle à votre... base.

Ah! Georgette! — pardon, ah! madame! je suis bien certain que c'est resté aussi blanc, aussi potelé, aussi satiné que par le passé; mais, postérieurement, les dimensions ont dû étonnamment changer; c'est mon espoir, du moins, et, c'est une simple remarque que je fais *in petto*, je crois bien que l'*in-quarto* ne vous suffirait plus à présent, chère madame.

Dame, nous avons pris ensemble de l'âge et de l'embonpoint, et, pour ce qui me regarde personnellement, je vous avoue, moi, qu'il me faudrait un *in-folio* maintenant.

Mais, arrêtons là le cours de nos suppositions, n'est-ce pas, Georgette?

Je ne voudrais pas, pour tout au monde, faire baisser les beaux yeux que vous promenez sur ces lignes, en poussant plus loin mes investigations.

Ce que j'en ai dit, c'est en vieil ami, en ami d'enfance, en compagnon de siége, car, avant vous, je connaissais les douceurs de la *Maison rustique* comme coussin, et je me rappelle que ce n'était pas très-moelleux.

Allons, madame, je reprends un air grave ; je quitte le ton badin que ce diable de gros vieux bouquin m'a fait prendre, bien malgré moi, en remettant dans ma pensée le souvenir de votre... nez retroussé et de vos nattes pendantes dans le dos.

Agréez donc, sans rancune, les respects de votre dévoué serviteur.

MONSIEUR CENDRILLON

Mon Dieu! madame et délicate lectrice, je suis absolument fâché de vous prier d'entrer avec moi dans le cabinet de flânerie de M. Robert de Pierrafeux, juste au moment où le... retrait, artistiquement décoré d'ailleurs, de ce garçon d'infiniment de goût et d'esprit, est rempli d'une fumée épaisse.

Odeur à part (et c'est celle du *latakié*), c'est à se croire en vérité dans l'intérieur d'une *montgolfière* en partance... atchi !...

Mille pardons!...

Mais à cette heure de l'après-midi (trois heures douze), et par ce temps de pluvieuse humeur, j'étais sûr de rencontrer chez lui, rue du Bac, le jeune célibataire en question, récemment arrivé de Marseille, et que je tiens à avoir l'honneur de vous présenter moi-même.

Tenez, madame, ce que l'on entrevoit d'abord, chez mon ami Robert, à travers les nuages de la fumée du tabac oriental, c'est, sur le tapis, au milieu d'un plateau de cuivre décoré de fleurs peintes, une paire d'énormes fourneaux de pipes rouges.

Deux pipes! hein! cela se corse! — Ma parole, je croyais trouver M. de Pierrafeux seul.

Que cela ne nous arrête pas. Passons. Le plus fort est fait, d'ailleurs. Et puis, entre parenthèses, je puis bien vous dire tout de suite, madame, le nom et la position de la personne qui se trouve en ce moment étendue tout de son long vis-à-vis de ce cher Robert. Je la connais intimement. C'est un vieil ami des de Pierrafeux. Un camarade de collége. Léopold Karakas. Un Cubain. Riche à billion. Un passant qui s'amuse. Une utilité du reste. Personnage muet, comme on dit au théâtre. Mis comme un prince qui saurait s'habiller.

A présent, madame, si vos yeux charmants veulent bien se donner la peine de remonter le long du tuyau de jasmin qui part de l'un des fourneaux de chibouk dont nous parlions à l'instant (celui de gauche, je vous prie), il est certain qu'ils rencontreront, à un mètre cinquante de leur point de départ, la moustache agréablement frisée de M. Robert de Pierrafeux, laquelle, pour l'instant, garnit d'une frange de nouvelle espèce le bouquin d'ambre du tuyau précité.

Votre regard peut rayonner maintenant, madame, autour de ce centre. Il trouvera, dans ses explorations que je ne dirige plus, un menton galant, un nez aquilin de bonne dimension, des joues rondes et fraîches, une paire d'yeux bruns, deux sourcils bien dessinés, enfin un front large, surmonté de cheveux noirs, bouclés par la main du hasard.

En outre, si Robert de Pierrafeux se levait de son

immense fauteuil, et qu'il fût toisé par un des aimables messieurs du conseil de révision, tout porte à croire que cet aimable monsieur s'écrierait, après un léger examen : — 1 *mètre* 80; *bon pour le service.*

Ces renseignements de passeport, madame, ne vous donnent, il est vrai, qu'une bien pauvre idée du personnage que j'ai entrepris de photographier à votre intention ; mais je vous sais l'imagination riche. Elle lui fera aumône de quelques réflexions.

Et je suis persuadé que, sur ma parole, au cas, improbable, oh ! bien improbable !... où monsieur votre mari aurait besoin d'un substituant, vous n'hésiteriez pas à placer mon bon Robert au premier rang parmi les conscrits qui ne demandent qu'à « voler à la frontière. »

Et...

Mais, — voilà qui est désolant ! — On vient de frapper un joli petit coup à la porte du cabinet de flânerie de M. de Pierrafeux. Ne l'avez-vous pas entendu, madame ? Parfaitement. Où nous mettre ? Bah ! Dissimulons-nous de notre mieux, et écoutons, n'ayant rien de mieux à faire, hélas !

« Entrez ! crie Robert. Puis il ajoute, en parlant dans la direction du muet Léopold Karakas, invisible sous la nuée, comme une Io moderne :

— C'est Mathurin... sans doute... je l'ai envoyé à la bibliothèque Charpentier... »

Ce n'est pas Mathurin. C'est une svelte jeune fille,

Mademoiselle de Pierrafeux, en grande toilette de ville (soir). Elle entre-bâille la porte, passe à demi le plus mutin des petits nez insolents et adorables, et s'écrie :

« Ah! les vilains garçons!... quelle tabagie!...

— Mademoiselle! gémit avec respect Léopold Karakas, qui s'est levé précipitamment et se confond en courbettes... mademoiselle!...

— Voilà ce que c'est que de venir troubler des vieillards inoffensifs, petite sœur, dit négligemment Robert, tirant d'épaisses bouffées de tabac de son chibouck.

— Méchant!... je me sauve... Je venais te demander si tu nous accompagnes chez les Présalay.

— Moi! jamais de la vie! Pas d'ici à six mois, ma chère...

— Mais, maman croyait.....

— Excuse-moi auprès d'elle... Je suis souffrant... Tu vois, pas possible d'aller chez les Présalay!...

— Oui?... Pauvre petit Robert!... Je te rapporterai des bonbons... va!... adieu... Soignez-le bien, monsieur Karakas... oh! comme je vous en prie! Messieurs, votre très-humble et très-désolée servante...

— Mademoiselle!... excusez l'attitude... orientale...

— Bonjour, petite... bonjour.

. . . .

— A propos, mon cher, reprend Léopold Karakas

au bout d'un instant de silence, et après que mademoiselle de Pierrafeux a refermé la porte derrière elle... as-tu remarqué comme les pieds de Berthe de Présalay grossissent de jour en jour?...

— Les pieds de Berthe, de Berthe de Présalay, un ange!

— Oui. C'est bien singulier! A cœur ouvert, je puis t'avouer que je n'étais pas sans ressentir, à son seul nom, qui rappelle celui d'une palatine, du reste, un certain frémissement dans la région gauche de ma poitrine. Un rêve! Mais, l'autre soir, au ministère, pendant le dernier tour de valse, la vue des pieds... volumineux de la chère enfant m'a tout à fait... refroidi.

— Berthe a de gros pieds! voilà qui est triste : je ne l'avais pas encore remarqué... il est vrai qu'avec ces menteuses de robes longues! et les souliers extrêmement pointus!... on se figure parfois... Ah! Berthe a des pieds... comme si elle filait! quelle affreuse nouvelle! j'ai bien fait alors de ne pas aller constater la justesse de ton observation, chez sa mère, aujourd'hui... Le coup m'est moins rude, venant d'un ami; car, te le dirai-je, ô mon Léopold! je n'étais pas sans éprouver également d'agréables sensations en entendant prononcer son petit nom... qui a le tort de rappeler, comme tu te plais à le hurler, un morceau de fourrure.....

— Bah? s'écrie Léopold, je te croyais amoureux de Madame du L...

— Chut!... et pas un geste de surprise!... tout est rompu...

— Mon gendre... car tu aurais pu être celui de la mère de cette veuve... si je ne me.....

— Pas un mot! tu renouvelles mes douleurs, ami!

— Sont-elles incurables?

— Hélas! soupire Robert.

— Quoi? quelque brouille... hein?... *Dépit amoureux.* — Acte VI. — Scènes III et IV... vous êtes fâchés?...

— Eh! non!... Elle est à Nice!... en route pour Pondichéry!...

— Pondichéry! miséricorde! mais madame du L... était au bal du ministère l'autre soir...

— Tu l'as vue? heureux Léopold! gémit Robert.

— Parbleu! toilette à tout éteindre!... diamants!...

— Apprends, ô Léopold! que tu as été plus heureux que moi. Averti, mais trop tard... par ma police particulière... que madame du L... enfin qu'Elle viendrait à ce fameux bal, j'avais précipitamment quitté Marseille, mon oncle, ma tante, ma cousine, leur petit chien, et leurs vingt-sept perroquets, tous jaunes...

— Vingt-sept!...

— Pas un de moins!... Donc, j'ai quitté Marseille, où je mourais d'ennui depuis quinze jours, avec une rapidité que tout le monde, à ma place, eût inventée, si, au moyen de l'express, elle n'existait pas. Mais, triple million de diables verts, à Rognac, vlan! choc et déraillement, comme toujours. — Ces choses-là n'arrivent qu'à moi. De là retard. Bref, arrivé à Paris, le temps de voler chez moi, de passer l'habit noir et des bottines convenables, etc., je ne me suis trouvé au ministère que vers trois heures et demie du matin. Elle venait de partir. Que faire? Attendre l'aurore. Esquisser quelques pas. Fréquenter les jeunes demoiselles. Et, comme on disait dans le bon vieux temps, peloter en attendant partie.

— Pauvre garçon! que je te plains, infortuné Robert!

— Mais ce n'est pas tout. Une effroyable aventure m'est arrivée à ce bal de malheur. J'en frémis rien que d'y penser. C'est un secret. Garde-le pour toi.

— Un secret? fait Léopold.

— Eh oui! un secret humiliant, répond Robert. Un secret qui me rendrait la risée de tout Paris, s'il était connu seulement de madame de Tout'ovent, mon implacable ennemie.

— Est-ce possible?

— Écoute. A Marseille, lassé de mon oncle, de ma tante, de ma cousine, du petit chien et des vingt-sept perroquets, tous jaunes, j'avais pris, pendant deux nuits consécutives, l'occasion par les cheveux, et dansé comme danse un Parisien exilé, et qui s'ennuie, chez divers armateurs, pourvus de femmes et de demoiselles passables.

— Tu devais être éreinté?

— Parbleu! et moulu!... Rognac aidant, j'avais les

3.

reins en triste état. Et mes pieds au bal du ministère, me faisaient l'effet de sortir des mains des Chauffeurs.

— Amer! Oh! bien amer! O sort amer!

— Les bottines que j'avais mises à Paris, en arrivant, me serraient avec fureur... Enfin, puisque je me confesse à toi, apprends, ô calme Léopold! que vers quatre heures, quatre heures et quart, me trouvant solitaire, dans un petit salon silencieux dont la porte était encombrée d'arbustes exotiques, je m'assis, pour réfléchir, et pour me reposer un peu, sur le bord d'un divan circulaire, bas et moelleux, qui se trouvait là, le monstre! tout à fait à point...

— Bing! — et tu t'es endormi?

— Incommensurablement!... Le bruit de l'orchestre était si faible... ma fatigue si grande... et puis personne là... On soupaillait encore aux environs... Enfin je me suis mis à dormir comme les *Sept-Dormants* réunis de la légende...

— Bon! — Et cela s'est terminé comment?

— D'une façon hideuse, mon ami, poursuivit Robert, aspirant une généreuse bouffée de tabac... Réveillé en sursaut par un bruit de voix, j'ouvris les yeux, hébété, transi, et je vis, dressés devant moi, comme des points d'interrogation en cravate blanche, trois messieurs très-polis, qui me demandèrent d'un ton soupçonneux ce que je faisais là, sans souliers...

— Sans souliers!... exclama Léopold Karakas,

laissant tomber de surprise son colossal chibouk..., Sans souliers !

— On m'avait pris mes bottines !...

— Mais c'est de la folie !

— Non pas. C'est une bien simple histoire. Ainsi que j'en fis l'aveu aux trois messieurs polis, qui se trouvaient être le chef de bureau du matériel, le garde-mobilier et un garçon de bureau, en train tous trois de faire leur ronde, après le départ de la foule, et de ramasser tout ce qui peut traîner par terre (broches, épingles, râteliers, soutiens en caoutchouc, parures, chignons, etc.), — ainsi que j'en fis l'aveu à ces messieurs, dis-je, j'ai la déplorable habitude, quand je voyage la nuit, d'ôter tout doucement mes chaussures, en dormant, malgré moi, à la faveur des ténèbres de ma couverture... Il est probable qu'après avoir fermé l'œil dans le petit salon solitaire, je m'étais conduit comme en wagon. Et on m'avait volé mes bottines... un domestique... Que sais-je ?

— Dénoûment absurde !

— Le concierge du ministère me prêta une paire de pantoufles. Mais, arrivé à la maison, je jurai bien de ne pas aller dans le monde avant qu'un mois se fût écoulé. L'affaire a dû s'ébruiter. Je veux laisser les rires se calmer. Voilà pourquoi j'ai refusé d'accompagner tout à l'heure ma mère et ma sœur chez les Présalay... »

. . . .

Madame et chère lectrice, je ne vous ferai point

assister aux tendres adieux échangés, peu après cette conversation, entre Léopold Karakas et Robert de Pierrafeux. — Mais, si vous avez encore cinq minutes d'attention à me donner, je me fais fort de vous offrir le récit que mademoiselle de Pierrafeux, retour des Présalay, fit à son frère, après le dîner.

Voici ce racontar :

« Quelle histoire encore, Louise ?... que veux-tu me dire ?

— Oh! mon cher Robert, tu ne t'attends pas... Non, c'est trop drôle!...

— Voyons, petite folle, ne me fais pas languir. Raconte...

— Eh bien, Robert, Berthe... mon amie Berthe...

— Aux grands pieds, murmure intérieurement Robert de Pierrafeux.

— Berthe nous a raconté qu'au bal du ministère, au dernier, celui que tu as manqué en partie, tu te rappelles...

— Parbleu! murmure de nouveau Robert, en faisant une moue morale.

— Au dernier bal, vers cinq heures du matin, Berthe cherchait un coin désert pour examiner je ne sais plus quoi qui n'allait pas, quelque chose comme une épingle dans son soulier ;... bref, elle avise un petit salon qui lui semble désert, s'y précipite, et elle se trouve, pardon, et elle trouve dans ce salon, la tête enfoncée dans les coussins d'un divan, un homme qui dormait... aux éclats, et tout déchaussé... nu-pieds, comprends-tu?...

— Oh! c'est horrible... nu-pieds! s'écrie Robert, en frisant sa moustache avec un nerveux intérêt... Et que fit mademoiselle de Présalay?

— Une idée folle, une idée de pensionnaire lui passa tout à coup par la tête... et pour punir ce monsieur de son inconvenance... elle voulut cacher les bottines, innocemment tombées sur le tapis, dans un endroit quelconque...

— Voilà qui est très-bien! dit Robert, pensant en lui-même : Voilà qui est très-mal.

— Mais, ici est le point comique, mon cher... au moment où Berthe tenait les bottines à la main... un tumulte soudain de voix et de pas s'élève dans les salons voisins... Craignant d'être surprise volant des bottes, et ne sachant où les poser de façon qu'elles fussent dissimulées, Berthe prit une résolution splendide. Elle mit les bottines par-dessus ses souliers de bal... (sans trop de peine d'ailleurs)... espérant s'en débarrasser l'instant d'après... Oui, mais le guignon s'en mêla...

— Tant mieux! Le doigt de la Providence? le cinquième acte!

— La pauvre Berthe fut obligée de faire un dernier tour de valse avec les bottines du monsieur aux pieds... et de rentrer chez elle en compagnie de cette forte chaussure.

— C'est bien fait! s'écrie avec transport Robert.

— Pauvre fille! Tu es bien cruel pour une enfant, Robert!

— Ah! voilà, petite sœur, c'est que je me mets très-bien à la place du monsieur... Il a dû mourir de désespoir en se réveillant, nu-pieds, dans un bal...

— Je ne sais. Les historiens se taisent là-dessus. Mais ce que je puis te dire encore, c'est que la femme de chambre de Berthe, trouvant des bottines d'homme au pied du lit de son imprudente maîtresse, le lendemain du bal, a voulu la faire chanter, comme on dit dans tes journaux. Mais Berthe a tout avoué à sa mère... devant nous, et la camériste n'a eu qu'à prendre ses jambes à son col...

— Parfait! Alors mademoiselle de Présalay vole des paires de bottes dans les endroits publics. C'est bien. Et si on envoyait un commissaire de police les lui réclamer, le ventre en écharpe!... que dirait-elle?

— Ah! mon Dieu! quelle méchanceté! Elle est si désolée, la chère fille... elle riait et pleurait en même temps, cette après-midi... c'était à fendre l'âme!...

— C'est une très-grave affaire, en résumé... cas de galères : vol, la nuit, dans une maison habitée...

— Quelle absurdité!...

— Dame, si le monsieur est grincheux...

— Allons donc! — Enfin, nous avons conseillé à Berthe de faire poser des affiches dans tout le faubourg : « Bottines trouvées. *Récompense honnête à qui s'en déclarera propriétaire.* »

— Et mademoiselle Présalay suivra-t-elle votre avis ?

— Tu plaisantes !...

— Je ne plaisante pas du tout, petite... mademoiselle Berthe ne ferait que son devoir en écoutant la voix de sa conscience insurgée... Des bottines de trente-cinq francs ! merci !... du chevreau du Caucase ! ah bien !... Si je rencontre jamais le garçon qui déplore leur perte, je... Les procureurs de la République sont faits pour tout le monde, je pense... »

. . . .

Il paraît, madame et patiente lectrice, si j'en crois les derniers *on-dit* de la rue du Bac, que M. Robert de Pierrafeux n'a pas été jusqu'au procureur de la République. On ne connaît pas les effrayants détails de l'affaire Présalay.... mais on assure que tout va s'arranger à l'amiable... entre les parties intéressées... Chacun du reste a l'air très-satisfait dans les deux familles. — En un mot, un contrat de mariage a été signé hier soir ; mais mademoiselle de Pierrafeux prétend qu'elle ne peut croire encore au sérieux de cette union à propos de bottines. Quant à l'infortuné Léopold Karakas, il n'en revient pas :

« Comprends-tu, mon cher Cendrillon, dit-il sans cesse à Robert, — c'est ainsi qu'il l'a surnommé — que j'aie pris les pieds mignons de ta fiancée pour des phénomènes !... j'avais la berlue, au bal, ma parole!... j'en perds la tête... Dois-je vous faire des excuses?...

— Oh! non, non, mon ami! » répond Robert, en souriant.

ET LA MER MONTAIT TOUJOURS!

Le grand Paul interrompit la conversation par ce cri de désespoir :

« Ne me parlez pas des galets!

— Bah?

— C'est ma bête blanche. Je ne peux pas les souffrir.

— Vous m'étonnez.

— Merci! j'en ai assez de la danse sur ces œufs de pierre qui, à chaque pas qu'on fait dessus, se mettent à croasser ou à coasser, comme vous voudrez.

— Tiens, tiens!

— Je vous dis que je les déteste. D'abord ils me rappellent désagréablement les monotones dragées de la rue des Lombards; ensuite, si nous étions entre hommes, je vous dirais bien une autre raison très-sérieuse que j'ai de les haïr tout particulièrement.

— Pas possible!

— C'est comme j'ai l'honneur de vous le dire. Oh! les galets!

— Contez-nous donc cela, Paul?...

— Difficile! Je sais bien que les dames ont leurs éventails et leur innocence, mais... l'histoire est un peu... divertissante.

— Allons, ne faites donc pas l'enfant. On n'en mourra pas de votre histoire, après tout, et elle fera passer le temps.

— Alors, si tout le monde y consent, si ces dames?...

— Ces dames ne disent mot, par suite...

— Enfin, vous m'arrêterez à temps si je vais trop loin, n'est-ce pas?

— N'ayez pas peur. D'ailleurs ces dames sont bonnes marcheuses.

— Une, deux, trois. Au rideau!

— Faut-il jouer une ouverture?

— Merci, non. Pas de musique; il faut que cela ressemble à une grande *première*, aux Français.

— Allez, poëte! »

La scène représente un petit port de mer, un bourg de vingt maisons, perdu au fond d'une anse étroite, au pied d'énormes falaises, sur la côte de Normandie, dans les environs d'Étretat. A mer basse, on voit sur le galet quatre ou cinq bateaux couchés sur le flanc comme des poissons morts. Çà et là quelques pêcheurs de crevettes. Au fond, une ligne de cabanes de bain, bariolées de bleu et de rouge. Falaises gigantesques, en amont et en aval, formant cap. A leur base un large chemin de galets amoncelés, ourlé de varechs desséchés.

— Nous y sommes.

— Dans cette bourgade, connue seulement de quelques artistes et de boursiers agréables, vivaient pendant la saison des bains, à une époque que je ne veux pas préciser, un jeune homme dont je ne ferai pas le portrait, puisqu'il est devant vous, le front couvert d'une modeste rougeur, et une dame liée, par des serments contrôlés à la mairie, à un avoué quadragénaire.

Le jeune homme, habitant solitaire d'une maison de pêcheur, garnie à peu près, n'avait pas mis longtemps à remarquer que la dame de l'avoué ne recevait la visite de son maître et seigneur que du samedi soir au lundi matin, toutes les semaines.

Du lundi soir au samedi matin, le hasard, l'heure du bain, et je pense aussi quelque diable affamé, poussaient le jeune homme timide et doux à se trouver chaque jour assidûment sur le passage de la belle délaissée.

Car, j'ai oublié de vous le confier, cette dame de… *ante et un ans* (style de mademoiselle Mars) était charmante, appétissante, devrais-je dire. Potelée, brune, l'œil insinuant, pervers même de temps à autre, elle possédait ce charme irrésistible de la femme parvenue à son épanouissement complet, et, comme une fleur, la veille du jour où ses pétales, un à un, doivent s'envoler au vent, elle exhalait ses parfums les plus capiteux.

Nous fîmes connaissance sur la jetée, une jetée microscopique, un soir que la mer *répétait généralement* une tempête. Les flots marchaient très-bien. Seulement, à la place du censeur délégué, j'aurais fait des *coupures* dans l'écume. Elle abusait de notre faiblesse.

En revenant, — seul! — à ma chambre garnie, le bras encore ému d'avoir supporté la tiédeur du sien, je fis mille rêves fous, et, dans ma tête, je composai le brouillon de vingt lettres toutes plus brûlantes les unes que les autres.

Dame, je vivais comme un petit saint Antoine, cochon à part, depuis quinze jours, et nulle tentation n'était venue m'offrir l'occasion de succomber avec reconnaissance!

Il eût été bien simple d'aller faire le lendemain une visite à cette dame, mais justement, ce lendemain-là, c'était un samedi. — Pas de chance! — et puis je n'étais pas un Guzman, au contraire!

J'attendis le lundi soir avec une impatience très-mal dissimulée, rongeant mon frein, et, de ma fenêtre où croissait le liseron agreste, regardant madame de R*** se promener sur le galet au bras de son époux, un monsieur sans charmes aucuns.

Hourra! le lundi soir, errant comme une âme dans le purgatoire, sur la plage, j'aperçus, luttant contre la brise d'une façon coquette, ma belle, ma séduisante dame de... *ante et un ans*. Elle me sourit de loin. Je pris gravement mes jambes à mon cou, et, en trois pas, je fus à ses côtés, tordant mon béret bleu entre mes doigts convulsifs.

Nous ne causâmes pas de son mari, ce soir-là!

Non, mais sous le regard indiscret des habitants du pays, de long en long et de large en large, nous nous promenâmes, parlant de choses indifférentes, sur l'affreux galet aux borborygmes sourds.

La belle soirée! On se promit de se revoir le lendemain, de bonne heure. Je jurai avec des transports indescriptibles d'être exact. Et nous nous séparâmes fort satisfaits l'un de l'autre.

Faut-il l'avouer? le lendemain et les jours suivants, sans tenir compte des cancans que le petit monde des baigneurs allait naturellement avoir la joie de faire sur notre intimité naissante, madame de R*** et moi nous ne nous quittâmes pas d'un centimètre, et, sauf aux heures de repas, on était sûr de nous voir, sur la jetée, assis sur les pliants verts, madame, sa canne à la main, un livre sur les genoux, moi, la lorgnette au poing, bavardant d'un air heureux.

Nous ne parlions pas d'amour. Pas du tout. Nous avions trop vu la vie de près, tous deux, pour nous arrêter à cette charmante bagatelle de la porte. Mais en plaisantant tendrement, nos yeux brillants (je réponds du feu des miens, d'abord) se disaient une infinité de douceurs... vives.

C'était bien coupable, je le sais. Nous le savions. Mais cela pimentait nos entretiens de gens sérieux et qui savent à quoi s'en tenir.

Par un bonheur qui n'arrive qu'aux criminels, le mari de madame de R*** annonça à sa femme qu'une affaire urgente et qu'il fallait pousser à bout tout de suite le retiendrait à Paris probablement pendant quinze jours.

Madame de R***, rêveuse, me confia ce secret, en me serrant vivement la main, sur le seuil de sa porte.

J'eus un battement de cœur de tout jeune homme ! Quel dommage que je sois si timide ! Je répondis chaleureusement à la poignée de main de Léocadie,— (j'avais appris son nom le jour où, pour la première fois, elle m'avait parlé de son mari, de son mari qui ne la comprenait pas, qui la laissait toujours seule, qui se déridait si rarement) — et même, avant de laisser retomber sa main brûlante, je la baisai ardemment.

Je crus entendre comme un soupir pendant que je commettais cette action assurément blâmable, mais agréable en diable aussi.

Un soupir !... Ah ! quand une femme potelée, brune, appétissante, de *...ante et un ans* soupire, le soir, en congédiant un jeune homme ardent, mais absurdement craintif, cela signifie... que le temps est à l'orage, mesdames, et que, comme on a peur du tonnerre, on voudrait bien avoir son mari près de soi.

C'est bien simple et bien naturel, n'est-ce pas?

Trois semaines, trois! se passèrent ainsi.

Cela faisait un mois, un mois passé que je vivais, comme le ministre de Guatimozin, sur des charbons ardents.

Parfois, à la nuit tombante, je me plaignais de mon mal, sans espoir de guérison, à madame de R***. La pauvre femme, me serrant la main, me regardait longuement, et comme l'infortuné empereur mexicain dont je viens de parler, ses yeux semblaient murmurer :

« Et moi, suis-je donc sur des roses? »

Mais, dans ce petit port de mer, surveillés par des prunelles parisiennes et normandes, que pouvions-nous faire? sinon soupirer et maigrir !

J'avais proposé, — l'effroi dans l'âme, — une excursion au Havre ; pour voir les bassins, avais-je ajouté. Mais soit dernière pudeur, soit crainte, soit tout autre motif, ma tendre et rougissante Léocadie avait refusé très-fermement.

Si jamais un nez fut démangé ce jour-là, à juste titre, croyez, mesdames, que ce fut le nez solennel de l'avoué négligent, mais respecté outre mesure ; car on parla fréquemment de lui.

Désespéré, le lendemain de ce jour fatal, je ne parus point sur la plage. Et, quand vint le coucher du soleil, j'allai faire une promenade calmante sur la grève, le long de la côte, marchant comme un ivrogne résolu sur les infâmes galets.

Lorsque la mer, retirée très-loin, se remit en marche, je repris le chemin de mon logis.

O surprise! de loin, venant à ma rencontre, j'aperçus madame de R***, sa canne à la main, fort en peine au milieu des galets.

Je la rejoignis bientôt. Elle était très-fatiguée, m'appela méchant et m'apprit bravement qu'elle m'avait suivi.

« Asseyons-nous au seuil de cette caverne, lui dis-je, après l'avoir conduite au pied de la falaise, dans un trou de rochers ; et puisque votre mari revient demain, à ce qu'il paraît, causons pour la dernière fois.

— La mer monte, me répondit-elle. Causons, mais ne perdons pas de temps. Vous savez, là-bas, au tournant de la falaise, on ne passe pas à marée haute. »

Elle me regardait dans le blanc des yeux en parlant ainsi d'une voix saccadée, après s'être assise négligemment sur les misérables galets qui formaient une pente rapide en cet endroit.

Je me couchai, appuyé sur le coude, à côté d'elle, le cœur battant la générale et pressentant que la lune d'Austerlitz allait se lever peut-être pour moi.

La mer montait toujours. Et je pensais au tournant, au cap qu'il fallait doubler avant l'arrivée du flot.

Je voyais, songeant à cela et à bien d'autres choses, la poitrine de madame de R*** se soulever par bonds rapides. Sa bouche s'ouvrait pour aspirer l'air frais avec force.

Je me relevai pour lui prendre la main. Aïe! une vive douleur dans les côtes se fit sentir. Brute de galet! En outre, mes talons, mal arc-boutés, perdirent prise et un flot de galets bruyants dégringola devant nous.

Et la mer montait toujours!

« Oh! mon ami!... soupira Léocadie caressant mes cheveux.

— Oh! mon amie!... » murmurai-je à mon tour, souriant d'un air ineffable et jurant tout bas contre un misérable galet, qui se disposait à pénétrer de vive force dans ma hanche.

Je passai mon bras tremblant, et endolori, autour de la taille de Léocadie. Ce mouvement inattendu, qu'elle voulut éviter d'abord, dérangea probablement le siége mobile sur lequel elle était naïvement assise, car une grimace se dessina sur sa figure très-rose.

Diable! la mer montait toujours, mais le soleil était complétement tombé sous les flots. La nuit calme venait, la nuit enivrante !

« Léocadie! dis-je tout bas, la serrant avec amour sur mon cœur, pendant que les galets faisaient un bruit ridicule et comparable à l'étrange musique de l'estomac creux des jeunes filles. Oh! ma Léocadie, nous sommes seuls!... Je t'aime!... »

La pauvre Léocadie, tremblante, et certainement

très-émue, — quelle que fût la cause de son émoi, — grimaçait involontairement de plus en plus, et les galets grognaient autour de nous de se voir dérangés et remués si tard.

Et la mer montait toujours! L'heure filait.

Au moment où, pour supplier ma Léocadie, qui s'était mise à pleurer, d'essuyer ses beaux yeux, je me jetais à genoux, patatras! crac, cric, croc, je sens le galet s'écrouler lâchement sous moi, je roule, je me relève, je *reroule*, je retombe ; bref, je m'écorche les genoux, déchire mon pantalon et m'égratigne le nez.

Et la mer montait toujours!

Léocadie partit d'un grand éclat de rire ! — J'avais envie de la tuer. Elle se leva, lissant ses bandeaux et étouffant une suite de rires violents et nerveux.

« Oh! dit-elle, le mer est très-haute ! Venez vite ! Nous ne pourrons peut-être plus passer.

— Je vous porterai, eus-je la lâcheté de dire.

— Merci, non! Je suis un peu pesante, comme madame de Warens, et j'aurais peur... »

Silencieusement, moi vexé, elle vexée aussi et plus qu'elle n'en avait l'air sans doute, nous revînmes, la nuit étant close, au village dont les lumières éparses clignotaient de loin ironiquement.

« A demain, mon ami. »

En prononçant cette parole, elle me quitta. Nous étions encore loin des maisons. Je rentrai navré chez moi : je me sentais rougir de honte toutes les cinq minutes, montre en main.

Quand revint l'aurore aux doigts de rose, je rougissais encore, la tête dans mes mains, sur ma chaise curule. J'attendais la mort tout simplement.

. . . .

La première nouvelle que j'appris en descendant déjeuner, fut celle de l'arrivée de M. de R*** venu à l'improviste pendant la nuit.

Jamais mari n'arriva mieux en carême!

Je n'ai pas besoin de vous dire, messieurs et mesdames, que le soir même, après avoir vu madame de R*** pâle, les yeux battus, serrer tendrement le bras de son mari et me rire au nez avec aplomb, je partis pour le Havre de Grâce.

J'avais les cheveux un peu longs. Léocadie en avait fait la remarque elle-même. J'allai les faire couper. Je restai trois jours (et trois nuits) chez le coiffeur.

Oh! les galets!

LA DERNIÈRE HEURE

Chers et brillants souvenirs de l'enfance, purs trésors enfouis dans le cœur, richesse fragile, bien-aimé passé, sortez aujourd'hui de la retraite où je vous ai soigneusement garantis de la rouille des passions humaines, venez donner une impulsion touchante à ma plume ; souriez-moi, belles et rapides soirées passées à lire sous les rayons calmes de la lampe de famille, souriez-moi avec vos beaux yeux où le rire irise les larmes, comme le soleil les gouttes de pluie.

Et vous qui, le menton sur la paume de la main, vous laissez quelquefois aller à remonter le courant de l'âge, écoutez-moi. Ma voix sera douce, elle traversera votre rêverie sans vous en tirer cruellement, et peut-être, ô mes amis inconnus, bien loin de troubler les consolantes images qui passent devant vos yeux à demi fermés, ma voix fera-t-elle sa partie avec grâce dans le concert qui vibre au fond de vos âmes.

I

Le 20 mars 1713, à l'âge de quatre-vingts ans, un voyageur, que nous avons tous aimé, voyait devant ses yeux fatigués par le soleil de cent pays, s'ouvrir enfin la mystérieuse porte de l'éternité.

. . . .

On avait roulé l'antique fauteuil dans lequel il faisait sa dernière halte, devant la fenêtre à carreaux étroits qui donnait sur la Tamise.

Une petite table, couverte de fioles de toutes grandeurs, était posée à côté de lui.

Sur un perchoir de rotin des Indes, un gros perroquet tout bouffi regardait tristement le vieillard en clignotant de ses paupières blanches.

De nombreux et étranges témoignages de pérégrinations lointaines décoraient les murailles.

Le soleil, le soleil pâle de Londres, qui se couchait, là-bas, entre les mâts des vaisseaux dont les cordages formaient une fantastique guipure noire, caressait amicalement les meubles de la chambre.

Il les quittait à regret, un à un, et l'ombre avide le remplaçait immédiatement, heureuse d'étendre son voile funèbre sur ce qui avait été joie, lumière!

Un vieux chat, au pelage bizarre, avait fait son rond habituel sur la couverture velue qui enveloppait les genoux du mourant.

Celui-ci, immobile, laissait errer ses yeux calmes sur cet ensemble d'objets aimés qu'il allait abandonner pour toujours.

Des quatre points cardinaux ils étaient pourtant venus là, ces coraux éclatants, ces armes étranges, ces fruits singuliers, énormes, ces poissons effrayants, ces oiseaux microscopiques, ces minéraux chatoyants, hélas ! et il fallait laisser tout, tout !

Des héritiers éloignés, presque inconnus, les vendront, et ils iront orner la boutique d'un revendeur ; ô triste pensée !

On n'entendait rien dans la salle aux solives brunies, rien que le ronflement régulier du chat pelotonné, et, échos confus d'un monde que le vieillard ne devait plus parcourir, les cris d'appel des mariniers sur les rives du fleuve.

Une vieille femme, une gouvernante peut-être, accroupie dans un coin, essuyait furtivement ses yeux gonflés de larmes amères.

Amers, oh ! bien amers devaient être ces pleurs, puisque un siècle et demi plus tard, j'en sens le goût âcre dans le fond de ma gorge.

Et la chambre, de plus en plus, s'emplissait de ce crépuscule navrant qui annonce la mort du jour et le sommeil des choses de la terre.

Et le vieillard était seul ; autour de lui aucune larme ne laissait sa trace brillante sur une joue potelée d'enfant, de petit-fils.

Seul ! un chat, un perroquet et une femme salariée réunissant les qualités et les défauts de ses deux acolytes, voilà tout.

O désolé soir, sombre abandon !

. . . .

« Sissy ? fit le vieillard.
— Que désire votre Honneur ?

— Ma vieille amie, prenez dans la boîte de cèdre rouge la pipe que je conserve comme la prunelle de mes yeux, celle où je n'ai pas fumé depuis plus de vingt ans.

— Et puis, cher maître ?

— Bourrez-la et me l'apportez ; puis laissez-moi seul, j'ai besoin de me recueillir. »

. . . .

Il prit la vieille pipe de terre, informe, grossière, dans laquelle il n'avait pas fumé depuis plus de vingt ans, et l'alluma.

Puis il se renversa sur le dos de l'antique fauteuil, et au travers des nuages bleus et blancs, qui s'échappaient du fourneau, il contempla longuement un dessin suspendu au mur, devant lui.

A vrai dire, malgré son cadre étincelant, c'était un pauvre et singulier dessin.

Il était fait avec amour ; était-ce l'œuvre d'un Chinois minutieux, ou le triomphe d'un écolier fort dans sa classe, je n'en sais vraiment rien, mais il n'était si petit détail qui ne fût travaillé gothiquement, religieusement.

C'était, du reste, une simple carte géographique.

Elle ne représentait ni la France belliqueuse, ni l'Angleterre marchande, ni l'Allemagne rêveuse, ni la libre Amérique.

Ni le pays des mosquées, ni le pays des traîneaux, ni le pays des alligators, ni le pays des patins, ne figuraient sur cette carte.

On n'y voyait qu'une *île* marron sur une mer bleuâtre.

Et le vieillard la savourait de l'œil, lentement ; sa prunelle mourante suivait dans ses moindres sinuosités la ligne colorée qui démarquait les contours de l'*île* perdue au sein des flots ; de temps en temps, sur certains points, son œil s'arrêtait avec une visible ivresse.

Le soleil s'en allait ; il descendait plus bas, plus bas encore ; l'ombre s'avançait, s'avançait plus rapidement aussi. . . . .

. . . .

— Vieillard, que voyez-vous, dites ? que voyez-vous sur ce papier colorié ?

— Pourquoi n'achevez-vous pas la vieille pipe ?

Ce qu'il voyait, ô rêveurs, ô rêveurs, à l'heure où tout s'efface, ce qu'il voyait, j'en donne ma parole, nous ne le verrons pas.

Voici ce qu'il voyait : . . . .

. . . .

II

Là-bas, aux antipodes, le soleil se lève ; il émerge du sein flamboyant d'une mer à petites vagues.

Ses rayons déjà brûlants éclairent l'*île* tout entière.

La plage étincelle comme un diamant à des milliards de facettes.

Ah! qu'il ferait bon marcher pieds nus sur ce sable fin, chaud, à la couleur blonde!

Les grasses tortues, la tête et les pattes en sûreté, pavent un coin de la grève ; les petits crabes vont de côté, et au moindre bruit, au sifflement d'un oiseau, ils creusent rapidement leur retraite dans le sable mouillé. . . . .

. . . .

Voici la baie où le capitaine anglais fut amené.

Que vois-je? est-ce la trace encore fraîche de la chaloupe qu'on y fit échouer ?

Dieu! que le petit havre d'autrefois est agrandi! Trois canots mâtés y sont à l'ancre.

Et plus loin, plus loin, autant que la vue peut s'étendre, comme une mer houleuse, la masse des arbres bien connus, d'un vert puissant, transparent au soleil, ondule au souffle de la brise matinale.

Plus loin encore, au pied d'une chaîne de petites collines, perçant le gai feuillage, on aperçoit les toits pointus des ruches d'osier d'Atkins....

Mais l'*île* se réveille ; des formes humaines se meuvent certainement dans la pénombre, entre les troncs des arbres.

De graves Espagnols, à la barbe blanche, très-longue, descendent, le fusil sur l'épaule, la petite côte au sommet de laquelle est bâti le *château.*

On s'aborde en souriant : du doigt on se montre le soleil, père des heureuses moissons.

Aucune ambition ne plisse ces fronts épanouis ; une

joie sereine est peinte sur tous les visages; une atmosphère de vie bien remplie, de contentement parfait environne ces braves gens.

Mais les singuliers habits, mon Dieu! les modes inconnues, Seigneur!

Quels chapeaux! leur forme appartient à la civilisation moderne; mais la matière dont ils sont faits les ramène aux premiers siècles du monde. . . . .

. . . .

Un jeune homme promène une longue-vue sur tous les points de l'horizon.

N'ayant rien aperçu, il la remet doucement à sa ceinture.

— Ce sera pour un autre jour, semble-t-il dire, demain, peut-être!... Notre bienfaiteur est si loin, si loin, que notre reconnaissance seule peut aller de notre cœur au sien.

Puis, quel est ce vieillard chauve, à l'œil plus doux que celui d'un enfant?

Il tient de chaque main un petit garçon; une femme au teint cuivré l'accompagne et le regarde avec sollicitude.

Ah! je vous reconnais sous le masque de vos honnêtes années. Vous êtes Guillaume Atkins, le terrible Atkins! le rebelle du passé, le bon père aujourd'hui.

Bonjour, Atkins! que Dieu fasse toujours battre votre cœur et celui de vos enfants aux noms de la vertu et de la famille. . . . .

II

Voilà ce qu'il voyait.

Vieillard, n'eût-il pas été doux de passer le reste de ta vie au milieu de ces cœurs purifiés par l'absence de relations avec notre monde pervers?

Vieillard, toi qui meurs isolé, dans ta sombre demeure, au sein d'une ville de brouillard et de fumée, que n'es-tu resté dans cette *île* de soleil et de parfums!

Vieillard, avais-tu donc perdu, dans ton exil de vingt-huit ans, le souvenir de nos mesquineries, de nos infamies, de nos crimes!

Eh quoi! avais-tu donc une telle soif d'un retour dans nos climats brumeux, que tu aies pu oublier les désolés compagnons de ta vie d'épreuves, pour l'étancher?

Maître absolu de tous ces hommes qui te remerciaient chaque jour de leur avoir conservé l'existence, maître béni, maître adoré, comment as-tu donc pu accepter nos servitudes, nos courbettes, nos lois, nos systèmes?

O vieillard, vieillard, la mort eût été si désirable, et si simple, et si calme sous les grands arbres que tu avais plantés!

Tu ne l'as pas voulu, tu t'es replongé dans le desséchant tourbillon du monde, de ce monde qui broie les uns pour faire rouler plus doucement la voiture des autres sur leur poussière muette, hélas!

Qu'y as-tu gagné? tes rêves ont-ils été plus doux, tes repas plus savoureux, tes joies plus grandes?

Non, tu n'as fait qu'y perdre un ami!

Une flèche a percé le cœur qui bondissait à ton seul nom.

Et tu n'as même pas eu la consolation, la douloureuse consolation de pouvoir le mettre dans une terre sur laquelle tes yeux auraient pleuré.

Le pauvre sauvage est la proie des poissons. . .

. . . .

IV

En ce moment, le soleil disparut complétement; une vague lueur rougeâtre colorait à peine le haut des mâts.

La tête du vieillard s'inclina sur son épaule.

Ses doigts se détendirent, et la pipe qu'il tenait, tombant à terre, se brisa en mille morceaux.

Alors, tiré brusquement de sa somnolence par ce bruit inattendu, le perroquet bouffi s'agitant convulsivement sur son bâton, se mit à crier comme au temps jadis :

— *Pauvre Robinson Crusoë, pauvre Robinson, où êtes-vous? où avez-vous été?*

Mais Robinson Crusoë ne l'entendit pas; son âme

était déjà bien loin sur la route de l'inconnu ; elle allait rejoindre l'âme de Vendredi.

UN CONTE DE PEAU D'ANE

« Voici la teneur du modeste billet laissé dans la calèche :

« *Madame, je vous aime éperdument, sans nul espoir, et j'ai le cœur brisé !* »

« Robert de la Houe. »

— Bah ?
— Textuellement.
— Alors, vous avez eu l'audace de...
— Certainement, reprit Robert de la Hoüe, qui s'appelle tout bonnement Théophile Duval, en pressant sur sa palette un tube de vermillon.
— Quel aplomb ! »

L'individu qui pousse cette exclamation est le jeune et beau Gustave Maréchal, amateur de première classe, coureur de tableaux, protecteur des toiles vierges, soutien des ateliers *en dèche*, selon les expressions de Titignoux, le rapin de Théophile Duval.

Le sieur Gustave Maréchal est assis commodément (Titignoux dirait vautré) sur le divan unique, mais moelleux, du peintre ci-dessus nommé.

Une cigarette, — un sonnet en tabac,—dirait Titignoux, achève de se consumer sur le bord des lèvres de cet étranger au porte-monnaie si respectable.

Un instant de silence, troublé seulement par le bruit redoublé des coups de pinceau que Maréchal fait pleuvoir drus sur sa toile, succède au dialogue à phrases rompues qu'échangeaient le peintre et l'amateur :

Puis ce dernier reprend :

« Quelle audace ! quand j'y songe...

— Bah! répond Théophile Duval (dans le monde, Robert de la Hoüe, avec un tréma s'il vous plaît), il faut savoir, à des moments donnés, brûler hardiment ses vaisseaux, comme Guillaume dit le Coq-Errant.

— Le Coq ?...

— Errant ; c'est ainsi que Titignoux l'appelle. Il n'est pas très-fort sur les noms, Titignoux.

— Cher enfant !

— Donc, comme Guillaume le Coq-Errant, avant la bataille de *Lasting*, selon Titignoux, bataille dans laquelle fut vaincu le roi... ce roi qui était si vieux!... qu'on en a fait un proverbe! le roi Harold... je crois...

— Toujours d'après Titignoux ?

— Vous l'avez dit. Eh bien, comme le brave Normand en question, je le répète, il est nécessaire parfois de mettre le feu à ses nefs.

— Ce que vous avez fait, en prenant la résolution de laisser dans cette voiture une trace ardente de votre passage....

— Exactement compris.

— Et vous écrivîtes cette lettre brûlante : *Madame, je vous aime éperdument...* etc., etc., etc. ?...

— Je ne l'écrivis pas. J'ai toujours de semblables missives sur moi. Quelquefois elles ne sont pas en prose. De cette façon on ne peut me prendre sans — vers... dirait Titignoux.

— Vous avez toujours des déclarations sur vous?

— Toutes chaudes, oui. Et sur papier parfumé.

— Toujours?

— Toujours. — Je déposai donc sur les coussins de cette magnifique calèche le billet dont je vous ai confié la teneur, et je m'en allai après avoir offert au cocher, qui l'accepta, la modeste somme de deux francs.

— Deux francs? Mais je n'y comprends plus rien. Pourquoi faire ces quarante sous?

— Je lui donnais un *pour lire.* »

Titignoux prétend que la masse demande à grands cris la lumière, et ne veut plus de pourboire.

« Mais comment vous étiez-vous installé dans cette calèche, aux coussins de laquelle vous confiâtes votre billet?

— Comment? mais ne vous l'ai-je pas dit? Le cocher

m'avait fait signe. Je sortais de l'exposition des beaux-arts. — Souvent les cochers de maison font la maraude pendant que leurs maîtres sont en visite dans un endroit où ils doivent rester longtemps.

— Bah? — Tout le monde sait cela.

— C'est charmant.

— Oui, surtout pour les pauvres diables comme moi... qui n'ont pas de calèche.

— Enfin, le cocher vous avait fait signe?

— Tout simplement. Il me voyait de loin cherchant un fiacre, et, séduit par ma bonne mine évidemment, il m'appela au moyen d'une œillade.

— Vous ne fîtes pas le cruel?

— Point du tout, je me laissai faire. La voiture était magnifique, bien suspendue, haute sur ressorts; elle faisait partie d'une maison ancienne, mais bien montée. Une timide petite couronne de comte, toute seule, sans chiffre, était peinte sur les panneaux et sur la caisse. Je vis tout cela d'un coup d'œil, et, satisfait, je montai dans cette calèche aux chevaux reluisants et fiers.

— On vous mena grand train?

— Comme le vent!

— Heureux artiste!

— En route, une idée folle germa à travers la corniche de mon plafond, dirait Titignoux, et en guise de carte de visite, je laissai ma fameuse lettre, magistralement pliée et cachetée, sur les coussins soyeux.

— Absurde!

— C'est absurde, soit. Mais (supposons-le, je vous en conjure), si cette voiture appartient à une jolie femme, croyez-vous que cette déclaration à brûle-jupon n'ait point eu d'effet?

— Dame!... les femmes sont si...

— Charmantes, vous avez raison. Enfin, voyons, mon cher, mettez-vous à la place de la dame jeune ou... moins jeune, qui a trouvé ma lettre, et soyez certain que la chère créature a dû être agréablement intriguée pendant un certain temps.

— Elle aura pensé tout naturellement que c'était une farce...

— Une farce, je le veux bien. Mais, ajouterait Titignoux, remarquez que cette farce-là n'est pas du tout faite à l'oseille... la rose y domine.

— C'est vrai, mais pourtant...

— Eh bien, moi, je prétends qu'une femme, en lisant un poulet analogue au mien, si concis, si franc, et même si sérieux, signé d'un nom comme celui-là, *Robert de la Hoüe!* avec un tréma (un tréma est déjà une énigme), n'a pas pu s'empêcher d'en rire d'abord, et ensuite d'en rêver, en retournant à son hôtel.

— Hôtel?

— Je dis hôtel, parce que couronne de comtesse; j'aime à bien loger les gens.

— Oui, je vous l'accorde, Duval, la dame de la calèche, après avoir lu votre lettre, a pu rêver un instant. On sait des âmes veuves chez qui la recherche de l'inconnu est la principale préoccupation. Votre lettre a peut-être été pour elle comme une manifestation mystérieuse et soudaine de *l'autre*... de l'*espéré* secret... de l'*attendu* désiré!...

— Tiens, vous dites bien cela.

— Mais comme *l'autre* s'est dérobé au premier tour... c'est le mari, c'est l'*un*, qui est arrivé premier... d'une longueur de corps... c'est toujours comme cela.

— Vous croyez?

— L'impression agréable qu'elle a ressentie s'est bien vite dissipée... et le ténébreux Robert de la Hoüe, cœur brisé d'ailleurs, a été oublié au bout de cinq minutes, montre en main.

— Eh bien, non! et vous pataugez dans le macadam de l'erreur, » dirait Titignoux.

En articulant ces mots, Théophile Duval se penchait en arrière, pour juger de l'effet général de ses dernières touches, prodiguées avec violence.

« Non? répéta Maréchal, se tordant les bras avec béatitude.

— Non, mon bon. Vous vous êtes mis le doigt dans l'œil, dirai-je, en empruntant une image au répertoire de Titignoux.

— Quoi! la comtesse de *Trois Astérisques*... la dame de la calèche enfin, fut intriguée pendant plus de cinq minutes?

— Elle le fut pendant deux mois... et même cet heureux état n'aurait pas eu de fin si...

— Bon, c'est une exception; cela confirme la règle...

— Bel argument! S'il s'agissait de grammaire, je lui trouverais de la valeur. Mais nous parlons d'une femme. L'exception seule est la règle dans son cœur.

— Enfin, que vouliez-vous dire tout à l'heure par ces mots : *Cet heureux état n'aurait même pas eu de fin, si...*

— Si... si la fin n'en était pas venue... à la fin.

— Votre Titignoux vous a perdu, mon bon.

— C'est possible, mais je me retrouve toujours. Nous disions donc... ah! j'y suis... le rêve de la comtesse s'est réalisé... Il ne faut jamais compter sans son *autre...*

— Encore Titignoux! c'est agaçant!

— Et ce fut à la campagne qu'elle découvrit un beau soir, à l'issue d'un whist impitoyable, que le signataire de la lettre, qu'elle avait très-soigneusement conservée, et le nommé Théophile Duval, peintre de genre, ne faisaient qu'un.

— Un hasard?

— Certes, oui! — Nous causions, elle à son piano, moi sur ma chaise basse, dans le joyeux salon de son petit château. La scène se passe en Auvergne. Il y a un an... à peu près.

— Pendant votre dernier voyage?

— Vous l'avez dit. Je m'étais installé dans le petit village de Saint-Fouchtraz...

— Saint-Fouchtraz !... Mais alors... attendez donc... il s'agit de la comtesse Bullytskoï.

— Vous pouvez conjecturer tout à votre aise... je serai muet comme la carpe elle-même...

— Saint-Fouchtraz ? c'est bien cela... La comtesse Bullytskoï !... une blonde !... maigre ! oh ! maigre ! — et à peu près autant de bras que la Vénus de Milo... c'est-à-dire bien peu...

— Aimable allégorie ! Quelle excellente langue vous avez, mon cher ami.

— Mais continuez donc, monsieur et cher maître... continuez donc, je vous prie...

— Nous parlions, la comtesse et moi, d'une infinité de choses, toutes plus défendues les unes que les autres...

— C'est évident ! Pourquoi ne peut-on pas rencontrer une honnête femme un peu jolie sans lui parler de choses qu'une femme honnête ne devrait même pas effleurer de la pensée !

— Eh bien ! cher moraliste, nous, nous effleurions des sujets délicats. Car, à vrai dire, depuis mon arrivée à Saint-Fouchtraz, introduit au château par mon oncle, un joyeux agriculteur du canton, riche comme Crésus, j'avais fait une cour assidue à la comtesse de... *Trois Etoiles...* si vous le voulez bien.

— Accordé.

— Nous en étions à la scène IV de l'acte 1er de l'Amour, comédie en trois actes, dont les sous-titres sont : *Avant, Pendant, Après.*

— Bon!.

— Je crois même que nous en étions déjà à la scène V... car mon pied et le sien étaient émus de conserve... et la petite rougeur ardente que vous savez nous montait par instant aux pommettes...

— Aïe!

— Comment nos affaires marchaient-elles si bien et si vite, il faut que je vous le dise. La comtesse m'avait parlé, — comme on se retrouve dans la vie! — d'un certain billet d'amour qu'elle avait trouvé dans sa voiture. L'amour de cet inconnu l'avait surprise et touchée...

— Quelle chance unique!

— Unique en effet. Je saisis avec ivresse l'occasion par le chignon, et, profitant de cette heureuse coïncidence, je lui avouai que l'auteur de ce billet, c'était moi. — « Vous, Robert de la Hoüe? murmura la comtesse. — C'est mon pseudonyme habituel, lui répondis-je. J'ai pris un nom de fantaisie pour dérouter toute recherche, si le billet était lu par votre mari. Et si Robert de la Hoüe vous a dit qu'il vous adorait, Théophile Duval, peintre de genre, est prêt à vous le prouver. »

— Ces rencontres-là arrivent une fois sur cent mille.

— Évidemment, parbleu! Mais j'exploitai avec génie la situation. Bref, je déclarai à la comtesse que je l'aimais depuis cinq ans, muet, invisible, et prêt à mourir de rage et de désespoir!...

— Elle vous crut ?

— Elle me crut. Et l'aveu de tant de constance et d'une passion si invétérée rompit la glace en peu de jours.

— Allons au fait... Vous vous aimâtes ?

— Nous nous aimâmes.

— Amour coupable !

— Hélas ! Et pas de circonstances atténuantes.

— Vous ne redoutiez pas le châtiment?

— Nous commençâmes à le redouter vers la scène VII du second acte.

— Le second acte?... Ah ! j'y suis ! celui qui est intitulé : *Pendant.*

— C'est cela. Le châtiment ne se fit pas attendre, d'ailleurs.

— Plaît-il ? — Et sous quelle forme fondit-il sur vos têtes ?

— Sous forme d'un tambour.

— D'un tambour?

— D'un tambour.

— Expliquez-vous, Théophile... Théophile, expliquez-vous.

— Voilà ! voilà ! »

Et, pour joindre sans doute la pantomime à la parole, Théophile Duval quitta son chevalet, posa sa palette sur un tabouret, et, se plantant devant Gustave Maréchal, poursuivit en ces termes son étrange récit :

« Mon cher, le châtiment sous forme de tambour

6.

arriva au château, et y fit rage tous les deux jours, de sept à huit heures, le matin, à partir de la scène XII du deuxième acte.

— Toujours l'acte *Pendant*.

— Oui. Mon atelier donnait sur le parc du château. La petite porte dérobée, la porte du paradis! s'ouvrait à quelques pas de mon seuil, dans le mur de la propriété de la comtesse. A quatre heures du matin, légèrement absorbé (nous étions en train de jouer, dans ce temps-là, non sans quelque succès, les scènes XV et XVI du second acte), je revenais me blottir dans mon lit, après une nuit absolument blanche. A peine étais-je endormi qu'un roulement de tambour m'éveillait en sursaut.

— Le doigt de la Providence. Le châtiment!

— Je n'en disconviens pas. En tout cas, les doigts de la Providence auraient bien dû ne pas tenir des baguettes de tambour... car mon sommeil devenait tout à fait illusoire. Impossible de revoir la comtesse dans un songe!

— Ah! ah!

— Je suis nerveux. Ce tambour maudit m'exaspérait; il me rendait fou... J'avais envie de fuir à tous les diables.

— Mais vous restiez.

— Parbleu! Et la comtesse! — Je parlai à la chère enfant de cet horrible tambour. Elle me répondit, d'un petit air fatigué, que c'était le seul plaisir de son mari, et qu'il était bien juste que nous le laissassions en jouir. « Ne lui en parlez pas, ajouta-t-elle, c'est son secret. Il veut que tout le monde ignore sa manie. »

— Étrange distraction !

— Je ne fis donc jamais allusion, devant le comte, à ce tambour matinal. Je souffris le martyre en silence. La comtesse, d'ailleurs, me récompensait si tendrement de ma patience !...

— Et que disait Titignoux ? Car vous l'aviez emmené.

— Titignoux riait avec discrétion. De temps à autre, cependant, il murmurait : — « Décidément, de tous les ports, celui que je déteste le plus, c'*est Hambourg*. Et le drôle faisait sonner le T...

— Il est bon ! je le retiens.

— Moi, je le trouvais mauvais, et j'envoyais Titignoux inspecter les pâturages.

— Pauvre Titignoux !

— Le misérable !

— Et comment cette aventure se termina-t-elle ?

— Bien simplement.

— Contez-moi cela encore.

— Avec des larmes de sang, soit ! — Je ne vous ai pas dit qu'un tambour-major, de la garnison voisine, venait en grand costume, tous les deux jours, donner des leçons de tambourinage au comte ?

— Non, vous ne me l'aviez pas dit. Avait-il sa canne à pomme ?

— Il avait sa canne à pomme et son plumet vainqueur.

— Et pourquoi cela, à la campagne?

— La raison m'en fut donnée par la comtesse, un jour que je la lui demandais. Gargazo (le tambour-major s'appelait Gargazo) ne se sent inspiré que lorsqu'il est en grand uniforme, me répondit-elle.

— Inspiré?

— C'est comme j'ai l'honneur de vous le dire.

— La fantaisie et la grâce dans les *ra*, le moëlleux et le génie dans les *fla* ne lui venaient en tête que lorsqu'il était coiffé, harnaché, *pommé* si j'ose m'exprimer ainsi.

— Il prenait tout ça sous son bonnet à poil?

— C'est un mot, je le garde... Bravo, Maréchal!

— Poursuivons.

— Ce malheureux Gargazo fit éclater la bombe. La vue de son plumet tricolore, au-dessus des bosquets du parc, entre les branches, me faisait mourir à grand feu. J'avais envie de le tuer, de tuer aussi son élève et de les enterrer tous deux au pied d'un hêtre...

— Dans un trou proprement fait?...

— Avec des fleurs autour! Vous entrez à merveille dans mes idées, Maréchal.

— Continuez.

— Un matin, bleu de rage, à moitié sourd, les yeux hors de la tête, — le tambour résonnait depuis une heure et demie. — je ne me sentis plus la force de me contenir. Je me précipitai hors de mon atelier, j'escaladai en deux temps trois mouvements le mur du parc, et je tombai sur le gazon du comte, décidé à me venger.

— Que prétendiez-vous faire?

— Je voulais avouer au comte, afin de lui émoustiller un peu le sang, que j'étais l'amant de sa femme. Un éclat aurait suivi cet aveu dépouillé de fleurs de rhétorique. Nous nous serions battus sur-le-champ, avec Gargazo pour témoin, et j'aurais tué ce tambourineur maudit. Bref, je me serais enfin vengé.

— Vous allez bien, vous!

— J'étais déraillé!... Grâce au plumet tricolore, j'arrivai rapidement sur le lieu du sinistre... futur... Mais le bruit de mes pas rapides avait effrayé sans doute le comte, car, lorsque je débouchai dans la clairière où il se livrait à sa passion sauvage, je n'y vis que le tambour-major, sa canne en l'air, dans l'attitude du commandement... Il paraissait ahuri...

Dans le lointain, une forme humaine, svelte, disparaissait à travers les charmilles. — Une femme! m'écriai-je... et... je m'élançai sur les pas de l'inconnue... Course admirable! car l'inconnue faisait des crochets comme un lièvre malin ; mais j'étais plus agile qu'elle...

Et, au moment où elle se réfugiait dans un pavillon recouvert en chaume, j'y pénétrai à sa suite, le nez meurtri, du reste, par une porte qu'on m'avait violemment jetée au visage...

— Au voleur! cria l'inconnue tombée mourante

d'effroi sur un banc rustique, et qui m'apparaissait vaguement dans une pénombre verdâtre, les volets du kiosque étant clos.

Le son de cette voix effrayée frappa étrangement mes oreilles. Cette voix, mais je ne connaissais qu'elle !

— Est-ce vous, Clotilde? demandai-je à voix basse.

— Ah ! Théophile, que vous m'avez fait peur ! me murmura-t-on aux oreilles.

— Vous ici, Clotilde? Quoi ! lui dis-je l'entourant de mes bras, quoi ! vous venez assister aux exercices de sauvage qu'exécute votre mari? Pourquoi avez-vous fui? pourquoi le comte s'est-il sauvé?

La comtesse ne répondait pas ; elle repoussait doucement mes mains tremblantes.

— Clotilde, réponds-moi, soupirai-je à sa petite oreille.

— Laissez-moi, monsieur, laissez-moi... Ne me touchez pas... allez-vous-en, on va venir...

Et la comtesse me repoussait de plus belle, et s'éloignait de moi, en prononçant ces paroles d'une voix de plus en plus troublée.

— Mais, Clotilde !... cependant... ah ! Dieu ! que vouliez-vous faire? m'écriai-je tout à coup. Pourquoi ce poignard sous vos habits?... Vouliez-vous assassiner ?... ah ! malheureuse !...

J'avais senti à travers l'étoffe de sa robe de chambre le manche d'un instrument de mort quelconque, en promenant ma main respectueuse çà et là.

Alors, sans faire attention à ses supplications, à ses

prières, à ses larmes, je traînai la comtesse près de la fenêtre que j'ouvris d'un coup de poing... la lumière entra à flots dans le pavillon.

La robe de chambre, pendant cette lutte muette, mais à armes courtoises, je me hâte de le dire, s'était dégrafée, entrebaillée...

— Et vous vîtes un pistolet à la ceinture de la comtesse? demanda Maréchal.

— Ah! bien oui!

— Que vîtes-vous alors?

— Je vis un baudrier de buffle, soigneusement blanchi, avec des ornements de cuivre d'un goût douteux. Le tout supportait une paire de splendides baguettes de tambour!

— Effroyable! effroyable! murmura Maréchal.

— Anéantissant, mon cher, anéantissant!

— C'était la comtesse qui?

— Qui était l'élève tambour, oui!

— Pauvre femme!

— Elle se jeta en pleurant dans mes bras et m'avoua tout. Elle m'avoua même qu'en fuyant elle avait réussi à décrocher sa caisse et à la jeter dans un taillis, où j'allai la chercher... peu de temps après... car nous n'avions rien à craindre : le comte était parti le matin même pour Paris...

— Mais pourquoi la comtesse se métamorphosait-elle, tous les deux jours, en lapin savant?

— Elle suivait une ordonnance de médecin. La chère enfant est un peu svelte.

— Maigre, je sais cela.

— Et le médecin lui avait conseillé de battre du tambour pour donner du muscle à ses épaules et à ses bras... et du galbe à ses charmes...

— Ah! bah!

— C'est souverain, dit-on.

— Ah! et... est-ce qu'il y paraît, sans indiscrétion?

— Nous avançons, ça pousse tout doucement.

— Alors, d'après ce que vous dites, je vois que vous êtes toujours au mieux avec la comtesse.

— Dame! j'ai son secret!

— Bon. Et le reste de la saison s'est passé gentiment, n'est-ce pas, à Saint-Fouchtraz?

— A ravir, oui. Nous avons acheté un tambourinet, — un tambour bourré de son — et nous avons supprimé le tambour-major, l'inconsolable Gargazo!

— Bravo! le joli conte de Peau-d'Ane!

— Et voilà, mon cher, comment les lettres de Robert de la Hoüe (avec un tréma, ne l'oubliez pas) ne restent pas sans réponse.

— Oui, mais ce qui vient du tambour pourrait bien retourner à la...

— Flûte! gémit Titignoux en train de gratter une palette dans un coin de l'atelier. »

COMMENT LE CAPITAINE BASTOUIL

« *S'crrr'bleu, m'sieur* »

CÉLÈBRE LE JOUR DES MORTS, LUI.

Pas content, s'crrr'bleu, m'sieur ! pas content, le sieur Bastouil, capitaine en retraite, chevalier de la Légion d'honneur, cinq campagnes (Afrique, Crimée, Italie, Chine et Cochinchine, s'crrr'bleu, m'sieur !) trois blessures, une au sein droit, une au sein gauche et la dernière... mais n'en parlons pas ; pas content du tout, M. le capitaine Bastouil !

Et pourtant M. le capitaine Bastouil est attablé en compagnie du lieutenant Vinard, dans un beau restaurant du Palais-Royal. Des huîtres appétissantes sont là, placidement étalées devant eux. Ils viennent de commander un de ces châteaubriands, s'crrr'bleu, garçon ! vous savez, pas de *carne !*

M. le capitaine Bastouil n'est pas content, et vous allez le comprendre facilement. Écoutez-le :

« C'est tous les ans la même chose ! s'crrr'bleu, m'sieur ! tous les ans, le Jour des Morts !

— Allons, capitaine, vous plaisantez !...

— Moi, je ne plaisante jamais. Il y a quatre ans j'ai fait la... j'ai épousé une veuve enfin, s'crrr'bleu !

m'sieur Vinard, entendez-vous. Une veuve! Moi, Bastouil, décoré, cinq campagnes, trois blessures, sein droit, sein gauche, la dernière... mais n'en parlons pas! j'ai fait une fin, quoi!

— Eh bien, capitaine Bastouil? vous êtes heureux, pas vrai? Union sans nuage! table fine! café supérieur! et madame Bastouil, sauf vot'respect, est encore diablement...

— S'crrr'bleu, m'sieur! Vous avez raison, lieutenant! Madame Bastouil est diablement, comme vous dites... Et le capitaine Bastouil, malgré ses cinq campagnes et ses trois blessures, téton droit, téton gauche, et la dernière... mais n'en parlons pas... vaut bien, s'crrr'bleu! m'sieur, son pékin de défunt.

— Voulez-vous du citron, capitaine?

— Et du poivre aussi, s'crrr'bleu, lieutenant!

— Garçon, *une* de Meursault!

— Eh bien, lieutenant, pas content, pas content du tout. Tous les ans, madame Bastouil, le *Jour des morts* (s'crrr'bleu, m'sieur! je m'en aperçois bien), madame Bastouil se souvient trop de mon prédécesseur, et ça ne me va pas, ça ne me va pas!

— Étrange, capitaine! — oh! voilà des beefsteacks! — continuez, capitaine, je vous écoute.

— Non! s'crrr'bleu! m'sieur, vous ne m'écoutez pas! — Madame Bastouil, sous prétexte d'aller à sa diable de messe, commande le déjeuner de très-bonne heure! ça ne me va pas, ces subterfuges-là, lieutenant! Je devine très-bien que c'est pour aller au cimetière fondre en pleurs sur la tombe du pékin de défunt, s'crrr'bleu, m'sieur!

— Un peu de sauce, capitaine?

— Oui, crebleu! — et versez donc à boire, lieutenant! là!

Oui, Madame Bastouil a ce tort, tous les ans, de vouloir me mettre dedans. Je ne coupe pas dans sa messe, moi! le capitaine Bastouil, décoré, cinq campagnes, trois blessures, sein droit, sein gauche, et l'autre... mais n'en parlons pas... ne donne pas dans ces ponts-là! s'crrr'bleu, non, m'sieur!

— Madame Bastouil a tort en même temps qu'elle a raison, capitaine! Les souvenirs, c'est sacré! Il faut respecter cela, que diable! — Garçon! *une* côte Saint-Jacques? — Et nous-mêmes!...

— Nous-mêmes, lieutenant, nous célébrons aussi le jour des morts.

— Oui, tenez, je me rappelle aujourd'hui ce pauvre Bogniot...

— Ah! oui, l'animal! n'a jamais voulu permuter avec moi. Tué au combat de Hou-tcha... un déplorable caractère! — A sa mémoire! buvons! — A ses mânes glorieux! — Pour vous finir mon histoire, lieutenant, je vous disais que madame Bastouil fait avancer l'heure du déjeuner, le jour des morts. Ça ne me va pas, s'crrr'bleu, m'sieur! La première année je n'ai rien dit. Mais la seconde, j'ai été vous chercher à la caserne du Prince-Eugène, et nous avons déjeuné ensemble. — Et ça sera la même chose, crebleu, lieutenant, jusqu'à ce que le capitaine Bastouil -- un peu de pommes de terre, s'il vous plaît!— passe l'arme à gauche.

— Vous avez raison. Il faut montrer du caractère!

— Parbleu! — Madame Bastouil devrait comprendre qu'il n'est pas flatteur pour le mari actuellement sous les drapeaux de penser qu'un autre a eu le dessus du panier. Le capitaine Bastouil, cinq campagnes, trois blessures, s'crrr'bleu, m'sieur, sein gauche et sein droit, la troisième...

— N'en parlons pas.

— ...Le capitaine Bastouil, chevalier de la Légion d'honneur, n'a que les arêtes, c'est possible...

— Ah! capitaine, vous avez tort...

— N'a que les arêtes!... lieutenant, ne m'interrompez pas... mais, s'crrr'bleu! m'sieur, il ne faut pas le lui dire!...

— A propos, si nous prenions un légume?

— Va pour un légume. Madame Bastouil a tort, lieutenant. Au lieu d'aller se geler les pieds au cimetière, elle devrait être ici, à nos côtés... Vinard, versez donc? Vous ne versez pas, s'crrr'bleu, m'sieur.

— Encore si le défunt avait été un camarade?

— C'est vrai.

— Gruby, par exemple, ce pauvre Gruby?...

— Ah oui!... l'animal!... n'a jamais voulu permuter. Tué à El-Aghouat. — Déplorable caractère! — A sa mémoire, buvons.

— A ses mânes glorieux !

— Mais non, le défunt fut un pékin de la pire espèce. Je n'ai jamais pu prononcer son nom, à cet animal-là !

— Enfin ! il me procure le plaisir de casser une croûte avec vous, tous les ans.

— Vous appelez ça une croûte ! — S'crrr'bleu ! m'sieur, le capitaine Bastouil n'offre jamais de croûte à ses amis.

— Manière de dire, capitaine.

— Je n'ai pas de manière de dire, moi. J'offre à déjeuner, ou je n'offre pas. Voilà mon caractère. Maintenant si ma franchise vous déplaît...

— (*A part.*) Pauvre capitaine, le défunt lui monte à la tête. C'est tous les ans la même histoire. Madame Bastouil m'em... bête. (*Haut.*) Capitaine, vous ne m'en voulez pas ?

— Moi, lieutenant ! — A un soldat ! en vouloir à un soldat ! moi, le capitaine Bastouil, décoré, cinq campagnes, trois blessures, sein droit, sein gauche, et la dernière... s'crrr'bleu ! lieutenant, si j'ose m'exprimer ainsi, vous vous f...ichez de moi !!! Votre main, camarade ! et demandez *une* de Champagne.

— Une de Champagne ! garçon !

— Voilà comment je célèbre le *Jour des morts*, moi ! Et maintenant que je suis soulagé, parlons un peu de ce que fait le maréchal ! »

LES « CHRISTS » DANS LA NEIGE

Dans les tiroirs secrets d'un *Bonheur du Jour* appartenant à madame Blanche Y..., née de H..., repose depuis longtemps la lettre suivante.

Madame Blanche Y, née de H, la relit parfois avec une bienveillance souriante.

Voici ce poulet mystérieux :

Province, temps de chien. Décembre.

MADAME...

Ce qu'il y a de plus triste qu'une citadelle, l'hiver, je ne le sais pas encore.

Je cherche, je compare, j'examine, je ne trouve pas.

Cependant, l'esplanade de cette citadelle est une vue qui ne manque pas de tristesse non plus.

Or, c'est précisément en sortant de la citadelle, et truffé de mélancoliques réflexions, que je regarde, par les vitres verdâtres de ma fenêtre, le désolé tableau offert — gratuitement — par l'esplanade en question, à mes prunelles infortunées.

Ah ! c'est une bien jolie steppe, allez, que mon esplanade, immense, couverte de neige, semblable à un tapis de billard en costume de *première communiante,* avec ses affreux arbres dégingandés, mal fichus, et ornés d'un passe-poil de frimas sur toutes les coutures de leurs branches noires.

Décidément, je crois que l'esplanade de la citadelle est encore plus désolante, pour l'œil, que la citadelle elle-même, malgré les mines piteuses des conscrits violets de froid, que leur arrivée au dépôt n'a pas l'air de combler d'allégresse.

Je suis d'une humeur affeuse, madame. Et puis leur satané charbon ne brûle pas du tout. La fumée et le brouillard transforment ma chambre en intérieur de nuage. Encore s'il y avait dessous ce que ce coquin de Jupiter y trouvait parfois.

Mais pas la moindre nymphe sous la nue.

Tout à l'heure, la grande Louise (excusez la rude franchise d'un homme de guerre, madame) était là, accrochant les fanfreluches de sa jupe à tous les coins de meubles, et faisant vibrer les bibelots qu'ils supportent.

Mais la grande Louise m'a agacé. Je l'ai renvoyée à ses moutons. J'ignore si elle a des moutons. Mais je m'en moque.

La grande Louise, qui zézaye abominablement — aujourd'hui du moins cela me semble abominable — la grande Louise, dis-je, surprise, s'est précipitée à mon cou, dans l'intention — (excusez, madame, la rude franchise d'un homme de guerre —) de m'attendrir, mais je n'ai point voulu entendre de cette oreille-là, ni d'une autre, et je lui ai dit fort durement :

« Allons, allons, presto ! J'ai à travailler. »

La grande Louise, faisant la moue, une moue hideuse — aujourd'hui du moins elle me paraît telle — a passé son interminable capote, vous dites Waterproof, je le sais, mais je préfère capote. Chacun son goût. La grande Louise a donc passé son immense Waterproof, et a dit : (Je cite textuellement. Excusez la rude franchise d'un homme de guerre.)

« Méçant, mon capitaine ! ze suis fâçée, ze ne reviendrai plus zamais. Voilà, na.

— Accepté l'ultimatum ! et filons.

— Mon capitaine a été brossé, hier soir, au zaquet. C'est bien fait. Adieu, méçant.

— Bonsoir ! »

Peu de temps après cet adieu, qui m'a trouvé absolument sourd, le défilé de la grande Louise a eu lieu. Je suis resté seul... une, deux, trois, avec ma mauvaise humeur. Et j'ai regardé la neige.

Et je la regarde de nouveau. Tablier de sapeur du bon Dieu ! va, que la neige ! On dirait que l'esplanade doit être passée en revue ! Et la fumée qui continue à croître. Je ne suis plus dans un nuage, à présent. Je suis dans un aquarium. Il va me passer des poissons dans les jambes. Le brouillard se résout en gouttes glacées. Tonnerre ! (Excusez la rude franchise d'un homme de guerre, madame.)

Ah ! voilà la flamme qui se fait jour ! Ce n'est pas malheureux.

Je vais redevenir aimable. Je le suis. Présent!

Eh bien! Blanche, c'est la neige de l'esplanade, blanche, pure, immaculée, froide, qui me rappelle votre nom, ce matin.

Je vous avoue, ma chère enfant, avec la rude franchise d'un homme de guerre, je ne pensais pas du tout à vous hier, encore moins avant-hier.

C'est tout de suite, à l'instant même, en promenant mes yeux, brûlés par la fumée, sur la blancheur rafraîchissante de la neige qui couvre l'esplanade, que je me suis souvenu de vous.

Pourquoi? comment? Je vais vous le dire. Attention.

Vous rappelez-vous les *christs* dans la neige?

Allons, souriez, ma chère. Je souris bien, moi, en songeant à notre jeu favori, dans les allées du parc de monsieur votre père. (Il va toujours bien, le vieux sacripant, hein?)

Ah! petite Blanche, vous étiez déjà jolie à croquer, sans sel ni poivre, sacrebleu! Le bon temps! Et comme nous faisions de jolis *christs*, ma belle?

On choisissait une pelouse bien nette, bien unie, et, la place trouvée, on se laissait tomber d'un coup, sur les genoux d'abord, puis, étendant les bras en croix, on appliquait bravement le reste du corps, la tête avec, en plein dans la neige.

Et de rire!

Il ne fallait pas tricher. Vous souvenez-vous, ma petite Blanche? Pour ne pas effaroucher la neige avec vos jupes courtes, vous les rouliez, que dis-je, nous les enroulions autour de vos mollets... qui (excusez la franchise d'un homme de guerre, madame) étaient déjà d'un rond, d'un potelé, d'un dur... et j'espère bien, sacrebleu! qu'ils le sont toujours! — et nous vous étalions, Maurice, votre frère, et moi, dans l'*aubusson* tombé du ciel.

Afin que votre chère image fût bien nette et bien profondément imprimée dans la neige, nous avions soin d'appuyer des deux mains sur vos épaules, sur vos bras et sur... (excusez la rude franchise d'un homme de guerre, madame) sur vos petites hanches, Blanche!...

Ce que sont devenues vos hanches, madame? J'aime à me le figurer!

Pour en revenir à nos *christs,* vous devez vous rappeler que le *chic* du jeu, c'était d'ouvrir les yeux dans la neige.

Moi, je les ouvrais comme une bête. Vous, Blanche, vous n'avez jamais voulu nous imiter. Chers grands yeux! J'espère qu'ils vont bien? Ah! je donnerais bien six mille grandes Louises pour les voir encore, bleus comme une lame d'épée neuve, et luisants comme elle aussi. Sacrebleu, je n'ai pas l'honneur de connaître monsieur votre mari, mais s'il avait jamais l'envie d'opérer un *chassé-croisé,* je prends la liberté de lui conseiller de venir me remplacer dans ma chambre, qui donne sur l'esplanade, et je vous offre mon billet, Blanche, que je ne serai pas lent à me rendre dans ses foyers.

En tout bien tout honneur, ma charmante, et nous ne ferions plus de *christs* dans la neige. Ah! mais non!

L'aimable semestre qu'on passerait chez vous, madame! je le dis avec la rude franchise d'un capitaine qui sent les mains du souvenir le prendre à la gorge sous son hausse-col.

Hélas! voilà la fumée qui se représente, avant l'appel, elle me pique les yeux, tonnerre! et je ne vois plus ce que j'écris. C'est bien drôle, cela.

Mais je vous quitte. Il le faut. L'écho lointain d'un tambour — nouveau modèle — me dit que je flâne un peu trop.

Adieu, Blanche. Et pour la dernière fois, excusez la rude franchise d'un homme de guerre. Mais il faut que j'embrasse (rasé de ce matin, ma parole!) vos joues qui, après les *christs* autrefois étaient si roses, si fraîches et si parfumées de jeunesse.

Allons, donnez la joue sans honte, ma chère.

Votre mari est un garçon qui a rudement de la chance. S'il ne se conduit pas bien, dites-le-moi. Je me charge de le ramener au bercail. Je voudrais bien voir qu'il négligeât une femme comme vous! je... allons, bon, voilà mon brosseur. Quel dénoûment!

— Eh bien, qu'est-ce qu'il y a, imbécile!

. . . .

LE CAPITAINE Z***.

L'AMOUR A LA LANDAISE

Ils s'aimaient.

Ils s'aimaient comme s'aimaient Francesca de Rimini et Paolo Malatesta.

Ils s'aimaient avec violence, avec furie, mais avec chasteté.

— Bing !

Amour coupable, cependant !

Amour coupable, cependant ! répète la Morale en faisant ses gros yeux de mère grand'.

Amour coupable ! dirons-nous à notre tour, en ajoutant ces simples paroles :

— Avec des circonstances atténuantes.

En effet, le Lanciotto Malatesta de la chose, le mari, si vous l'aimez mieux, le nommé Antoine de Malairsec, enfin, ne méritait guère le respect que son front inspirait à Paolo et à Francesca.

Antoine de Malairsec, propriétaire foncier, possesseur d'une charmante villa située sur les bords de la Seine (non loin de Bougival), au milieu de ce peuple de canotières qu'il avait tant aimées, Antoine de Malairsec, en un mot, n'aurait pu avoir l'honneur, vu sa conduite cascadeuse, de servir d'enseigne à un magasin de bonneterie avec le titre de *Fidèle Berger*.

Antoine de Malairsec n'était point un fidèle berger.

Ce mot dit tout.

Madame de Malairsec, Amélia de son petit nom (*Ne partez pas aux bains de mer sans... etc...*) Madame de Malairsec, douce agnelle, n'avait pas à se louer de son époux... de son gardien.

Non. Elle n'avait pas à se louer de son Antoine.

— Hum!...

Cet Antoine, très-répandu dans le demi, que dis-je, dans le quart de monde, se payait (ses moyens le lui permettant) une infinité de « *Serpents du Nil.* »

Serpent du Nil, vous le devinez, signifie la Belle Cléopâtre.

— Hélas ! soupirait la Morale, déjà nommée, en joignant les mains avec pudeur ; hélas !

Antoine de Malairsec, riche, vieux (aïe!), négligeait sa femme.

Soleil couchant, il avait encore, de ci de là, quelques rayons superbes, lumineux et chauds, mais ces rayons derniers n'éclairaient et ne réchauffaient jamais Amélia de Malairsec.

Ces représentations de retraite, comme on dirait au théâtre, étaient généralement données au bénéfice de Mesdemoiselles Nini, Bibi ou Lili.

Amélia de Malairsec le savait.

Elle le savait. Mais elle n'usait pas de représailles !

Et cependant, convenez-en, elle en avait bien le droit, je suppose.

Vous me direz : — Mais l'honneur ! mais le devoir !...

J'entends bien ! mais, avec la grimace d'un satyre qui a fait toutes ses classes... dans les bois de Cythère, je vous répondrai ceci :

— Amélia de Malairsec a vingt-sept ans ; c'est une brune, une brune que l'on ne connaît pas assez, au rebours de Mimi Pinson. Amélia de Malairsec est pétulante, rieuse ; c'est une aimable toquée.

Il est évident que la pauvre enfant souffre, presque continuellement, de l'abandon de son mari.

Un mari, c'est un mari. Et autour du mari auquel elle est attachée, il faut que la femme broute, dit le proverbe.

Amélia de Malairsec n'était pas attachée bien fortement à son digne époux ; mais elle voulait brouter quelquefois autour de lui.

Et dame ! quand la chèvre trouve le gazon tondu sans relâche par la dent d'autrui, et qu'elle a faim, la chèvre a le droit de la « *trouver mauvaise,* » comme écrivent les maîtres.

Ce n'était donc point l'occasion, ni le diable aussi la poussant, qui manquait à madame de Malairsec ; c'était l'herbe.

Herbe tendre ? Non. Mais, enfin, herbe !

Herbe que la Morale regarde croître avec satisfaction.

Car c'est une croissance légitime.

Donc, Amélia de Malairsec, quoique affamée, ne

voulait pas tondre dans le pré de l'adultère, — même la largeur de sa langue, — selon La Fontaine.

Cependant (que la Morale se couvre le corps d'un sac, et sème de la cendre sur sa tête!), cependant Amélia de Malairsec, semblable à ce Jehan le Fol qui mangeait son pain sec à la fumée des cuisines de la rue aux Ouës, ruminait (n'ayant pas même de pain dur) les souvenirs savoureux de sa lune de miel, en laissant papillonner autour d'elle un jeune homme de bonne famille, voisin de campagne, et qui, veuf de ses premières amours et ne tenant pas à y revenir, s'était pris d'une passion sans bornes pour les cheveux ondulés sur les tempes, et d'un brun charmant, de madame de Malairsec.

Ah! nous y voilà.

Je ne vous le cacherai pas plus longtemps, le jeune homme de bonne famille, auquel ses parents ont fait embrasser de très-bonne heure l'excellente profession de rentier, après avoir établi ses circonvallations autour d'Amélia comme autour d'une forte place, avait successivement renversé tous les obstacles, repoussé les sorties commandées par le Devoir et la Timidité, et il était arrivé, au jour où nous prenons ce récit, à la veille des sommations au commandant de la forteresse.

Il était donc en face de la poterne, et commandait — déjà — qu'on baissât le pont-levis et qu'on levât la herse devant lui.

Amélia de Malairsec, brave comme tous les chevaliers du moyen âge, avait souri avec confiance derrière les vieux remparts du foyer domestique, et lancé des paroles de défi à son fier ennemi.

Le jeune homme de bonne famille, Paul de Bois-Colombes, remettant son épée dans sa gaîne ce jour-là, s'était écrié :

— Ville prise ! Honneur au courage malheureux !

Puis, à voix basse il ajouta : Cette reine des mers ne m'échappera pas. Je n'ai qu'à conduire ma barque avec imprudence !

La façon dont Paul de Bois-Colombes conduisit sa barque mérite d'être décrite.

Ne passons rien sous silence, décrivons !

Paul de Bois-Colombes, que M. Antoine de Malairsec ne connaissait que de nom, et qu'il savait tout au plus être l'un de ses voisins de campagne, avait trouvé un moyen assez ingénieux, le soir venu, de causer avec Amélia de ce Paradis perdu qu'on retrouve si bien, en se mettant à deux.

Le pavillon de Malairsec, bâti sur la berge de la Seine, entre Port-Marly et la Machine, dans un endroit assez isolé, est précédé d'une terrasse plantée en jardin.

Cette terrasse domine la route. Le mur de soutènement qui la termine a environ trois mètres de hauteur.

Chaque soir, laissant son aimable Antoine tourmenter le *carton*, en compagnie de quelques autres vieillards, dans le petit salon du rez-de-chaussée,

Amélia de Malairsec venait, sous le prétexte bien plausible de respirer l'odeur humide de la rivière et des bois, s'accouder à l'abri des bosquets, sur la balustrade qui court le long du mur de soutènement.

Complétement invisible pour les *wishteurs* du pavillon, elle aimait à venir respirer l'odeur humide et fraîche de la rivière et des bois, chaque soir.

Or, — pour les mêmes motifs évidemment, — chaque soir, Paul de Bois-Colombes, profitant des ténèbres et de l'absence de la lune, venait se promener sur la route qui longe la propriété des Malairsec.

Mais, et on le comprendra facilement, il est pénible d'entretenir une conversation amoureuse — dans le but de la faire devenir criminelle — avec une personne située à 9 pieds au-dessus de votre tête.

Aussi, sur l'avis de son domestique, Roquefavour, un Landais des Landes, Paul de Bois-Colombes avait appris à monter sur de hautes échasses.

Roquefavour disait *xcanques*, en son patois. Mais le mot est un peu dur à avaler.

Nous ne l'emploierons donc pas.

Paul de Bois-Colombes, monté sur des échasses, comme le roi *Coups-de-sabot*, dont Gavroche chante les exploits, s'en allait à la chasse, mais ce n'était pas à la chasse au corbeau.

Corbeau, mauvais gibier. Jolie femme, meilleur!

Paul allait tout bonnement se mettre à l'affût du cœur de madame de Malairsec.

Il allait également se mettre à son *niveau.*

Juliette n'aurait peut-être pas été très-satisfaite de cette manière excentrique de triompher des difficultés.

Mais madame de Malairsec, qui est dans le mouvement, selon l'expression du boulevard, ne tenait pas du tout à jeter une échelle de soie à son Roméo.

Elle se contentait des échasses.

D'ailleurs, la soie est hors de prix.

En outre, les balcons d'à présent étant fabriqués avec du simili-fer, tout porte à croire que, cédant sous le poids, le *garde-fou* des Malairsec serait tombé sur le nez du hardi Bois-Colombes.

Ce qui manque de poésie, même au chant de l'alouette, et quand le vent du matin murmure dans les hêtres.

Paul, stylé par Roquefavour, se tenait d'ailleurs sur ses jambes artificielles avec une grâce et un brio que je qualifierai d'indescriptibles, afin de n'avoir pas la peine de les décrire.

Côte à côte, chaque soir pendant un quart d'heure, la pauvre délaissée et le jeune homme de bonne famille marchaient de long en long, en se disant des choses très-agréables.

Seulement, pour suivre la charmante jeune femme, qui trottinait gentiment sur la terrasse, Paul était obligé d'ouvrir son compas de bois d'une façon formidable sur la route.

Si quelqu'un avait pu les contempler, ce quelqu'un

aurait cru apercevoir de loin un *faucheux* causant avec une mouche innocente.

Et il aurait prié pour la pauvre mouche.

Car le faucheux, de temps en temps, se penchait vers sa victime pour la dévorer.

Il ne la dévorait pas heureusement.

La morsure s'arrêtait aux lèvres.

Pendant que cette scène édifiante avait lieu sur la terrasse, ce polisson de Malairsec racontait à ses hôtes, en clignant de l'œil, des histoires tout à fait chauves de... pudeur, si j'ose employer cette figure...

De pareilles entrevues ne pouvaient avoir qu'un résultat choquant pour les bonnes mœurs, je le dis à regret.

En dépit de la balustrade de simili-fer, dernier retranchement, la garnison épuisée, à bout de munitions et réduite à la demi-ration, comme nous l'avons indiqué plus haut, ne pouvait tenir longtemps.

De son côté, Paul de Bois-Colombes, qui commençait à avoir plein les jambes de son métier de héron surnuméraire, ne demandait qu'à assassiner, à coups de canif réitérés, le contrat des Malairsec, au détour d'un aveu.

La situation se corsait; elle se tendait jusqu'à rompre.

Elle eut enfin un dénoûment.

Ce dénoûment, nous allons le raconter, toujours à regret; mais, historien véridique, nous ne voulons pas être le père Loriquet de cette simple et touchante histoire d'amour, et nous dirons la vérité, toute la vérité.

Nous nous arrêterons, s'il le faut, au moment où la Vérité est à peine vêtue comme un petit saint Jean.

Un soir, soir embaumé, soir totalement privé de lune, Paul de Bois-Colombes se fit *échasser* avec soin.

— Fais des nœuds inextricables, Roquefavour, dit-il à son domestique. L'autre soir j'ai failli me briser la colonne vertébrale. Tu avais mal attaché les cuissards.

Roquefavour boucla avec soin les cuissards des gigantesques *xcanques*, et, pour comble de zèle, joignit quelques tours de forte ficelle aux courroies ordinaires.

Échassé solidement, Bois-Colombes se rendit à pas énormes de sa petite maison de garçon à la terrasse bien-aimée.

Il était neuf heures du soir.

Comme il passait près de la grille cochère qui fait suite à la terrasse, il entendit une voix qui disait, en tremblant :

« Paul?

— Plaît-il? fit Bois-Colombes très-étonné, et regardant à ses pieds comme s'il cherchait un atome perdu dans l'ombre.

— C'est moi. N'avez-vous donc pas reçu ma lettre?

— Lettre? répliqua Bois-Colombes. Non. Comment, c'est vous, Amélia? Chère...

— Chut! tous les domestiques sont à Paris. *Il* est également parti. *Il* est à Saint-Germain. Vous pouvez entrer. Mais ma lettre?

— Lettre? répéta Bois-Colombes. Je n'ai pas reçu de lettre. Après cela, si vous l'avez mise ou fait mettre à la poste ici, je ne la recevrai que dans trois jours. C'est ainsi que ça se passe à la campagne.

— Quel contre-temps! C'est égal. Entrez vite. Vous ôterez vos échasses tout à l'heure. »

Paul de Bois-Colombes, jetant à dix pieds au-dessous de lui un regard d'amour, se hâta d'entrer dans le jardin, le front haut.

Trop de précipitation du reste, car il se cogna la tête, et rudement, aux ornements supérieurs de la grille.

« Vous êtes-vous fait grand mal, mon ami?

— Rien du tout : une bosse au front, voilà tout. »

Et en lui-même, il ajouta : — Mais un clou chasse l'autre, et mon front pourrait bien se trouver guéri si celui de....

Il n'acheva pas sa pensée machiavélique, et suivit à travers les massifs, par trop épineux, sa conductrice tremblante.

La tremblante Amélia, arrivée au bout du jardin, s'assit sur un banc et tendit la main à son amant.

« Eh bien? voyons, murmura-t-elle... venez...

— Bigre! bigre! s'écria sourdement Bois-Colombes. Je ne puis défaire mes échasses.

— Vous dites?

— Impossible! Ah! le misérable Roquefavour. Il a fait des nœuds que je ne puis... Oh! le misérable!... Sacristi!

— Pauvre ami! dépêchez-vous. On reviendra vers onze heures...

— Vers onze heures!... bigre! bigre! bigre! Et pas moyen de rompre ces nœuds, même à la façon d'Alexandre...

— Oh! que j'ai peur! Paul... dépêchez-vous donc!

— Vous n'auriez pas un couteau, un canif, des ciseaux, n'importe quoi de coupant sur vous?

— Je n'ai rien.

— Mais dans votre salle à manger... dans le dressoir?... Au nom du ciel, Amélia, un couteau... je meurs de rage!

— La cuisine est fermée à la clef... Quant aux couteaux de la salle à manger... Eh!... on les a donnés au repasseur!... Et les boîtes neuves sont dans l'office... fermée aussi.

— Oh! je tuerai Roquefavour! le sacré coquin... murmura Paul en sautillant avec fureur sur ses *échasses de Nessus.*

— Eh bien, Paul?

— Pas moyen de les briser, de les arracher!...

— Mais vous allez vous tuer! Paul, mon petit Paul!

— Ah! misère!

— Paul, mon petit Paul, voulez-vous que je monte

à votre hauteur, tenez, dans cet arbre... Nous pourrons causer à notre aise... dit la brave Amélia, plus rouge qu'une fleur de cactus, tandis que de soudaines chaleurs lui montaient au visage.

— Enfant! — Ah! tonnerre! eh bien! me voilà dans une belle passe!... Coquin de Roquefavour!...

— Ah! si vous aviez reçu ma lettre!

— Parbleu!...

— C'est peut-être le ciel, mon ami, qui...

— Innocent petit ange! non, ce n'est pas le ciel, c'est la poste qui me joue ce tour-là.

— Que faire? murmura plaintivement la brune Amélia, agacée au dernier point, et dont l'œil brillait dans l'ombre, au bas des échasses de son ami.

— Que faire? reprit Bois-Colombes. — Je donnerais dix ans de ma vie pour avoir un couteau! un sabre!

— Que faites-vous, Amélia? » dit-il tout à coup.

Amélia, avec un ton de colère boudeuse, répliqua : « J'ai essayé de défaire vos liens, prisonnier, mais je n'ai réussi qu'à me casser un ongle... Allez-vous-en, Paul!... allez-vous-en! Il va revenir... Au nom du ciel, allez-vous-en...

— Pauvres petites et chères mains!... Vous êtes-vous blessée, Amélia... mon amour? Essayez encore... reprit Paul avec passion.

— Non. C'est trop dur! Je ne puis!... Oh! que je suis agacée! s'écria encore madame de Malairsec. Allez-vous-en vite, Paul!... mon cher Paul!

— Au diable ! je ne puis rien dénouer !...

— On vient, Paul ; n'entendez-vous pas marcher sur la route ? »

— Marcher ?... En effet ! — Mais votre mari ne peut venir à pied. — Sacristi ! tonnerre ! »

En jurant de la sorte, Paul, affolé, la tête en feu, prit un arbre à bras le tronc, inclina ses échasses en arrière, et se laissa glisser sur les genoux...

Mais il était trop tard. Un pas rapide et lourd retentissait sur le pavé de la route...

« C'est *lui*, Paul ! cachez-vous !... je vais aller ouvrir. »

En effet, c'était *lui*... Moment critique !

D'un mouvement suprême, énergique, Paul se remit debout, grâce à l'arbre, et à grands pas se dirigea vers la grille.

Au moment où il l'atteignait, M. Antoine de Malairsec mettait la main sur le bouton de la sonnette.

Paul n'eut que le temps de faire le grand écart, en se suspendant avec les mains à l'écusson qui orne le couronnement de la grille.

La nuit profonde aidant, Paul semblait faire partie de la grille elle-même. Il était invisible.

M. de Malairsec sonna.

« Eh bien ! répondit la petite voix de madame, du fond du jardin.

— Encore levée et dehors à cette heure ? s'écria Malairsec avec surprise.

— Oui. Vous revenez à pied ?

— Parbleu ! pas un fiacre à Saint-Germain. Ils sont tous au Vésinet. Venez donc m'ouvrir... Jean n'est-il pas là ?

— Il est à Paris.

— Ah !... Et vous tirez le cordon à la place de vos domestiques.

— Non. Je prenais le frais, là-bas. Vous n'avez donc pas votre clef ?

— Ouvrez donc !... Si, j'ai ma clef... et après ?

— Voilà, mon cher... ne vous fâchez pas...

— Je ne me fâche pas, mais je suis furieux de venir de Saint-Germain à pied... Plus de chemin de fer... pas de voitures !... Je suis furieux !

— Allons, entrez, chrétien errant, » fit madame de Malairsec.

M. de Malairsec entra, et inaugura majestueusement l'arc triomphal d'un nouveau genre que lui avait érigé Paul de Bois-Colombes.

« Maintenant, allez chercher une bougie, s'il vous plaît, mon ami, dit tranquillement madame de Malairsec. Je viens de laisser tomber une bague... l'améthyste, je crois...

— Vous êtes bien adroite encore, vous !

— La veilleuse du corridor est allumée... mon cher, les flambeaux sont tout à côté, continua Amélia, toujours avec le plus grand calme.

— Bon. J'y vais...

— Oui, je ne veux pas quitter la place... C'est probablement à mes pieds qu'elle est tombée... »

Et comme M. de Malairsec s'introduisait dans le pavillon par le corridor, madame de Malairsec, ouvrant la grille toute grande, dit à voix basse, en étouffant de rire :

« Partez !... »

Et Paul, tout irrité qu'il fût encore de l'insuccès de son premier rendez-vous en tête à tête, se mit à rire également en se hâtant de filer le long de la terrasse.

MADEMOISELLE CHASSEPOT

Certes, l'heure et surtout le lieu me semblaient bien mal choisis pour une confidence amoureuse, ponctuée de soupirs, illustrée de gestes violents et mêlée de quelques pleurs !...

C'était au Concert des Champs-Élysées, pendant que mon cher Cressonnois, le bâton d'ébène au poing, faisait exécuter à sa vieille garde harmonieuse la *Marche turque* de Beethoven. Je dis Beethoven et non Mozart.

Mais, voyons, franchement, peut-on sans cruauté refuser d'écouter un homme à l'air hagard et suppliant, aux yeux cernés, qui, se précipitant soudain sur vous, serre votre main comme s'il avait la ferme intention d'en exprimer tout le suc, et vous entraîne par cette même main réduite à l'état de tourteau, disant d'une voix saccadée : « Il faut que je te parle, tout de suite ! »

Non, n'est-ce pas, on ne peut refuser une oreille ou deux à cet homme-là ?

Or, juste au moment où, docile cheval de cirque, je venais de commencer ma quarante-septième promenade autour du kiosque de l'orchestre, mon ami Gaston Payolle, que je croyais en villégiature amoureuse à trente lieues de Paris, depuis deux mois, s'était jeté sur mon sein, dans l'état alarmant que j'ai eu l'honneur d'esquisser tout à l'heure.

Ce pauvre Payolle ! je l'aime beaucoup ! Son aspect délabré me fit de la peine. Et n'eût été son obstination étrange à traiter mon innocente main comme un sac de colza ou d'œillette, obstination qui rendait l'existence de mes gants très-précaire, je crois qu'à ce moment-là, atteint moi-même d'un accès de *pyladisme* aigu, j'aurais senti mon cœur se fondre et mes yeux s'étoiler de larmes sincères.

Mais il serrait trop fort, et sans relâche, mon ami Payolle ; aussi, lui arrachant le membre précieux qu'il avait évidemment le projet de tordre jusqu'à la dernière goutte, je lui proposai de venir au buffet prendre quelque boisson calmante, une glace à l'éther, par exemple.

Il accepta.

A peine attablé, il commença un interminable récit, m'empêchant quatre fois de suite, par un jeu de scène fort usité dans les pantomimes, d'allumer mon cigare, en mettant sa main sur mon bras au moment où j'approchais l'allumette de mon londrès, étonné de cette plaisanterie ancienne.

Je dois à l'amitié de résumer rapidement le flux effrayant des paroles du pauvre Payolle, que j'écoutais distraitement, je l'avoue, parce qu'une petite brune, avec un nez gros comme rien, passait et repassait devant nous.

En trois mots, voici ce dont il s'agissait :

Une demoiselle, connue sur le boulevard à l'heure où la perdrix sommeille dans les sillons, et surnommée mademoiselle Chassepot, pour un motif qui m'échappe, avait un soir prié mon ami Payolle de lui faire passer une saison à la campagne, dans un trou, disait-elle, n'importe où, pourvu qu'il y eût des poules, des pigeons, beaucoup de lapins maintenus en bas âge par tous les moyens possibles, du lait chaud (*matin et soir*), enfin tout ce qui constitue la campagne pour une cocotte sentimentale.

C'était demander une chaumière en échange d'un cœur.

Mon ami Payolle, — il essayait encore, ce disant, de reprendre mes doigts pour les ramener en captivité, — mon ami Payolle, bon gros garçon de trente ans, propriétaire d'un certain sac paternel assez garni, doué d'une physionomie sans importance (l'air d'un soldat imprimé à Épinal, par Pellerin), mais que son tailleur avait l'art de vêtir ridiculement — pour beaucoup d'argent — à la dernière mode... que vous et moi eussions prise ; mon ami Payolle enfin, cœur naïf comme une châtaigne écossée, sauta de joie à la proposition de mademoiselle Nina, dite *Chassepot*.

Ils s'établirent loin de Paris, en pleine campagne, dans une ferme en miniature. Je ne vous peindrai pas le tableau de leur bonheur : lait chaud matin et soir, pigeons, canards, poules et lapins à la mamelle.

Bref, une habitude d'une douceur exquise s'installa rapidement et sans bruit dans le cœur sensible de mon ami Payolle. De son côté, mademoiselle Chassepot, au comble du bonheur, ne pensait plus à retourner à Paris. Un matin, elle confia un secret de famille au brave Payolle.

« Mon ami, lui dit-elle, pensive et véritablement charmante, l'oncle qui m'a élevée, mon unique parent, est mort il y a trois mois, dans sa petite ville. Il m'adorait ; j'ai mal reconnu ses soins, c'est vrai. Que veux-tu ! J'étais si jeune, sans mère... Enfin, à dix-huit ans, je l'ai abandonné pour suivre quelqu'un. Histoire banale, toujours aussi atroce ! Le pauvre homme, désespéré, loin de me maudire, a toujours conservé, de son vivant, un petit coin dans son cœur où mon souvenir était choyé. Il ne m'a pas revue, hélas!... Paris ne lâche pas ses proies, tu le sais! — En mourant, cet excellent ami m'a laissé sa petite maison, son mobilier, une petite rente et le soin de faire vivre sa vieille gouvernante, la brave femme qui m'a soignée quand j'étais tout enfant. Eh bien, mon ami, je veux aller là-bas encore une fois ; me le permets-tu?... J'irai prier sur la tombe où j'aurais dû le conduire ; et puis, mes affaires arrangées, je te reviens pour toujours. Il me semble, ami, que cela me portera bonheur ; notre union en sera comme sanctifiée. »

Payolle, déjà fort amoureux, conduisit le lendemain sa bien-aimée Nina à la gare, l'embarqua, et, quand il vit le train disparaître, se mit à pleurer comme une bête sur le quai.

Ce récit, passionnément fait, ramena une effusion chez mon bon Payolle ; il empoigna de nouveau ma main, au grand étonnement de nos voisins de table, et se mit à la pétrir, à la malaxer avec âme.

Pendant qu'il continuait à me narrer ses aventures, m'apprenant comment il était resté quinze jours sans nouvelles de mademoiselle Chassepot, je songeais, moi, au moyen d'échapper adroitement à ses étreintes, et, exaspéré, je me demandais si ce n'était pas le moment d'imiter le renard pris au piége, et de me couper le poing avec les dents.

« Au bout de quinze jours, reprit mon ami Payolle reniflant ses larmes, je reçus une lettre. La voici. Lis-la! Tu comprendras mon désespoir. Tu l'excuseras. Et tu verras quelle femme est ma Nina! »

Cette lettre, je la transcris pour votre édification, mesdames et messieurs :

Hoville, 7 mai.

Pardonnez-moi, mon ami, la douleur que je vais vous causer. Si vous m'aimez, et j'en suis malheureusement trop certaine, peut-être, en y réfléchissant, trouverez-vous que tout est pour le mieux, et que ce que je fais est bien, encore que votre cœur en soit brisé.

Je suis arrivée à Hoville, le soir de mon départ de notre chère maison, en bonne santé. Soyez rassuré sur ce point.

Certes, en arrivant à Hoville, l'accueil froid de la gouvernante de mon oncle m'avait mis sur les lèvres un sourire fanfaron. J'avais du reste traversé tête haute, traînant ma robe avec insolence, les rues de la ville. D'un ton bref, j'ai demandé les clefs. La pauvre femme, scandalisée par mon aplomb, me les remit avec un mépris mal dissimulé. Qu'est-ce que cela me faisait !

Il était tard. Je priai cette vieille de me faire à dîner, et de me servir dans le cabinet même de mon oncle, un docteur, je crois vous l'avoir dit. Je mangeai comme un loup. Puis, fille maudite, gangrenée jusqu'au fond de l'âme, j'allumai une cigarette et ordonnai à Mariette de me faire du feu. Le cabinet, inhabité depuis longtemps, était humide en diable ! Le feu allumé, je congédiai la gouvernante épouvantée, et m'étalant dans la bergère du défunt, je me mis à regarder le plafond, fredonnant un air de la *Grande-Duchesse*.

Tous les bruits s'étaient éteints dans la ville. Je le crois bien ! Il était au moins neuf heures et demie !

Le feu flambait à ravir. Je me sentais bien. La digestion se faisait parfaitement.

Tout à coup, au milieu du profond silence que n'interrompait pas même le tic tac d'un balancier de pendule, — ô surprise extrême, — j'entendis l'air de *Fleuve du Tage* joué par une sorte de musique invisible, égrenant note à note son chapelet harmonieux.

Ces sons vieillots, aigrelets, métalliques, m'arrivèrent droit au cœur. Tout d'abord je ne sus pourquoi. Mais un souvenir, comme un trait aigu, me traversa le cerveau soudain.

Je me rappelai la boîte à musique de Genève de mon oncle, et ses bizarreries de caractère. Ce pauvre vieil instrument avait des fantaisies ; il jouait quand cela lui faisait plaisir, sans rime ni raison.

La chaleur du feu avait dégelé ses rouages, sans doute, et, capricieux comme autrefois, il venait de reprendre un air interrompu depuis longues années, un air que je sais par cœur, que j'ai chanté mille fois, dans ma chambre de jeune fille !

Oh ! mon ami, je ne puis vous expliquer ce qui se passa alors en moi ! Il faudrait avoir vécu ma vie d'enfant pure, adorée, libre, pour comprendre l'effet que cet air ancien, chevroté par la musique de mon oncle, ce soir-là, dans ce grand cabinet désert, produisit sur mon âme rebelle, malade de l'affreuse maladie qu'on gagne à Paris.

Mon ami, mon cher ami, oui, je pensai à vous tout de suite, à votre bonté, à vos délicates attentions, à la vie heureuse et tranquille que vous me promettiez dans votre exquis enthousiasme ; mais, voyez-vous, mon bon Gaston, cette vieille musique détraquée et folle me parlait aussi, en ce moment-là, et si divinement ! Elle me pardonnait, je le sens. Elle me disait : « Reste ici, reste ; que ton cœur « redevienne le cœur honnête de la petite fille. »

Et tous les meubles usés disaient : « Reste. C'est nous ; « nous te reconnaissons bien, Nina. Tu vas donc nous « vendre ? nous jeter à des étrangers ? Petite Nina, ton « oncle nous aimait tant ! Vois-tu, Nina, comme nous « sommes faibles ; que valons-nous ? presque rien. Garde-« nous, garde-nous ! »

Et la petite musique, enragée, déroulait tout son répertoire de chansons aujourd'hui oubliées, pendant que je rêvais, fondant en larmes sincères.

Et du plafond, des murs, de partout, je sentais venir à moi comme des mains tremblantes, caressantes, qui me tiraient doucement, et me retenaient dans la bergère de mon oncle.

« Reste ! » murmuraient les tableaux, les animaux étranges qui me faisaient tant peur jadis, les livres aux images coloriées de la bibliothèque. « Reste ! reste ! »

. . . .

Adieu, mon ami ; aujourd'hui, plus calme, après quinze jours d'essai, je crois mon cœur, sinon guéri, au moins convalescent, et... le mot est bien dur pour vous, Gaston... je reste ! Oui, je ne reviendrai pas.

Oubliez-moi, mon ami. Je ne valais pas ce que votre amour m'estimait si généreusement. Oubliez-moi ; cela ne sera pas long. Ne cherchez pas à me revoir, je vous en supplie. Bientôt vous sentirez vous-même que m'abandonner, comme je le désire, c'est me combler d'un dernier bienfait.

Adieu, et pour toujours.

Votre NINA.

« Eh bien ! soupira l'infortuné Payolle, ai-je raison de l'aimer plus que jamais, cette femme ? Tu vois quel trésor je perds, quel ange s'envole de mon ciel ! Ma douleur est bien légitime, va ! O ma Nina ! ma Nina !

— Plus bas, sapristi ! lui dis-je, dérobant à temps ma main à une nouvelle preuve de sa vigoureuse amitié, plus bas ! On nous regarde. Sortons un instant. Sous les grands arbres de l'avenue, tu pourras te laisser aller abondamment à tes regrets amers, mais dont l'explosion, je t'assure, trouble les habitués de ce concert. »

Mon ami Payolle, les yeux gonflés, me suivit sans mot dire, contemplé avec stupeur par les sergents de ville inquiets.

« Mademoiselle Nina a bien raison, hasardai-je au bout d'un instant de promenade silencieuse sur le trottoir qui longe le *Moulin-Rouge*. Cette résolution, qui m'étonne du reste, — mais le cœur féminin a de ces mystères! — me semble pour elle, comme pour toi, la meilleure fin de votre roman pastoral. Enfin, mon cher, estimons-nous heureux de la voir sortie du bourbier parisien. Je voudrais — on a parfois ses heures de vertu — que toute la cocotterie française suivît son courageux exemple. N'est-il pas navrant, par exemple, de penser qu'une belle fille comme celle qui sort en ce moment du *Moulin*, — là-bas, vois-tu! — deviendra balayeuse ou consolatrice d'invalide.

— Quelle fille? demanda Payolle, regardant machinalement dans la direction que je lui indiquais, le bras tendu, l'index en avant, comme une main peinte dans un corridor de ministère.

— Cette... Oh! mon Dieu! mon Dieu!... » s'écria soudain Payolle, courant en avant comme un fou.

Je m'élançai sur ses traces, rapide, devinant la suite au prochain numéro de l'histoire de mon ami. Je vis Payolle, haletant, s'arrêter près de la voiture dans laquelle la belle fille en question, suivie d'un monsieur honorablement couvert et décoré, allait s'embarquer, radieuse.

« Nina! par pitié! gémit bruyamment Payolle, Nina!

— Tiens!... c'est vous, Gaston, fit très-froidement

la femme, se retournant au cri de mon ami et le regardant, pâle, mais sans émotion.

— Oui, c'est moi... » et le pauvre garçon se mit à pleurer sans pouvoir ajouter autre chose. Bravo Payolle, va !

« Ah ! que voulez-vous !..., reprit avec un affreux mouvement d'épaules la séduisante mademoiselle Chassepot, tandis qu'elle posait son admirable bottine sur le marche-pied, que voulez-vous, Gaston, ce qui est passé est passé ! — Et puis, on ne change pas en un jour. Je me *faisais vieille*, là-bas, *cheux nous*. Je suis revenue... avec monsieur. Voilà tout. Adieu, Gaston, continua-t-elle, comme soulagée, adieu, mon ami ! »

Une seconde après, la victoria qui l'emportait, au trot allongé de ses magnifiques chevaux, était à trois cents mètres.

« Oh ! j'en mourrai !... articula sourdement Payolle anéanti, et mettant néanmoins ma main sous presse, de nouveau et avec fureur.

— Mourir ! allons donc ! lui dis-je. Tu serais bien bête. Mais lâche-moi, au nom de Dieu ! lâche-moi, et allons à Mabille. Tu sais le proverbe : Une de perdue..... »

CE PAUVRE GASTON

— Ce pauvre Gaston !...

Ah ! oui, pauvre Gaston !

Mais que votre front, sensibles personnes, ne se hâte point de prendre un air de circonstance, en lisant ce — « *pauvre* » — Gaston.

Rassurez-vous, sensibles personnes, ce cri du cœur n'est point proféré avec mélancolie, et il ne s'en échappera pas, comme d'une Corne d'Abondance en deuil, tout un flot de pleurs, de regrets et de soupirs.

Non ! Gaston est bien vivant. Il se porte, à l'heure qu'il est, comme un charme... — revacciné.

Ce que je vous souhaite, de tout mon cœur, sensibles personnes.

En un mot, l'adjectif plein d'une tendre commisération qui précède le prénom de mon ami de V*** n'est point du tout cette épithète larmoyante qu'on jette parfois au souvenir d'un défunt, comme une couronne sur une tombe.

Ce — « pauvre » — est tout simplement mis là pour vous avertir, sensibles personnes, que Gaston n'a jamais été ce que l'on appelle, dans une langue qui n'est pas précisément celle des dieux : — un *chançard.*

Gaston a aussi son petit *ananké.*

Ce pauvre Gaston !

Si je vous dis qu'il a du bonheur au baccarat, vous devinerez sans peine quelle sorte de guignon le poursuit.

Heureux au jeu, malheureux en amour, dit le proverbe.

Ce proverbe est d'ailleurs bête comme choux, car rien n'empêche un heureux joueur d'être un amant favorisé du sort, n'est-ce pas, messieurs ?

Cela pourrait même se démontrer facilement par A plus B ; par Amour plus Bourse, si j'ose m'exprimer ainsi.

Mais passons. Il n'est pas convenable en présence de personnes sensibles, d'insinuer que le bonheur est absolument fait par l'argent.

Revenons à ce pauvre Gaston, qui prouve malheureusement que les proverbes les plus fous ont quelquefois leur raison d'être inscrits dans la sagesse des nations.

Gaston, dirait un vaudevilliste, n'a pas de chance à ce jeu du bâtonnet que les poëtes chantent sous le nom d'Amour.

Je ne suis pas le seul à le dire.

Mesdames A. E. I. O. U. en savent également quelque chose.

La flamme vive et ardente allumée dans le cœur de

ce pauvre Gaston, par les charmes successifs de mesdames A. E. I. O. U. s'est toujours éteinte, un jour ou l'autre, sans résultats satisfaisants pour les parties intéressées.

« Comme un feu de bergers, perdu sur les hauteurs » (*Leconte de Lisle*), l'amour sincère du pauvre Gaston brille un instant, puis le vent, la pluie, mille obstacles enfin, et surtout le manque d'aliments, le réduisent bientôt à sa plus simple, à sa dernière expression : un peu de fumée.

Ce pauvre Gaston !

Comme Tantale il voit le fruit désespérément rêvé et désiré s'approcher parfois de sa main ou de ses lèvres, mais toujours un dieu méchant l'en éloigne brusquement, et pour jamais.

Et le cœur saignant, l'œil en pleurs, l'eau à la bouche, ce pauvre Tantale, toujours Gros-Jean comme devant, est forcé de recommencer sans cesse son rêve inutile et fatigant.

Ce pauvre Gaston ! jamais il n'avait pu lire un roman du prologue à l'épilogue.

Jamais ! — Il avait bien, de temps à autres, gaulé ramassé et pelé le fruit défendu, ce qui n'est pas désagréable, mais toujours un autre l'avait mangé...presque sous ses yeux. S'il pénétrait dans les vignes d'autrui, toujours, à la première grappe, il entendait à la cantonade, et c'était affreux, la voix du garde champêtre prêt d'entrer en scène.

Enfin, ce pauvre Gaston, semblable au cordonnier

antique devant un tableau d'Apelle, ne pouvait s'agenouiller, en tête à tête, aux pieds d'une femme, sans qu'un obstacle quelconque, ironique et vainqueur ne vînt lui dire : *Ne sutor ultra crepidam.*

En français : *Mon pauvre Gaston, vous ne devez pas aller plus haut que la bottine!...*

Hélas !

Après mesdames A. E. I. O. U., ce fut la blonde et pâle Julia Porto-Rico, une aimable créature aux yeux tendres, épouse absolument légitime d'un riche marchand de vins du Cap, fabriqués à Cette, qui répéta, non sans quelque dépit dans le fond de son cœur... volcanique, le fameux : *Ce pauvre Gaston !*

Madame Porto-Rico, en villégiature sur la côte normande, l'année dernière, avait inspiré à Gaston pendant l'hiver précédent, une de ces passions frêles et brûlantes que Paris fait si bien éclore dans sa serre chaude.

Trois quadrilles, un tour de valse, une causerie sur un divan, le bruit de la musique, l'odeur des arbustes exotiques, le champagne, etc., servirent de terreau à leur amour, cette plante idéale !

De part et d'autre, on n'attendait *in petto* que l'été pour la voir s'épanouir.

L'été vint, M. Porto-Rico partit pour le Cap (Hérault). Madame prit son vol pour Ch..., un port de guerre un peu plus gai qu'un enterrement, mais pas davantage.

Ce pauvre Gaston, à qui l'on avait fait signe vint également s'installer à Ch...

« Frère capucin, lui avait dit en riant Porto-Rico, vous confesserez ma femme jusqu'à mon retour. »

Gaston, sur cette plage banale et hérissée de cailloux, prescrite par la Faculté et le monde à madame Porto-Rico, fut l'un des plus élégants condamnés à trois mois de Casino.

On pourrait même ajouter, en songeant au macadam rudimentaire de la grève, qu'il fut un des *galetsriens* les plus distingués de Ch...

Mais toutes ses joies se bornèrent là. Ce pauvre Gaston ne savait pas créer la solitude autour de la belle et pâle Julia. La belle et pâle Julia, incessamment accablée d'amies de couvent, ne recevait jamais son cavalier servant qu'au milieu d'une cour de femmes de toutes nuances qui bavardaient comme des pies.

Quand les amies n'encombraient pas l'appartement de madame Porto-Rico, Gaston trouvait encore, dragon de ce boudoir des Hespérides, une femme de chambre rousse et colossale installée à la porte, ou aux côtés de la belle solitaire.

L'occasion fait le larron. Soit. C'est encore un proverbe; il est absurde aussi, comme tous les autres d'ailleurs.

Gaston attendait l'occasion, le malheureux, sans songer qu'un vieil habit peut quelquefois se retourner, et qu'un *habile* larron doit créer l'occasion.

Gaston se bornait à émettre des soupirs, que madame Porto-Rico lui remboursait au pair. Mais d'intérêts point.

Spéculation assez triste, comme on voit.

Enfin, un beau matin, vers la fin d'août une espèce d'éclair traversa le cerveau stérile de Gaston et le fertilisa.

Expliquons l'origine de cet éclair :

A. Ch... il n'y a pas d'environs. On fait *son temps* en ville. Les heures sont employées à aller de l'*Hôtel des Bains* à sa cabine et de sa cabine à l'*Hôtel des Bains* pendant le jour, et le soir à se rendre de l'*Hôtel des Bains* au Casino et du Casino à l'*Hôtel des Bains*.

On est libre cependant de se promener, un pliant sous le bras, devant les calfats qui insèrent des faux chignons en étoupe dans les jointures des bateaux en construction.

Mais c'est un plaisir de courte durée!

Gaston qui devenait fou de rage et d'ennui, et qui commençait en outre à regarder les hideuses pêcheuses de homard avec quelque complaisance, se rendit un beau matin, comme nous l'avons dit, et c'était vers la fin du mois d'août, chez le principal loueur de voitures de Ch...

Tout le long de son chemin, à droite, à gauche, en arrière, en avant, de quelque côté qu'il se tournât, il ne voyait que des mâts de navire, et murmurait :

— Guillaume le Conquérant a brûlé ses vaisseaux en débarquant sur le sol anglais. Comme je comprends ça ! Si on me le permettait, je livrerais avec bien du plaisir à « *l'élément dévastateur* » tous ces vaisseaux-là, qui me narguent depuis deux mois !

En proférant de tels mots, Gaston berçait ses douleurs et arrivait sans y penser chez le loueur en question.

« Loueur de voitures, lui dit-il, après un échange de paroles polies, où se trouvent situées les célèbres *falaises de J....?*

— Les falaises de J...? répondit le loueur... les falaises de J...? Connais pas.

— Pardon ! dans un *Guide du voyageur à Ch...* on parle des falaises de J... avec admiration...

— Avec admiration, répéta le loueur... Les falaises de J...? attendez-donc ?... Mon aïeul, qui servit sur la *Pandore,* en parlait quelquefois. C'est à six lieues d'ici... au sud-ouest de Ch...

— Vous parlez comme le *Guide* lui-même, loueur de voitures ! c'est bien cela. Six lieues. Sud-ouest de Ch... Je voudrais y aller faire un tour.

— Quand cela?

Demain.

— Demain. Voyons, *Blanche* a mal au pied. La *Gaye* est au vert... mais je puis vous offrir *Dévorant* et *Martignac.* C'est sûr et solide.

— Et une voiture fermée?

— Fermée?... Oui, fermée... Une calèche couverte, c'est vrai, mais sûre et solide...

— Bon! Demain, huit heures, *Hôtel des Bains*, calèche fermée... Bonsoir, loueur de voitures. »

Rayonnant, Gaston revint à l'*Hôtel des Bains*. Il se fit annoncer chez madame Porto-Rico, et offrit à cette dame une admirable promenade aux *falaises de J...*, aux célèbres falaises de J..., pour le lendemain matin.

Madame Porto-Rico qui bâillait comme une jeune carpe, un instant avant l'arrivée de Gaston, sourit avec bonheur, et remercia vivement le jeune homme.

Et, comme le timide adorateur prenait congé de son idole, celle-ci ajouta :

« Cunégonde viendra avec nous, mon ami. »

Cunégonde, c'était la femme de chambre rousse et colossale. Vlan!

Ce pauvre Gaston!

Mais il réfléchit bientôt que la femme de chambre monterait sur le siége à côté du cocher, et, tremblant, frissonnant, palpitant, il se mit à rêver, sur le chemin du Casino, à l'excursion projetée et surtout au retour de cette excursion, retour nocturne, sur des routes désertes, dans une voiture fermée...

Rêve divin — quoique très-terrestre!

Ce rêve enchanteur, Gaston le poursuivit jusque dans son sommeil, qui fut délicieux.

Mais le réveil fut rude.

« Debout! Gaston! criait une voix bien connue. Debout! la voiture nous attend...

— Ah! mon Dieu! dit tout bas et en pâlissant ce

pauvre Gaston. C'est... c'est Porto-Rico! Au diable le mari! il est revenu!...

— Allons! paresseux!... hurla de nouveau la voix joyeuse. J'arrive de Paris à l'instant... j'ai fait mes achats... Julia m'a tout dit ; je suis aussi de la partie... Ouvrez-moi-donc! »

Ce pauvre Gaston ouvrit machinalement sa porte. Il reçut, comme récompense, un joli coup de poing dans l'estomac. En outre, sa main blanche fut broyée entre les doigts noueux du marchand de vin du Cap fait à Cette.

« Êtes-vous prêt, mon cher ? Ma femme, les paniers, Cunégonde, le breack et moi nous vous attendons, dit le riche négociant.

— Un breack! s'écria douloureusement Gaston qui ne savait plus ce qu'il faisait, et s'enfonçait des épingles dans le cou en assurant son faux-col.

— Oui, c'est un breack. La calèche est en réparation, à ce que dit le cocher. — D'ailleurs, le temps est superbe... et nous serons plus à l'aise dans un breack que dans une voiture fermée. Allons, vite, *presto!* partons! »

On partit. La pâle et blonde Julia regardait de temps en temps le morne et pâle Gaston, et pleine de pitié, elle soupirait : — « Pauvre garçon! » — Mais Porto-Rico était d'une gaieté terrible. Il parlait fort, haut et longtemps.

En route, la rousse et colossale Cunégonde fit remarquer à monsieur, que l'on avait oublié les parapluies. On était à cinq lieues de Ch...

« Bah! tant pis! » fut la réponse de son maître.

Ce *bah!* était imprudent. Il provoquait la nature : la nature provoquée se vengea. Trois heures après, un orage éclata terrible.

Une pluie diluvienne tomba. On se hâta, sous l'averse, de revenir au village de J..., distant des falaises d'au moins deux kilomètres. Loin de se calmer, la tempête s'accrut. Quand les voyageurs arrivèrent à la maison du guide, ils étaient trempés comme des soupes de soldat.

« Quel horrible temps ! » pensait ce pauvre Gaston,

La pâle Julia semblait comme morte de fatigue.

Un feu immense fut allumé. Et les habitants de la « *chaumière enfumée* », comme eût dit Lafontaine, offrirent de grossiers vêtements de rechange aux Parisiens inondés.

On les accepta avec transport. Madame Porto-Rico, son mari, Gaston et Cunégonde se métamorphosèrent en paysans bas-normands. Ce travestissement les mit en gaieté.

Et, comme la pluie redoublait de violence, on prit la résolution de souper et de coucher à J...

Les provisions apportées de Ch... étaient épuisées. On fit faire une énorme soupe aux choux. Le cidre le plus authentique fut tiré. Enfin, quelques bouteilles d'excellent bordeaux firent aussi leur apparition sur la table.

Le repas fut très-amusant. Cunégonde seule se plaignit hautement de ses bas de laine qui lui piquaient les jambes comme une barbe de sapeur, disait-elle naïvement.

Sa maîtresse rougissait en l'entendant faire cette comparaison saugrenue.

On but énormément. On but trop. Gaston, qui tenait enfin le pied de madame Porto-Rico sous ses sabots (car tout le monde était chaussé de bois), souriait et faisait des mots assez bons pour le village.

L'œil de M. Porto-Rico s'allumait. Cet époux, joyeux de se retrouver, pour peu de jours, en la compagnie de sa femme, lâchait des plaisanteries qui n'étaient point maigres. En même temps, il dégustait le genièvre de contrebande de l'hôte.

« Excellent genièvre ! Cela chasse le cidre, se permettait de dire le guide. »

On chassait donc le cidre avec plaisir. La pâle et calme Julia devenait rose et très-éveillée.

Bref, ce fut une folle orgie !

« A part les bas de laine, murmurait Cunégonde, je ne suis pas fâchée d'être venue ici. »

Et M. Porto-Rico, regardant sa femme du coin de l'œil, en vidant un dernier petit verre de genièvre de contrebande, se disait en lui-même, après Cunégonde :

« Ni moi non plus. »

Ce regard tourmentait fort le pauvre Gaston. Il voyait le moment de la séparation s'approcher avec vitesse. L'heure du coucher sonna en effet. Fatalité ! fatalité !

On conduisit les Parisiens dans des chambres bizarres, dont la vue leur tira des rires et des grimaces.

Le lit surtout, le lit encastré dans un trou de la muraille, et semblable à une armoire, avec deux portes munies de barreaux, obtint l'unanimité des éclats de rire.

Les rires épuisés, on se souhaita mutuellement une bonne nuit.

Et chacun rentra chez soi.

Que se passa-t-il dans la chambre pittoresque où madame et M. Porto-Rico s'installèrent, non sans joyeux propos et remarques amusantes? Nul ne peut le dire!

On peut supposer cependant que le pauvre Gaston, qui ne put fermer l'œil, ni l'oreille, hélas! entendit à travers les minces cloisons de sapin, à peu près tout ce que se dirent les époux, réunis après trois mois de séparation et de fidélité héroïque...

Ce pauvre Gaston!

« Ah! *ce pauvre Gaston!* pensait aussi madame Porto-Rico dans le silence de la nuit. Que doit-il penser? Pauvre ami, pauvre ami! Lui, si jaloux!... mais mon cœur lui reste! »

Un légitime baiser, soulignant un bonsoir définitif, fut donné en cet instant par l'époux bienveillant à son épouse soumise.

« Voyons, Anatole, soupira madame à l'oreille de monsieur... plus bas... si Gaston vous entendait!... »

Cette idée fit beaucoup rire le sieur Porto-Rico.

Tout à coup, un bruit de coups violents retentit dans la chambre voisine.

« Est-ce que Gaston se bat avec quelqu'un? » demanda M. Porto-Rico.

Nouveaux bruits sourds, accompagnés de craquements.

« Diable, il va défoncer la maison! Est-il malade?

— Mon Dieu! pensa de nouveau Julia, palpitante, Gaston est furieux. Il va faire un éclat... provoquer Anatole!... Il sait pourtant bien que mon amour est à lui!... Ce pauvre Gaston! Mon cœur lui reste... oh! mon Dieu! »

Un fracas étouffé, suivi d'une espèce de déchirement suprême troubla de nouveau le silence profond.

« Gaston est malade! s'écria M. Porto-Rico. Je vais aller voir...

— Oh! mon ami, supplia la belle Julia. Prenez garde!... ne soyez pas imprudent!

— Allons! allons... je vais aller voir ça. »

Enfilant son pantalon à la hâte, le bon Porto-Rico se précipita sans lumière dans le corridor, et ouvrit bientôt la porte de la chambre de Gaston.

Julia, pleine de terreur, se mit sur son séant. Son cœur ne battait plus. Elle avait peur.

« Que font-ils? » se demandait-elle.

Un murmure étouffé de voix se faisait seul entendre.

Il s'apaisa tout à coup:

Au bout d'un instant, M. Porto-Rico rentra chez lui à tâtons, et se recoucha... à tâtons aussi.

« Eh bien?... demanda Julia à voix basse.

— Ah! ce pauvre Gaston! il allait mourir, répondit du même ton M. Porto-Rico.

— Mourir?... il voulait se tuer peut-être?...

— Non. Il voulait autre chose.

— Je ne comprends pas, mon ami.

— Les portes de son lit, un lit comme celui-ci, se sont refermées subitement. Le loquet s'est trouvé mis par hasard. Et Gaston s'est vu, tout à coup, prisonnier comme un tigre dans une cage... ou comme le roi Richard en sa tour.

— Prisonnier!

— Oui, et comme le genièvre chasse le cidre... à ce que dit le *guide*... tu comprends... le cidre... »

Madame Porto-Rico poussa un grand éclat de rire soudain. Puis elle reprit :

« Ah! ce pauvre Gaston!... Je ne m'attendais pas à cela, par exemple... C'est trop fort!

— Ni lui non plus. C'est pourquoi, furieux et désespéré, il essayait d'enfoncer les portes de sa prison tout à l'heure... Je lui ai sauvé la vie.. ma parole!

— Assez, Anatole, assez!... Ce pauvre Gaston... »

Anatole se tut. Et le silence régna de nouveau sous les poutres enfumées de la maison du *Guide aux falaises de J...*

POUR PARLER D'AUTRE CHOSE...

J'ai un ami qui est bourdon aux environs de Saint-Germain-en-Laye.

C'est à prendre ou à laisser.

Qu'il soit préférable de compter des amis dans des classes infiniment plus distinguées de la société récemment sauvée, par M. X... ou M. Z... je n'en disconviens pas.

Je connais beaucoup de personnes dont c'est la joie d'entretenir des relations amicales avec des notaires, des fabricants de chaussures à vis, des ingénieurs, des pianistes ou des marchands de petites mains en ivoire pour se gratter le dos dans le silence du cabinet.

Ces personnes sont d'heureuses créatures évidemment, leur félicité me touche, et je fais des vœux pour elles.

Mais je pense qu'on ne me fera pas un crime d'avoir un faible pour un être placé dans l'humble condition que j'ai désignée ci-dessus.

Les marchands de petites mains en ivoire pour se gratter le dos, ont du bon, sans doute ; mais mon ami, qui est bourdon dans le jardin de M. Canoby, musicien distingué à Port-Marly, n'est pas à dédaigner non plus.

Aussi, dimanche dernier, à la sortie du déjeuner, je me suis dit tout à coup :

« Tiens! si j'allais voir mon ami, qui est bourdon, aux environs de Saint-Germain-en-Laye? »

N'écoutant que le cri de mon cœur, et décidé à tout braver pour satisfaire à mon désir, j'embrassai à l'instant la carrière de « monsieur qui attend une place dans un omnibus, avec un petit papier numéroté à la main, sur le bord d'un trottoir, devant un bureau de correspondances. »

Quatre heures après, j'arrivais à la gare de l'Ouest.

. . . .

« Quelle belle invention que la vapeur! me dit, — comme par hasard, — le voyageur à côté duquel je me trouvai en chemin de fer.

— A qui le dites-vous, monsieur, lui répondis-je avec une froideur polaire. Je dois ma fortune à cette belle invention.

— Monsieur est sans doute actionnaire de la Compagnie? poursuivit l'infernal causeur, souriant.

— Non, repris-je avec négligence... non... mais j'ai eu le bonheur de perdre tous mes parents — qui étaient riches — dans une série d'accidents de chemins de fer plus horribles les uns que les autres.

Ce monsieur devint grave et se tut. Il était dompté!

Grâce à cet artifice de langage, je pus atteindre

Rueil sans avoir eu à subir un nouvel interrogatoire.

. . . .

Enfin, je vis Port-Marly, et le jardin dans lequel mon ami est bourdon.

J'eus un battement de cœur.

Car, pour tout dire, un an s'était écoulé depuis ma dernière visite, et j'avais peur de ne plus trouver mon ami dans sa fleur accoutumée.

Un mot de Canoby me rassura à cet égard.

« Tranquillisez-vous, me dit Canoby, votre bourdon est toujours bien portant et gras comme un moine. Et ce matin, je l'ai encore trouvé en complet état d'ivresse dans une rose trémière... Et je l'y ai laissé...

— Ah! le gaillard! fis-je, toujours le même! »

Toujours le même, en effet, ce brave bourdon! D'après ce que je venais d'entendre, mon ami ne paraissait avoir changé en rien ses habitudes. Et cela me fit plaisir d'apprendre, l'instant d'après, que pendant la semaine, il continuait de faire la ruche buissonnière quatre jours sur sept.

Me faire conduire à la rose-trémière, dans laquelle dormait mon coquin de bourdon fut pour moi l'affaire d'une seconde.

Le bourdon ronflait, roulé en boule, et remuait convulsivement ses pattes.

« Bonjour, mon vieux, lui dis-je, avec un sourire... de mère.

— Vzon... vzon... vzon... zest... répondit-il.

— Tu n'as pas l'air satisfait de me voir?...

— Vzon... vzon... on... on... on! »

En prononçant ces paroles, mon ami se retourna dans le calice de la rose trémière, d'un air de fort mauvaise humeur. Il avait le dos tout blanchi de pollen.

J'ai oublié de vous dire que je comprends parfaitement le langage des bourdons; et leur vzon... vzon... n'a pas de secrets pour moi. C'est pourquoi, dès à présent, je puis vous traduire en mots humains la suite des murmures de mon ami le bourdon de Port-Marly.

« Voyons, sapristi, il ne faut pas se laisser aller comme cela, lui dis-je, fronçant le sourcil.

— Vzon... il y a deux jours que je ne suis pas rentré à la maison.

— Bah!... C'est un peu raide, deux jours!

— Ah!... Elles veulent me faire travailler comme un nègre.

— Oui, ces dames veulent... ah! les méchantes!...

— Et tout le miel me passe devant la trompe.

— Cela est dur... en été surtout.

— Oui, c'est dur... D'abord, moi, je ne peux pas rester en place... et puis j'ai toujours soif...

— Je comprends cela... pourtant tu ne devrais pas te griser de la sorte... c'est honteux...

— Gnia pas de ma faute. (*Le malheureux ne pouvait pas articuler.*).

— Tu as été entraîné?

— Pas positivement. Voilà la chose : Avant-hier, j'ai brossé mon gilet de pluche jaune et mon habit de velours noir, et j'ai filé en disant : « Je m'en vais aux Roses! » J'avais l'intention de me bien conduire... mais le bourdon propose et la femme dispose!... En arrivant dans l'endroit où les roses s'épanouissent, j'ai trouvé une dame et un monsieur... Tu comprends?... Ils ne restaient pas un instant tranquilles... je ne pouvais pas, comme ça, en leur présence, chiffonner la corolle à mon aise... Alors, je suis revenu sur mon vol, et je suis entré dans la *Violette-marine* du coin; l'histoire de goûter un petit nectar de derrière les pétales... comme monsieur de Rothschild n'en a pas dans ses caves!...

— Accordé... il était bon le nectar?

— Un vrai suc de la comète! du miel première!... quoi.

— Je devine tout!

— Tu ne devines rien! Dans la *Violette-marine*, il y avait quelqu'un d'attablé déjà... l'ami Pistil. On a bu une autre gorgée. Je ne sais pas comment que cela s'est fait, la nuit est arrivée...

— Trop tard pour rentrer!

— Tu l'as dit... Alors, nous avons erré de-ci de-là. Il faut l'avouer, le suc de la comète nous avait tapé sur le crâne. Nous volions de travers, c'était d'un drôle!...

— Ah! voilà!

— Enfin, j'ai quitté Pistil, qui a dû recevoir sa danse en rentrant au logis, et comme j'avais soif... j'ai continué à errer...

— Toujours !

— Rien d'ouvert. Toutes les fleurs étaient fermées. Pas de chance ! Enfin, cette bonne rose trémière a bien voulu me recevoir... et voilà... mais j'ai mal aux antennes. Oh ! la la ! que j'ai mal aux antennes !

— Allons, dors, et adieu. Mais n'oublie pas de rentrer ce soir. »

Et je laissai mon bourdon cuver son miel.

C'est égal, le soir, revenu à Paris, et pensant à la conduite de mon ami, qui est bourdon aux environs de Saint-Germain-en-Laye, je me surpris à répéter ces mots que Gavarni a mis sous un de ses beaux dessins :

« *Ils sont jolis les amis dont vous êtes susceptibles d'aller avec!* »

NIGHT BELL

Burlington-Arcade, dans Piccadilly, est une sorte de Passage des Panoramas britannique.

L'après-midi, le *tout Londres* élégant et flâneur y

passe. Les étrangers y affluent. Les dames charmantes et peu sévères qui égayent de leurs toilettes excentriques les trottoirs silencieux et *respectables* de Regent-Street et du Quadrant, y viennent faire un tour.

Le spectacle que présente ce tunnel vitré, bordé de boutiques de bijouteries, de bibelots, de libraires, de fleuristes, etc., est presque aussi animé, quoique moins bruyant, que celui qui est offert à un passant dans le célèbre boyau parisien.

Burlington-Arcade est, en outre, détail qu'on lira en France sans crier : *shocking !* — le rendez-vous d'élection, la promenade préférée d'une grande quantité de ladies honnêtes en quête de compliments, de regards ardents... et d'aventures.

En effet, à Londres, pendant de longs mois, pendant des années même, les jeunes épouses des négociants, des marins, des soldats, que leur profession appelle et retient dans les innombrables colonies anglaises, ont le droit, vous en conviendrez, de se croire presque en état de veuvage, et de trouver, les jours où la patience... leur manque, qu'elles sont bien solitaires et bien abandonnées !

Le *at-home* et les enfants doivent satisfaire amplement tous les appétits d'un cœur de jeune femme, pensent les maris en station sur les côtes d'Afrique ou qui vendent de l'opium aux environs de Macao.

Hélas ! oui ! — Mais quand mistress A... ou mistress B... n'ont ni enfants, ni goût violent pour leur petit parloir vide et froid, elles cherchent volontiers, dehors, « *ce pain qui nourrit l'âme et ce vin qui l'enivre,* » selon Hégésippe Moreau : l'Amour !

Une Anglaise, c'est le volcan sous la neige. On l'a dit.

Si le volcan n'a pas de soupape légale, il fait éruption un jour ou l'autre, et la neige fond et disparaît pour jamais.

C'est pourquoi souvent dans *Burlington-Arcade,* au milieu du flot incessant des « *infortunées* » qui traînent leurs robes splendides et crottées, sur les dalles glacées, on rencontre des femmes de mise calme, distinguée, aux yeux mélancoliques, belles et tristes comme des fleurs coupées, et dont les regards timides vous arrêtent tout à coup.

Ce sont des épouses mourant d'amour, qui cherchent fébrilement à saisir une intrigue éphémère par les ailes !

Ce trait de mœurs... relâchées est de notoriété publique à Londres.

Cela explique suffisamment l'affluence des étrangers et des voyageurs expérimentés dans *Burlington-Arcade.*

Cependant, je l'avoue, je m'y promenais dans un tout autre but que celui que vous pouvez supposer, d'après ce que je viens de vous dire, un soir de l'hiver dernier.

J'y devais retrouver un Français, établi dans la

Cité depuis deux ans, une ancienne connaissance de Paris.

Pourquoi nous nous étions donné rendez-vous dans *Burlington-Arcade*, plutôt qu'ailleurs, c'est bien facile à expliquer. On trouve presque tous les romans français, — les nouveautés, — dans ce passage. Or, mon ami, que j'avais laissé la veille, à l'issue d'un fort repas, en compagnie de sa femme, jeune veuve anglaise qu'il avait épousée récemment, étant chargé par celle-ci d'acheter le lendemain un roman de notre ami Paul Féval, fort apprécié outre-Manche, comme ici, m'avait naturellement désigné le refuge des flâneurs de Piccadilly comme point de rencontre.

Exact comme un roi, j'attendais donc, un soir de l'hiver dernier, dans *Burlington-Arcade*, mon ami le négociant de la Cité.

Le brave garçon, le brave bon gros garçon, devrais-je dire, excellent homme, d'une intelligence qu'un employé chargé de dresser son signalement eût qualifiée de — moyenne, ne se fit point trop désirer.

Les premiers serrements de mains essuyés, nous entrâmes chez le libraire le mieux achalandé, et mister G..., mon ami, choisit le volume si impatiemment attendu par sa femme.

En sortant de la boutique, et avant d'aller dîner dans un des grands cabarets de ce noble quartier, nous errâmes par les rues, moi avec l'avidité d'un curieux parisien, lui avec la résignation froide d'un ami qui a la bonté de se faire le cornac d'un étranger.

Comme nous passions près d'un *chemist*, autrement dit un simple pharmacien, les mots *Night-Bell*, inscrits au-dessus d'un bouton de cuivre, sur un volet de l'officine, attirèrent je ne sais pourquoi, mes regards.

Et voulant étaler aux yeux de mister G... mes vastes connaissances en anglais, je murmurai à son oreille :

« *Sonnette de nuit!* Hein! comme je suis fort!

« Oui, *night bell*, sonnette de nuit... c'est cela, fit-il en souriant d'abord avec distraction. Puis, comme s'il eût pensé tout à coup à quelque chose de très-comique, il se met à rire bruyamment. »

Ce rire inconvenant — *horse glaub* (rire de cheval) — fit retourner quelques têtes. Des yeux sévères se fixèrent sur les deux Français *sanguinaires* qui se permettaient d'être joyeux en pleine rue.

« Qu'avez-vous, G...? lui dis-je. Qu'est-ce qu'il y a de si grotesque dans ma traduction?... Est-ce que sonnette de nuit ne vous plaît pas?

— Si!... Mais si vous saviez! »

Et il se prit à rire de plus belle, au grand étonnement d'un policeman lugubre qui se promenait, le pouce au ceinturon, à côté de nous.

« Eh bien! alors, pourquoi cette hilarité qui consterne la vieille Angleterre?

— Ah! c'est un souvenir!... Vous parliez de pudeur anglaise, hier, quand nous fumions seuls dans mon cabinet... Oh! la pudeur anglaise! elle est bien bonne!

— Mais expliquez-vous !

— Bah ! pourquoi pas ? Oui, je vais vous raconter cela... Figurez-vous que, trois mois après mon mariage, pendant les horreurs d'une profonde nuit, ma femme...

— Suis-je de trop ? demandai-je.

— Hé, non ! ma femme... enfin, bref... Oh ! il ne n'agit pas de ce que vous pensez ! non... C'était autre chose. Ma femme allume une bougie, se lève, et, rouge comme une baie de houx, me dit qu'elle va... qu'il faut absolument... qu'elle est desolée... qu'elle est malade... que son dîner...

— Enfin, passez. Aussi bien la charmante image de votre gracieuse compagne va devenir ridicule.

— C'était la diablesse de pudeur anglaise ! On n'osait pas me dire simplement... qu'on avait besoin de passer dans un cabinet de toilette.

— Cela se comprend, une Anglaise, quoique veuve, n'aime pas à perdre son auréole nocturne en disant : Permette ? *my dear.*

— C'est cela ; mais ce n'est pas tout. Ma femme est très-peureuse. C'est de son sexe. Elle tremblait de tout son cher petit corps à la seule pensée d'aller seule, la nuit, dans ce noir endroit. Cependant, je ne pouvais l'y accompagner...

— Sans doute. Passons.

— Comme moyen terme, elle me proposa de faire du bruit avec quelque chose tout le temps que durerait son absence... Cela la rassurerait beaucoup, disait-elle. On ne résiste pas à ces prières-là, mon cher. Je brandis la sonnette de nuit, la *night bell,* que nous avons toujours à notre chevet, et je me mis, aussitôt qu'elle fut partie, à l'agiter, comme un enfant de chœur à l'Élévation. Ma femme resta longtemps, je ne peux pas dire dehors, mais dedans... Je dus donc sonner pendant dix bonnes minutes.

— Bonne invention, ma parole! C'est insensé!

— Cela est arrivé de nouveau trois ou quatre fois depuis deux ans.

— Bah! Et toujours la *night bell?*

— Toujours! Du reste, cela ne gênait personne, et la femme de chambre couche loin de nous. La pauvre fille n'a jamais été réveillée par ce bruit.

— Tant mieux!

— Oui, tant mieux. Ah! par exemple, il faut qu'elle ait le sommeil bien dur! Notre chambre est au premier, et le... *buen retiro* en question est situé dans le sous-sol. Je sonnais donc avec furie, tout en sommeillant, pour me faire entendre de la recluse.

— En effet! »

. . . .

Tout en causant de la sorte — ah! de quelle sorte! — nous étions arrivés à notre restaurant. La soirée fut charmante. On parla du passé. On but à l'avenir. Bref, les poignées de main d'adieu furent pleines d'attendrissement. Ah! quelles étreintes! Brave mister G...!

Le lendemain, comme j'étais planté, le nez en l'air,

sur un des trottoirs du Strand, mon nom fut prononcé avec un vif accent britannique près de moi. Surpris, j'abaissais mes regards et je vis, riant à large bouche à ma propre barbe, un grand gaillard d'officier de grenadiers, un éphémère compagnon de table à la Taverne anglaise, à Paris.

Les phrases d'étonnement et de reconnaissance se succédèrent sur ses lèvres :

« Ah! vous voilà à Londres! quel heureux jour! Y restez-vous longtemps? Vous dînez avec moi? C'est dit. Marchons. Etc., etc. »

J'acceptai l'offre si chaleureuse du grenadier superbe, et dont l'uniforme contrastait d'une façon éclatante avec les habits sombres des passants.

On dîna. On but (Mon Dieu! *by the by !* que l'on boit en voyage!) On causa.

Je lui demandai s'il était content de son sort. Il répondit qu'il en était enchanté. Que le spleen et lui avaient divorcé. Qu'il se trouvait confortable au possible. Enfin que son cœur — nous en étions à la seconde bouteille de champagne, quand il me fit cette confidence — était la cage joyeuse de ce petit oiseau aux chants si suaves qu'on appelle : un premier amour.

⁎

Avoir six pieds et un petit oiseau dans le cœur quand on est grenadier, n'a rien qui doive étonner.

Un géant est fréquemment sentimental, surtout entre le Claret et la rosée petillante de la Veuve.

« Oui, j'aime, tonna mon ami le grand gaillard de grenadier, de sa voix la plus retentissante. J'aime une jeune miss blonde toute frêle.

— Parfait ! Pas de promesse de mariage, j'espère ?

— Non. D'ailleurs, c'est à Burlington-Arcade que j'ai rencontré la chère créature. Elle n'a plus de mère. Elle vit seule... avec un oncle, à ce qu'elle m'a dit. Pauvre, pauvre petite !

— Allons, ne pleurez pas, capitaine !

— Non. Mais je l'aime. Elle est si pure ! A peine quelques baisers, échangés la nuit, dans une salle basse, car son oncle la surveille.

— Uncle's Tom Cabin, peut-être ?

— Oh ! no ! Un vieillard impotent...

— Vous avez beau jeu.

— Oui... et j'espère bientôt abattre mes atouts ! »

En disant ces mots, le capitaine se mit à rire avec violence. Il se croyait beaucoup d'esprit, sans doute, et savourait sa vieille métaphore avec ivresse. Mais je me trompais joliment. Car, lui ayant demandé la cause de sa gaîté... sonore, il me répondit :

« Non. Je me rappelle tout à coup quelque chose qui m'intrigue beaucoup depuis que je suis amoureux.

— Suis-je indiscret en vous priant de me dire...

— Pas du tout. Voilà le fait : Chaque fois, — hélas !

trop rarement cela arrive — chaque fois que j'ai le bonheur, à la faveur des ténèbres, d'entretenir ma bien-aimée, dans la salle dont je vous parle, sous la surveillance de la domestique qui m'ouvre la porte en cachette, chaque fois, dis-je, un carillon infernal sert d'accompagnement à nos tendres paroles. Une sonnette frénétique...

— Une sonnette ? *Night bell?* murmurai-je.

— Précisément... C'est sans doute un maniaque de de quelque maison voisine...

— C'est sûr, répondis-je en faisant une tête que vous voyez d'ici. Et tout bas j'ajoutai : Pauvre G...!

— Oui, c'est un fou. La première nuit, je vous avoue que j'eus un peu peur ; mais la chère enfant me prenant entre ses bras tremblants, me dit :

— Voyons, ne faites pas le niais, Dody... Ce fou ne peut venir ici... tant que nous l'entendrons sonner au loin. Rassurez-vous, Dody, et dites-moi : *I love you, my dear !*

— Brrrr ! » pensai-je pour toute réponse.

LE PETIT VIEILLARD DE TOUL

(MEURTHE-ET-MOSELLE)

C'était, il y a quelques jours, dans la gare du chemin de fer de l'Est.

Il était l'heure bénie où dans les restaurants, la côtelette nature frissonne sur le gril impitoyable.

Un petit vieillard décoré, habit noir, cravate blanche, lunettes, canne à pomme d'or, descendait les degrés, allégrement.

Il portait sous le bras, soigneusement enveloppé, un objet circulaire assez volumineux.

Ce petit vieillard arrivait de Toul (Meurthe-et-Moselle).

Tous les ans, à pareille époque, à la même heure, il descendait les degrés de la gare, allégrement, venant de la même ville.

Le petit vieillard de Toul prit le boulevard de Strasbourg, s'arrêta pour laisser passer les voitures au boulevard Saint-Denis, puis il descendit le boulevard de Sébastopol. A la rue de Rivoli, il s'arrêta de nouveau. Enfin il remonta le boulevard Saint-Michel allégrement.

De temps en temps, il prenait une prise abondante, et regardait en souriant les passants moroses.

Le petit vieillard de Toul, allégrement, enfila la rue de l'École-de-Médecine. Bientôt il s'arrêta. Un vif étonnement se peignit sur son visage rosé. Il regarda à droite et à gauche, comme s'il cherchait à découvrir une maison bien connue. Plus de maison ! — Il entra chez un libraire, s'informa. On lui donna une nouvelle adresse.

Allégrement, muni de la nouvelle adrese, il courut à un sergent de ville, lui demanda un nom de rue. Le gardien de l'ordre tira son carnet, le feuilleta, indiqua la rue, et tourna le dos.

Le petit vieillard de Toul, après mille zigzags, arriva, toujours allégrement, dans la rue qu'il cherchait, et devant la maison qui, depuis l'année dernière, avait changé d'adresse.

Cette maison est une pharmacie.

Une pharmacie qui ressemble à toutes les autres pharmacies, avec des bocaux verts et rouges et un bouquet de digitales en fleurs, peintes sur les murs à gauche et à droite.

En outre, la vitrine de cette pharmacie est ornée, à l'intérieur d'un long tube de verre ; oh ! qu'il est long ce tube !

Ce tube est rempli d'alcool, dans cet alcool jaunâtre, s'allonge et se retord une sorte de *nouille* ou de *lazagne* gigantesque ; vous savez, ces immenses rubans ruchés, en pâte d'Italie ?

Bien. — Le petit vieillard de Toul, aspirant une dernière prise, peut-être pour voiler son émotion, tourna le bouton de la porte, entra, salua, et, allégrement, demanda tout bas quelque renseignement à la dame qui siégeait à la caisse?

La dame fit un signe de tête affirmatif. — « Oui, c'est bien celui-là », semblait-elle dire.

Alors, le petit vieillard de Toul, arrachant le papier qui enveloppait l'objet circulaire, assez volumineux qu'il portait sous le bras, exposa aux regards curieux de la dame, surprise, une ravissante couronne d'immortelles jaunes.

Le petit vieillard, allégrement, la prit entre ses mains rosées, et se dirigeant vers le long tube de verre — oh! qu'il est long, ce tube! — mit la couronne, comme une bague énorme, à ce doigt de cristal monstrueux.

La couronne, allégrement, descendit du sommet à la base, et s'installa sur le socle du long tube de verre où continuait d'infuser le ruban jaunâtre qui ressemble si fort à une *nouille* illimitée.

Ce soin pris, le petit vieillard de Toul salua la dame de la caisse, sortit, et se perdit de nouveau, allégrement, dans le dédale des rues qu'il avait suivies en venant à la pharmacie.

Il redescendit le boulevard Saint-Michel, s'arrêta pour laisser passer les voitures à la rue de Rivoli, remonta le boulevard de Sébastopol, s'arrêta encore au boulevard Saint-Martin ; enfin, sans encombre, allégrement, par le boulevard de Strasbourg, il arriva à la gare du chemin de fer de l'Est.

Une heure après, dans un confortable wagon, le petit vieillard roulait, allégrement dans la direction de Toul (Meurthe-et-Moselle). Il prisait, de temps en temps.

C'était le moment béni où, dans les restaurants, fument et bouillonnent les riz au gras et au vermicelle !

. . . .

Étrange ! étrange ! étrange !

Ce mystère demande une explication. Cette explication est une histoire ; cette histoire, la voici :

Il y a trente ans, un jeune homme débarquait à Paris. C'était un joli garçon. Son oncle voulait qu'il devînt un médecin célèbre. C'est pourquoi, cinq jours après son arrivée, ce jeune homme soupait, un soir, en compagnie d'Eugénie, en son appartement de la rue de la Parcheminerie. Eugénie, héroïne de la Grande-Chaumière, soupa fort bien, avec appétit. Pendant la nuit, ô surprise, elle se leva et mangea les restes du souper avec appétit. Vers dix heures, elle redéjeuna, avec appétit. Dans l'après-midi, elle avala un morceau, sur le pouce, avec appétit. Ce qui ne l'empêcha pas de dîner copieusement avec appétit.

Le jeune étudiant, frais débarqué, n'en revenait pas.

Il en revint encore bien moins après le dîner, car la belle Eugénie croqua de nouveau trois ou quatre morceaux, — sur le pouce, entre le dîner et l'heure du coucher, avec appétit.

Le jeune homme, troublé, pensa d'abord que la misère et une diète prolongée... etc., avaient aiguisé, outre mesure l'appétit de sa touchante maîtresse.

Mais comme les exploits gastronomiques d'Eugénie allaient en croissant de jour en jour, le jeune homme consulta un médecin célèbre, son professeur.

Le « prince de la science » lui déclara que la voracité de la jeune personne à laquelle il adressait des poëmes, provenait tout simplement de la présence d'un ver solitaire obstiné.

Hélas! — Le « prince de la science » se trompait. — Car au lieu d'un modeste ver solitaire, le corps charmant de la belle Eugénie était habité par un grand nombre de ténias.

On aurait pu inscrire sur son estomac cette enseigne bien connue : *Au rendez-vous des vers solitaires!*

Avec de tels locataires on ne va pas loin. La pauvre Eugénie, accablée de remèdes, s'éteignit à la fleur de l'âge, au sein d'un hôpital quelconque.

C'était un *sujet* précieux. On la disséqua. L'étudiant désespéré mais curieux, demanda à conserver le ténia de son amante.

Il le mit dans un long tube. — Oh! ce long tube! — et, pendant les joyeuses années de sa vie d'étude, le ténia d'Eugénie se dressa, bien en vue, sur la commode de l'infortuné jeune homme!

Il servait d'exemple aux nombreuses jeunes filles

qui déshonoraient de leur présence la chambre du futur docteur.

Elles n'osaient parler de soupers devant ce résultat d'un appétit passé en proverbe dans le quartier.

Cependant les années s'écoulaient. Le jeune étudiant, vieilli, parvint à obtenir les grades suprêmes. Il retourna en province à Toul, succéder à son oncle, et faire la cour à une belle petite cousine qu'on avait élevée à la brochette, à son intention.

En partant, il fit cadeau (les petits cadeaux entretiennent l'amitié) du ténia d'Eugénie à un élève en pharmacie, qui justement allait s'établir rue de l'École-de-Médecine.

Le pharmacien naissant sauta de joie! Il embrassa son ami à de trop nombreuses reprises, et lui jura que le long tube ornerait toujours la vitrine de son établissement.

Il tint parole!

Depuis vingt ans, dans la boutique de son successeur, instruit de son serment, le ténia d'Eugénie attire les regards des passants et fait frémir Monselet!

Depuis vingt ans aussi, quand arrive le jour anniversaire de la fête d'Eugénie, le docteur, devenu un petit vieillard (décoré, habit noir, cravate blanche, lunettes, canne à pomme d'or) quitte Toul et sa clientèle, et vient déposer une couronne sur le ver solitaire de la première femme qu'il a aimée!

Puis il repart, allégrement !

. . . .

Et l'on dit que les hommes ne sont pas fidèles !

———

M. SAMUEL COQ

Londres s'endormait avec un grognement sourd, sous une pluie fine et très-froide.

C'était l'hiver.

Au-dessus des toits innombrables, dans les hauteurs ténébreuses de l'air, la vieille croix d'or de Saint-Paul, qui reflétait et semblait condenser en elle l'immense et vague lueur des lumières de la ville, étincelait comme une étoile unique et gigantesque.

Les rues se faisaient désertes. Il ne restait plus sur les minces trottoirs, de loin en loin, que quelque insensible ivrogne, mâle ou femelle, veillé paternellement par un policeman pensif, qui digérait son thé, l'œil perdu dans l'obscurité, et le pouce accroché à son ceinturon noir.

Au moment où l'horloge de la Tour du Parlement tinta avec solennité, annonçant à la sombre cité et aux campagnes riantes qui l'entourent, — ainsi que des fleurs bordent les pierres d'une nécropole, — que la vingt-quatrième heure de la journée venait de s'éteindre irrévocablement, un homme de fort petite taille, vêtu d'un ignoble habit noir dont la queue carrée lui battait les talons, allongeait le pas, autant que cela était en son pouvoir du moins, sur la large chaussée du pont de Westminster.

Il venait de quitter les quartiers riches et se dirigeait résolûment du côté de ce quartier que les Anglais eux-mêmes appellent : le sale Lambeth.

Le petit individu que nous prenons la liberté de vous présenter, en pareil endroit, et à cette heure indue, portait sur la tête, comme complément indispensable de sa triste toilette, un vaste et pyramidal chapeau blanc à longs poils que le vent aigre de la Tamise brossait à contre-sens avec une fantaisie et un sans-gêne remarquables.

Mais M. Samuel Coq (Esq., membre du Club des Coqs, et figurant au théâtre de Chaucer-Street), — car tels étaient les noms et titres du passant solitaire que nous venons de vous signaler, — n'était pas d'humeur à remarquer, pour s'en divertir, les témérités de la brise, et tendant le dos, il filait rapidement sur le pont vide.

M. Samuel Coq avait hâte de regagner son domicile légal, situé dans une des plus lamentables rues du quartier que nous avons qualifié de sale, et non sans raison, quelques lignes plus haut.

La pluie qui transformait son couvre-chef en une

espèce de chien noyé de forme nouvelle, s'insinuait également entre ses cheveux ras et le col de son habit, et cela faisait naître dans l'âme de M. Samuel Coq un nombre considérable de sensations des plus désagréables, en même temps qu'un vif désir de s'y soustraire.

Donc, M. Samuel Coq, fort admiré dans tous les *public-houses* de *Chaucer-Street* pour son talent d'imitateur de cris d'animaux, et spécialement pour sa supériorité dans l'art de contrefaire le chant du coq, fuyait la bruine et le froid, et arpentait de son pas le plus vite les roues boueuses de la rive droite du fleuve.

M. Samuel réalisait, nous ne saurions trop le dire, en chair ou en os, l'image employée jadis par Platon lorsqu'il donna sa célèbre définition de l'homme.

M. Samuel était effectivement — « un coq à deux pieds et sans ailes ».

Le directeur du théâtre de *Chaucer-Street* avait absolument besoin de l'aide de M. Samuel, Esq., lorsque, — à la demande générale, — il donnait au public une représentation d'*Hamlet*.

M. Samuel était alors chargé d'annoncer, — de la coulisse et au moyen d'un cri retentissant, — au père de l'infortuné prince de Danemark, que l'heure était venue pour lui de quitter la terrasse du château d'Elseneur, et de rentrer aux gouffres sulfureux.

Ponctuel, il saluait la naissance du jour avec un

talent merveilleux qui faisait l'admiration des connaisseurs épars dans la salle.

En outre, dans une taverne obscure du Borough, décorée du titre sonore de Club des Coqs, M. Samuel passait toutes les soirées qu'il ne consacrait pas aux mystères de l'art dramatique à imiter, derrière un rideau, pour la plus grande joie des habitués de l'endroit, le cri des gallinacés de toute provenance et de tout âge, et des oiseaux des champs.

Aimable vocation!

Cependant, dérogeant à ses habitudes, le soir même du jour où nous rencontrons M. Samuel, cet artiste venait de plonger Roméo et Juliette dans le désespoir, en faisant entendre à leurs oreilles surprises la douce et perçante mélodie de l'alouette matinale.

Mais, oubliant les tendres adieux échangés sur l'échelle de soie par les deux amants, M. Samuel continuait, transi, couvert de boue, à s'engouffrer dans le dédale des voies étroites de son cher Lambeth.

Déjà sur ses lèvres minces un pâle sourire se dessinait; déjà, luisante aux rayons du gaz, il apercevait la porte de son pauvre logis, quand l'aboi plaintif d'un chien qui éclata tout à coup près de lui le fit tressaillir.

« Allons, voilà un chien qui va passer une mauvaise nuit, se dit M. Samuel en songeant à son lit maigre, mais sec et chaud. Pas de chance, le toutou! »

Le chien hurla de nouveau d'une manière vraiment lugubre.

« Il appelle son maître. Pauvre bête ! » murmura M. Samuel qui avait, comme Crébillon le père, des tendresses de bon Samaritain pour les chiens perdus ou blessés.

La malheureuse bête gémit encore une fois de façon à déchirer l'âme de son unique auditeur.

M. Samuel, qui avait le cœur le plus doux du monde, pensa en ce moment que la pluie et la froidure étaient exactement aussi pénibles pour un être à quatre pattes que pour une créature à deux jambes, et comme il se rappela aussi certain vieux tapis de sa chambre sur lequel avait dormi paisiblement pendant de longues années un chat ventripotent, l'idée lui vint tout naturellement d'inviter le chien perdu, qui semblait implorer son aide, à venir se sécher dans son appartement de garçon.

« Oui, dit tout haut M. Samuel Coq, il serait humain d'offrir pour cette nuit, mais pour cette vilaine nuit seulement, un asile à ce misérable animal. »

Et il ajouta, cette fois en parlant au chien perdu qui était venu se planter à côté de lui :

« Mon garçon, si tu veux me suivre, je t'accorde le denier du pauvre : un toit et un lit. Allons, viens ? pstt ! »

Le chien ne se le fit pas répéter. Encouragé par une caresse de M. Samuel, il se mit à gambader joyeusement autour du petit homme, en jappant avec force.

« Eh ! eh ! petit, fit M. Samuel, tu me sembles facile à consoler. Mais, je te préviens, demain, à l'aube, je te rends la clef des rues. Ainsi, pas tant de reconnaissance. Marchons ! »

M. Samuel, qui avait stoppé un instant dans la rue comme un *steam-boat* devant un débarcadère, se remit en route, suivi de son chien, lequel se trouvait être un caniche de dimensions solides.

M. Samuel était bon, on le voit. En outre, ce soir-là, dans le gousset gauche de son gilet chantait agréablement une petite somme (une vingtaine de schellings), fruit de se travaux au théâtre de *Chaucer-Street*. (Hamlet et Roméo combinés.)

Rien ne dispose à la douce humeur et à la charité aimable comme la voix encourageante des schellings qu'on a bien et rudement gagnés.

Le couple bizarre s'introduisit enfin dans une petite masure basse, précédée d'un pitoyable jardin sans fleurs ni verdure, qui s'élevait à deux minutes de l'endroit de leur rencontre. C'était là la demeure du Coq dont les accents font s'évanouir l'Ombre du père d'Hamlet.

Comme Samuel franchissait la limite de ses domaines, deux hommes appartenant à cette classe de la société britannique que l'on appelle — les *hirondelles de boue* — passèrent à côté de lui.

Le chien perdu alla les flairer tranquillement;

puis, sans mot dire, il revint sur les talons de son maître improvisé, et entra avec ce dernier dans la chambre dont l'un des coins lui était offert.

« Aurais-tu de mauvaises connaissances? » dit en riant M. Samuel à son compagnon, tout en arrangeant à son intention une couche confortable au pied du lit.

Naturellement le chien perdu ne fit aucune réponse à la supposition peu aimable de M. Samuel. Il se borna à tomber comme accablé sur le fragment de tapis qui faisait partie intégrante de l'hospitalité qu'on voulait bien lui donner.

M. Samuel se coucha à son tour, avec autant de simplicité que son hôte, à peu de chose près.

Et dix minutes après, tous deux se livraient aux délices d'un sommeil sonore et profond.

Vers deux heures du matin, M. Samuel, qui rêvait Coq (peut-être pensait-il à jouer le rôle de ces beaux Bentham dont le cocorico était si cher à Clarisse Harlowe), fut tiré des béatitudes du repos par les gémissements pressants du chien, qui tantôt allait gratter à la porte de la chambre, et tantôt, s'escrimant des pattes contre les draps du lit, avait l'air d'implorer une seconde d'attention de la part de celui qui y était couché.

« Allons, pas tant de bruit, bégaya M. Samuel, revenu au sentiment de la réalité. Pas tant de bruit. Tu veux sortir? Eh bien, cela fait admirablement mon affaire. Je vais t'ouvrir la porte. »

Et faisant ce qu'il disait, M. Samuel alla à tâtons, maudissant l'obscurité beaucoup et un peu le chien aussi, entre-bâiller l'huis en question.

Le chien s'élança dehors, preste comme une flèche.

« Les chiens, c'est comme les hommes, dit M. Samuel en se recouchant. Ils ne disent pas souvent merci. »

Le lendemain, quand le jour entra avec le brouillard par les fentes de la fenêtre de la chambre de M. Samuel, celui-ci, après s'être étiré, se mit en mesure de procéder aux soins peu nombreux de sa toilette.

« Où diable est mon gilet? » dit-il tout à coup.

M. Samuel, étonné, regarda sous son lit.

« Ce maudit chien l'aura fait tomber, » pensa-t-il.

Mais le gilet n'était pas plus sous le lit que dessus, ou à côté, dans la ruelle.

Le gilet avait disparu définitivement.

M. Samuel constata son absence avec une horrible et légitime grimace.

Puis, après un moment de réflexion, un soupçon, qui devint une certitude, s'installa dans son esprit.

« C'était un chien dressé! » dit-il enfin avec autant de regret pour ses schellings que d'admiration pour le voleur qui avait appris au caniche menteur ce genre d'exercice aussi étonnant que nouveau; puis, il se plongea dans de tristes pensées.

M. Samuel Coq, Esq. membre du Club des Coqs,

et figurant au théâtre de Chaucer-Street, reprit la parole, avec force, au bout d'une seconde de silence, et il s'écria :

« On ne m'y prendra plus. C'est égal, moi qui croyais connaître tous les trucs des voleurs de Londres, je suis joué comme un Français! C'est choquant! »

Et, plein de colère, il imita trois fois le chant du coq russe.

LA DEVOCION A LA CRUZ

(LA DÉVOTION A LA CROIX)

On servit le café.

André Samovar, notre hôte, qui venait d'ouvrir dans son récit commencé une assez brusque parenthèse tout entière consacrée au choix et à l'allumage d'un cigare volumineux, reprit le fil de son discours :

« Puisque j'ai l'honneur, dit-il, de compter deux oreilles de photographe parmi celles qui me font en ce moment le plaisir de m'écouter, je vais prendre la liberté de raconter à leur intention une petite histoire qui les touchera particulièrement.

— Mon cher monsieur, s'écria le photographe ainsi désigné, croyez que je regrette infiniment, puisque vous prenez la peine de jouer de la langue pour moi, de ne pas être propriétaire d'un nombre d'oreilles beaucoup plus considérable. Mais le plus beau photographe du monde ne peut ouvrir que celles qu'il a. Tout ce que je puis faire, c'est de les écarquiller de mon mieux. Et j'y tâche.

Samovar continua :

« Vos efforts me touchent, cher ami... (diable de cigare, dur comme l'Obélisque!) Je disais donc que j'intitule mon *racontar* : LA DEVOCION A LA CRUZ. Que les mânes illustres de don Pedro de Calderon de la Barca me pardonnent l'emprunt que je fais à son œuvre immortel d'un titre célèbre en France comme en Espagne !

— La dévotion à la croix? Connais pas! se mit à dire Léopold de Vraifobourg. Mais c'est égal, Samovar, vous pouvez continuer... j'aime de temps à autre à compléter mon éducation si longtemps négligée par mon précepteur, qui ne se négligeait pas, lui, le pauvre vieux biberon ! Allez la musique!

— Un instant, mon ami. Permettez-moi de tremper mes lèvres dans ma tasse... et de rassembler mes souvenirs épars... »

Pendant que M. André Samovar lapait à petits

coups la liqueur qui donne au corps des ailes dont le papa d'Icare lui-même, l'ingénieur Dédalus, eût été assez fier, quelqu'un, peut-être Léopold de Vraifobourg, demanda au photographe, revenu récemment de Tombouctou, des nouvelles de Stanley.

« Je ne l'ai pas rencontré, répondit le photographe, qui s'appelle d'ailleurs Anatole Hermitte. Dans l'Afrique centrale, voyez-vous, poursuivit Anatole, on est tué et dévoré si loin les uns des autres, qu'on n'a vraiment pas le temps de se faire des visites. Fait regrettable du reste...

— L'avez-vous au moins vu en Angleterre?

— Oui, un matin, de très-bonne heure. Il a posé devant « le simple appareil » d'un photographe qu'on vient d'arracher au sommeil. Mais nous nous sommes perdus de vue depuis. J'allais dans l'Inde, à cette époque-là ; il y a eu trois ans de cela...

— Alors, vous êtes toujours le Chrétien-Errant, mon brave ? »

Anatole répliqua :

« Toujours! Hier en Islande, aujourd'hui à Paris, demain à Java.

— Quel métier! Hérissé de dangers?

— De ci de là, oui. Mais comme je n'ai jamais de domicile fixe, il ne saurait y avoir souvent de péril en la demeure. C'est ce qui me console.

— Vos albums exotiques sont réellement tout ce qu'il y a de plus merveilleux.

— Vous êtes bien bon, monsieur.

— Et comptez-vous rester longtemps encore à Paris?

— Un mois. — Peut-être me déciderai-je à passer l'été au bord du golfe de Gascogne, en France ou en Espagne... Il reste si peu de Pyrénées maintenant, que les enjamber n'est pas chose difficile...

— Pardon, messieurs, pardon, il reste encore assez de Pyrénées pour que j'en profite et vous arrête à leur base, reprit tout à coup le bon Samovar, après avoir humé son troisième petit verre d'*acquavita* de Bisquit-Dubouché de Cognac.

— Samovar a raison. Il est temps d'ailleurs que notre amphitryon nous fasse part de son histoire, dit Léopold de Vraifobourg. On demande *la Devocion à la Cruz*.

— Je m'exécute, dit André Samovar. Soyez d'abord tous bien prévenus que ce que je vais vous apprendre n'a aucun rapport, même éloigné, avec le sujet de la pièce de Calderon.

— C'est entendu.

— En résumé, mon histoire n'a rien de bien extraordinaire. Chaste comme un bouquet de lilas, elle est simple comme bonjour.

— Est-ce qu'il y a de la femme dedans?

— Oui. Mais pas comme vous l'entendez.

— Alors, c'est assommant. Disons le mot.

— Non, c'est le récit d'une curieuse trouvaille, d'une découverte rare...

— Parlez, Samovar : je me doute de la chose. Vous

allez m'annoncer que Mirabelle m'est fidèle, soupira Léopold. La découverte serait curieuse en effet... mais mon précepteur...

— Il ne s'agit pas de Mirabelle...

— Oh! merci! Ce mot me soulage... J'avais peur que vous n'eussiez trouvé en elle la queue d'une vertu...

— Non, messieurs, le sujet de ma petite anecdote, c'est... devinez?

— Dame! puisqu'il est question de la *Dévotion à la croix*... Est-ce une pénitente?

— Non.

— Un moine?...

— Pas encore...

— Un chef de bureau, le 14 août?

— Jamais!

— Un crucifix, alors?

— Vous brûlez...

— Ma foi, je donne ma langue au cuisinier pour la mettre à la sauce piquante, dit Léopold. Si mon précepteur, ce buveur sans vergogne, avait moins négligé mon éducation, je pourrais peut-être... mais je ne peux pas.

— Il s'agit peut-être tout simplement d'un *ex-voto?* fit quelqu'un.

— Peut-être! mais quelle sorte d'*ex-voto?*

— Un tableau?... glissa négligemment le photographe.

— Anatole, vous brûlez plus que jamais, s'écria le

bon Samovar, secouant la cendre de son terrible cigare sur le bord de sa soucoupe.

— Donc, c'est le motif d'un tableau récemment découvert?

— Eh bien, oui. Mais ce n'est point encore tout à fait cela. Messieurs, un tableau d'un prix énorme a été découvert, mais, hélas! on n'en connaît encore que la photographie.

— De quel maître... le tableau? dit modestement Anatole avec un doux sourire...

— Maître inconnu.

— Bah!

— Tout ce qu'il y a de plus inconnu... La personne qui possède la photographie de cette toile ignorée donnerait volontiers cinq mille francs pour avoir le bonheur de contempler l'original, même pendant une seule minute...

— Quel féroce amateur! s'écria Léopold de Vraifobourg... Dire que j'aurais pu avoir aussi de ces belles envies-là, si mon éducation n'avait pas été si longtemps négligée par mon vieux suce-cannelle de précepteur!...

— Qui a fait l'épreuve photographique de ce chef-d'œuvre? demanda Anatole.

— Oh! voilà!... C'est encore un mystère, répondit Samovar, attaché tout entier à son cigare sans fin, comme Vénus à sa proie...

— Comment! pas de nom de photographe?

— Rien! — Épreuve sans retouches, qui a dû être

très-belle... Maintenant elle est passée, et d'un ton sépia pâle.

— Difficile de découvrir l'adresse de l'opérateur, d'après ces renseignements.

— Parbleu! C'est bien ce qui rend si malheureux le marquis San Benito. »

Tout le monde s'écria :

« San Benito!... Ce richard qui possède une si belle collection, et une femme qui est à elle seule une si admirable collection de toutes les beautés?

— Lui-même! C'est au marquis qu'appartient la photographie en question, continua Samovar.

— L'heureux antiquaire!...

— Antiquaire!... En vérité, si mon vieux *soifeur* de précepteur n'avait pas si longtemps négligé mon éducation, je sens que j'aurais été ravi de collectionner des antiquités dans le genre de la marquise San Benito... Vingt-trois ans et des yeux!...

— Oui, mais il y aurait toujours eu à cela un empêchement, jeune crevé, dit André Samovar à l'aimable jeune homme ; la marquise est pieuse! — Remarquez, messieurs, que je ne dis pas dévote...

— Nous saisissons la nuance.

— Le marquis est également un homme plein de foi... Il mourra certainement en odeur de sainteté...

— Avec un léger parfum de vernis à tableaux, néanmoins, riposta Anatole.

— C'est juste. Dieu et l'art, voilà les seules passions du marquis.

— Ah ! mon Dieu !... et la marquise !...

— C'est une honnête femme... résignée.

— Oui, mais de sang espagnol... 45 degrés au-dessus de 0 glace, murmura un jeune homme timide.

— Espagnole ! Cela fait rêver, dit Léopold de Vraifobourg... Sous le beau ciel de l'Espagne, sans boire et sans aimer, voyager tra tra la, tra la la, la la...

— Espagnole ! déclama le photographe... Connais-tu le pays où les mandolines fleurissent, où sous les balcons, le soir, les soupirants mûrissent...

— Messieurs, vous piquez tous une jolie tête dans le fleuve de l'erreur, reprit Samovar... Le marquis est vieux, ensuite c'est un collectionneur enragé... mais (j'en mettrais les mains au feu) la marquise est une sainte créature !...

— Tiens ! Samovar, vous êtes donc chargé du contrôle des vertus, pour vous y connaître si bien ?

— Peut-être... la marquise est un ange ! je le répète.

— Quel dommage que mon éducation ait été si longtemps négligée par mon vieux et vénérable précepteur si humeur de pots, j'aurais appris comme tout le monde à distinguer entre une cocotte et une honnête femme ; mais moi, je ne peux pas... c'est plus fort que moi... je confonds toujours...

— Taisez-vous, Léopold de Vraifobourg, vous bavez sur une femme de haute vertu...

— Et quels jolis pieds !...

— Enfin, dit Anatole, tout cela ne nous indique

pas ce que représente la fameuse photographie découverte par le marquis...

— Permettez, ce n'est pas le marquis qui a découvert la photographie, c'est sa femme. Un jour, à Biarritz, dans la boutique d'un marchand de bric-à-brac (je tiens le fait du marquis lui-même), la marquise a trouvé cette épreuve, épreuve unique, entre des faïences de Rouen fabriquées à Limoges, et des poteries d'étain de la Renaissance, qu'on fait si bien à Paris, rue Saint-Benoît.

— Bah! et que faisait là cette épreuve?

— C'est son secret. Le marchand l'avait achetée dans une vente après décès.

— On aurait pu savoir par la famille, par les héritiers... la provenance...

— Non, elle appartenait à un Anglais, un des baigneurs, atteint de spleen, et qui se tua parce que les cordonniers de Biarritz s'obstinaient à lui faire des souliers en forme de pains à café.

— Étrange motif!

— L'Anglais mort, on vendit ses bagages. Et le brocanteur acquit, à vil prix, et la photographie, et les hardes de cet infortuné étranger.

— Bref, la marquise en fit l'acquisition, et en fit cadeau à son mari? dit Anatole.

— Tout bonnement, séduite qu'elle fut à l'instant par l'étrangeté du sujet. Depuis ce jour, cette photographie, richement encadrée, ne l'a jamais quittée. La nuit, accrochée au pied du lit, elle veille sur le sommeil délicat de cette jeune et charmante créature. Au réveil, le premier objet que contemplent les magnifiques yeux de la marquise, c'est cette photographie.

— Qui représente, encore une fois ?

— Un christ en croix, bien entendu. Le marquis lui-même professe un respect illimité à l'égard de cette image, comme dirait un protestant. C'est le palladium de la maison, en quelque sorte. Pendant une dangereuse maladie que fit dernièrement la marquise, les époux n'ont cessé de lui adresser les plus ardentes prières. Avec la foi et la gravité d'un Espagnol de grande maison, le marquis ne passe jamais devant ce christ sans lui ôter noblement son chapeau, ou sans s'incliner dévotieusement devant lui.

— Et vous l'avez vu, ce christ ? dit Léopold.

— Oui. Mais cette faveur n'est pas accordée à tout le monde. Le marquis me l'a montré en cachette. Sa femme tient à cette photographie comme à un trésor. Cela se comprend de reste. Elle est persuadée, et non sans raison, qu'elle lui doit la vie.

— Mais, voyons, demanda Anatole, décrivez-la-nous, cette œuvre remarquable...

— Voici. Ce tableau de ce maître inconnu, mais que le marquis croit être Zurbaran, représente un christ, un christ en croix, chose singulière, dont les divines mains, au lieu d'être percées de clous, sont liées par des cordes au bois infamant.

— C'est bizarre !...

— Les yeux sont clos. La tête, un peu voilée par les cheveux et par une couronne d'épines, retombe sur l'épaule, inerte, sombre.

— Et l'effet ?

— Saisissant ! C'est noir et blanc, très-violent, très-âpre, féroce même.

— Le ciel est livide, coupé de nuages informes d'un noir profond ?...

— C'est terrible. Mais le corps du christ est une merveille ! Quel torse ! quels bras ! quelles jambes ! Une anatomie dessinée de main de maître.

— Le tableau d'après lequel a été fait le cliché de cette épreuve doit être splendide.

— Étourdissant. Aussi, comme amateur et comme catholique, je comprends la *dévotion à la croix* du marquis et de la marquise. Tudieu ! le superbe et émouvant chef-d'œuvre !

— Un chef-d'œuvre ! — Il est fâcheux que mon éducation, si longtemps négligée par mon ivrogne de mentor, ne me permette pas de m'associer à vos exclamations, messieurs. Je ne me connais pas en peinture. Ah ! s'il s'agissait de l'anatomie de la marquise, je me joindrais avec ferveur à vos « *Oh ! quel* « *torse ! oh ! quels bras ! oh ! quelle tête !...* » mais je ne peux pas... moi... »

Ayant dit ces paroles, Léopold de Vraifobourg s'abîma dans de sinistres réflexions.

« Et depuis combien de temps le marquis San

Benito a-t-il dans sa collection cette étrange photographie ?

— Depuis cinq ans.

— Cinq ans ! c'est de la constance, murmura Anatole, qui sourit tout à coup.

— De la constance ! Propos de photographe dégoûté de son métier, et qui voudrait bien renoncer à l'objectif, à ses pompes et à ses œuvres, riposta Samovar, dont le cigare volumineux n'était pas encore par trop diminué, malgré les fréquentes succions qu'il subissait.

— Je dis tout bonnement : voilà de la constance ! reprit le photographe. Mais je trouve avec vous que le christ du marquis doit être une peinture à couvrir d'or... Hélas ! qui dira dans quel couvent perdu, dans quel oratoire de recluse espagnole se trouve à présent ce tableau furtivement photographié par un artiste intelligent, mais trop discret ?

— Voilà ce qui ronge le cœur du marquis. Il donnerait dix ans de sa vie pour le savoir.

— Dix ans ! c'est beaucoup... dit Léopold de Vraifobourg. Après tout, je ferais peut-être de semblables sacrifices si mon éducation n'avait pas été si longtemps négligée par mon vieux pochard de précepteur !... Mais moi, je ne peux pas...

— Le marquis aurait tort de faire une pareille folie, dit gravement Anatole Hermitte, le bon philosophe.

— Comment l'entendez-vous ? demandèrent dix

voix, unies dans un ensemble qui n'avait rien de musical.

— Parce qu'il aurait tort...

— Tort! Encore une fois, expliquez-vous !

— Samovar, poursuivit Anatole, le linge qui entoure le torse du personnage attaché à la croix n'a-t-il pas une bordure composée de trois petits filets parallèles ?

— Oui... C'est-à-dire... Attendez donc que je me rappelle. Oui... oui ! j'en suis parfaitement sûr maintenant... Trois filets, c'est cela. Mais alors vous connaissez la photographie que je me tue à vous décrire depuis une heure.

— Peut-être... Mais demain je pourrai vous renseigner là-dessus plus positivement... ce soir, j'imite de la carpe le silence prudent.

— Est-il fort, ce monsieur, est-il fort ! murmura Léopold de Vraifobourg... Il reconnaît comme ça, tout de suite, vlan, un Zurbaran à la vignette d'un linge !... Est-il fort ! Ah ! si mon vieux soulard de précepteur n'avait pas négligé si longtemps mon éducation... Mais je ne peux pas. » . . . .

. . . .

Anatole, Samovar et votre serviteur, vers deux heures du matin, quittèrent le restaurant où avait eu lieu, entre le café et mille autres boissons, la conversation rapportée ci-dessus.

A peine sur le boulevard, Anatole nous dit, tenant Samovar par le troisième bouton de son paletot :

« Maintenant que nous sommes seuls, je puis tout dire. Vous êtes discrets ?

— Comme des oubliettes en habit noir.

— Bon ! Eh bien, c'est moi qui ai fait la photographie que possède la marquise.

— Vous savez où est le tableau ?... Oh ! merci, mon ami, merci ! s'écria Samovar.

— Non, je ne sais pas où est le tableau, mais je sais où est le cadavre admirable qu'il représente. C'est le corps d'un beau jeune homme, très-vivant à l'heure qu'il est, tout l'indique, et j'aime à le croire. C'est un gandin du meilleur monde. J'accepte, vous le savez, tous les genres de pose. L'excentricité ne m'effraye pas. Quand on *va-t-en ville*, ce courage est nécessaire. Eh bien, ce jeune homme m'a supplié de lui faire son portrait, en christ, nu... avec un mouchoir... à vignettes... (Le mouchoir—un souvenir peut-être— lui appartenait du reste)... J'ai accédé aux désirs de mon christ. Le brave garçon, dont j'ignore le vrai nom, voulait satisfaire un caprice de sa maîtresse... disait-il. Singulier caprice !

— Oh ! voilà qui est bien insensé !

— Rien n'est plus sérieux, pourtant. Ce fut à Biarritz que la chose m'arriva, il y a cinq ans... »

Horreur ! quel trait de lumière !

« Cela n'empêche pas la marquise d'être une sainte ; mais elle est bien Espagnole aussi, vous en conviendrez.

— Espagnole dans l'âme, en effet !...

— Ame et corps, ajouta Anatole.

— Messieurs, vous venez de briser le morceau le plus exquis de ma collection de souvenirs, fit le bon André Samovar.

— Tant pis !

— Bah ! ça se recolle, fit Anatole.

— Jamais ! répondit André. J'avais aussi, moi, *la Devocion à la cruz !* » Ayant ainsi parlé, le pauvre Samovar jeta au loin les débris volumineux encore de son cigare monumental.

L'ARTISTE BOSSU

Ceci est une histoire du temps passé. Inutile de la dater avec plus de précision.

Par une de ces rares, mais ravissantes après-midi de printemps que le mois de mai donne à l'Angleterre, et tout particulièrement à la ville de Londres, un jeune homme de gracieuse tournure se promenait sous les beaux arbres, à peine reverdis, d'Hyde-Park.

Ce jeune homme, s'arrêtant tout à coup dans sa marche, comme un Robinson qui aurait aperçu soudain la marque d'un pied dans le sable, se mit à dire tout haut, au grand étonnement des passants :

« Qui pourrait aimer la fille laide et triste d'un vieux gentleman qui s'en va par les rues, les jours de soleil, en frac couleur de quinquina, avec des bas de soie noire reprisés, la canne et le tricorne sous le bras gauche, et portant à bout de doigts une paire de gants longs et flasques, absolument comme s'il tenait par la queue une couple de rats morts? »

Comme personne, naturellement, ne fit de réponse à cette question au moins excentrique, le jeune homme qui la posait à l'espace reprit sa promenade interrompue, la tête basse, les yeux rivés aux boucles de ses souliers.

Pourquoi M. Archibald Hobstone, peintre de beaucoup de talent, faisait-il, en longeant le *Roten-Row* d'Hyde-Park, la réflexion singulière que nous avons transcrite ci dessus? c'est ce que nous devons, par privilége de conteur, savoir parfaitement, et ensuite expliquer au lecteur intrigué peu ou prou.

Eh bien! le charmant artiste nommé Archibald Hobstone qui, sous la verdure naissante des ormes du parc ensoleillé, allait de ci, de là, les yeux rivés aux boucles de ses souliers, pensait tout bonnement, avec une pitié soudaine, à l'original du portrait qu'il était en train de faire depuis trois jours.

Cet original était une jeune fille. Les traits disgracieux de miss Laura Ness, la fille unique, en effet, de ce gentleman âgé qui courait la ville, en habit couleur de quinquina, en bas de soie noire, et tenant ses gants à la main comme une paire de rats morts, lui revenaient à l'esprit, et à mesure que sa mémoire les lui détaillait, le bel Archibald Hobstone, épris des jolies choses, mais que les besoins de la vie forçaient souvent d'en copier de fort laides, éprouvait une anxiété bizarre et fatigante.

Admis, depuis peu, dans l'intimité de M. Ness, il rendait déjà justice cependant à la grâce délicate de miss Laura ; les attentions exquises que la jeune fille avait pour son vieux père ne lui avaient pas échappé. Mais cela ne l'amenait pas du tout à se réconcilier avec la figure anguleuse et plaintive de son nouveau modèle.

Aussi, quand la pauvre créature dévouée posait, avec une patience d'ange, dans l'atelier d'Archibald, celui-ci, en dépit de tous ses efforts, sentait sa main plus disposée à exagérer les difformités du visage de miss Laura qu'à en atténuer l'expression grotesque en même temps qu'attristante.

Cette fâcheuse tendance le faisait souffrir. C'est pourquoi, par cette délicieuse après-midi de mai, au milieu de la foule des fraîches et charmantes figures de femmes qui s'épanouissaient, au premier soleil, sur les gazons fins d'Hyde-Park, Archibald, dont le cœur s'ouvrait tendrement à mille sensations printanières, se demandait, avec une réelle pitié, si quelqu'un pourrait jamais devenir amoureux de la brave, mais laide enfant de M. Ness.

Il souhaitait, avec un honnête élan de sympathie, que le bonheur vînt récompenser la jeune fille de sa vie d'abnégation, mais, à vrai dire, il ne l'espérait guère.

Enfin, songeant aux marques incessantes d'affection que le vieillard recevait de sa fille, à leur intérieur si modeste, mais si confortablement gouverné, à leur existence obscure et douce, et dont chaque jour s'écoulait, exhalant comme les fleurs des champs, quoique sans couleur et sans parfum, une odeur discrète que l'âme du passant respire avec une joie si vive et si pure, Archibald Hobstone arrivait à comprendre que le sort du mari de Laura n'aurait rien de bien désastreux après tout, à condition toutefois que ce mari ne fût pas un peintre. « Car ce visage! ce visage!... s'écriait Archibald. Oh! ce visage, rien ne pourra jamais le voiler ou le transfigurer. Et quel supplice alors pour un artiste que de trouver devant ses yeux, à chaque instant, comme une vivante négation de la beauté tant cherchée, ces traits malencontreux, ce nez bizarre, ce menton de perruche!... Ah! décidément cette pauvre Laura doit rester fille, concluait Archibald, en arpentant avec vivacité l'allée magnifique du plus élégant des parcs. »

Cependant, comme on ne peut passer sa vie à s'interroger sur le sort futur d'une jeune fille dont on fait le portrait, Archibald Hobstone, bientôt distrait par la vue des nombreux promeneurs, se mit à construire, dans sa tête, une infinité de tableaux tous plus parfaits les uns que les autres, en marchant avec plus de calme sous les ombrages légers encore d'Hyde-Park.

Ce ne fut même qu'en retrouvant, le soir, dans son atelier, l'esquisse du portrait de miss Laura Ness, que les réflexions et interrogations faites dans l'après-midi, à propos de cette pauvre fille, firent de nouveau leur apparition insidieuse dans sa pensée.

Il les rumina longtemps, en silence, tandis qu'il regardait avec attention la figure à peine ébauchée, mais déjà si pâle et comme honteuse d'elle-même, qui le contemplait, de son côté, d'un œil doux et triste.

« Elle est bien laide! » murmura enfin le peintre, jetant un rideau d'étoffe sur le portrait.

Puis, il alla se livrer aux béatitudes du sommeil, dans sa froide chambre de célibataire.

Archibald Hobstone venait à peine de s'endormir, laissant la lune libre de pénétrer, à travers les vitrages, dans son atelier désert, lorsqu'une étrange petite créature très-difforme, une sorte de nain qui paraissait bossu sous le manteau noir qui l'enveloppait de la tête aux pieds, et dont la figure, à la fois enfantine et vieillotte, grimaçait un fin sourire, fit son entrée dans l'atelier du peintre, avec aussi peu de bruit et de cérémonie qu'un chat familier.

Par où était-il entré, ce nabot inconnu? c'est ce que nous ne savons pas, parole d'honneur!

Constatons simplement le fait : au moment où le

peintre s'endormit, le nain bossu se montra devant le portrait de miss Laura Ness.

Diligent et habile, il s'empara de la palette abandonnée, s'installa sur le tabouret du peintre, saisit les brosses, et, à la clarté complaisante de la lune, il se mit à travailler avec ardeur au portrait de la jeune fille.

Ceci est une histoire du temps passé, nous avons eu soin de le dire.

L'artiste nain ne s'arrêta de peindre qu'aux premières lueurs du jour. Il avait disparu quand, réveillé par le chant des oiseaux des environs, Archibald Hobstone, plein de jeunesse, d'espoir et de gaieté, entra dans son atelier.

« Voyons un peu ma caricature, » fit Archibald en soulevant le voile que le nain avait soigneusement remis sur le tableau.

Archibald examina son œuvre avec attention, puis il dit négligemment :

« J'avais beaucoup poussé la chose à la dernière séance, à ce qu'il me semble. Je ne me le rappelais plus. Ça marche. Ça va! Réellement ce n'est pas trop mal! Hier, j'exagérais la laideur de la pauvre fille. Ce que c'est que de ne pas avoir le modèle sous les yeux. Non, décidément cela vient à merveille. Mon Dieu! le menton est un peu long, oui, mais il y a de l'esprit dans ce menton-là. Et le nez, que je trouvais si horrible, a même un caractère tout particulier. En somme, ce visage est rempli de finesses dont je ne m'étais pas encore rendu compte. Cela me ravit de trouver cette jeune fille moins affreuse. L'accord d'une âme exquise et d'une enveloppe repoussante a quelque chose de si pénible!... Allons, en attendant l'arrivée du gentleman qui porte ses gants avec tant de goût, et va par les rues en habit couleur de quinquina, retouchons çà et là quelques coins de ma toile. »

Et Archibald se mit à peindre. Miss Laura et son père vinrent, comme à l'ordinaire, poser dans l'atelier du peintre. Après deux heures de travail et de causerie, le père et la fille reprirent le chemin de leur domicile. Le peintre resta seul. Puis, la nuit vint. Elle surprit l'artiste plongé dans des réflexions pleines de charme et de nouveauté, et regardant sa toile avec tendresse.

Quand Archibald eut fermé les yeux de nouveau sous le poids bienfaisant du sommeil, le nain bizarre se glissa, comme la veille, dans l'atelier solitaire ; jusqu'à l'aube, il couvrit la toile de touches délicates et pleines d'à-propos.

La même scène eut lieu, chaque nuit, pendant une semaine, et chaque matin le bel Archibald trouvait au portrait des grâces inattendues. Les hideux souvenirs s'effaçaient peu à peu. Le peintre en était transporté de joie. Le portrait de miss Laura arrivait rapidement à sa fin. Et Hobstone le contemplait souvent, pendant de longues heures, avec des battements de cœur aussi doux que persistants.

Souvent aussi, rompant le silence qui emplissait l'atelier, Archibald se disait avec conviction :

« Cette tête est irrégulière, soit, mais de quel charme discret et profond elle est douée. L'aimable visage! Oh! Laura! Laura! créature dévouée, cœur exquis, femme parfaite! Jetez les yeux sur votre serviteur repentant et timide... »

Une nuit que le peintre ne pouvait dormir, il se leva, la tête en feu, et vint regarder son tableau pour la dernière fois. On devait venir le chercher le lendemain.

Quelle ne fut pas sa surprise en trouvant devant son chevalet le petit bossu fort occupé à donner les derniers coups de brosse aux mains effilées et blanches de miss Laura.

« Par le ciel! que faites-vous ici? s'écria Archibald, tout frémissant d'une émotion inconnue.

— Eh bien! répondit le nain avec flegme, vous le voyez : je peins pour vous!

— Vous peignez pour moi?...

— Oui, mon cher monsieur, reprit le nain. Mais voilà notre tableau fini. Maintenant, je n'ai plus qu'à me retirer. Et c'est ce que j'allais faire, quand vous m'avez surpris une minute trop tôt. »

En disant ces mots avec gaieté, le nain descendit du tabouret sur lequel il était perché, et regarda Archibald avec des yeux pleins de malice.

« Incroyable histoire! murmura Archibald, frappé de stupeur

— Adieu, mon cher, dit le nain. Eh bien! vous ne me remerciez pas?

— Vous remercier! mais qui êtes-vous donc? demanda le peintre perdant la tête tout à fait.

— Qui je suis, reprit le nain, tu vas le voir. »

D'un coup d'épaule il fit tomber à ses pieds le manteau qui l'enveloppait, et se courba devant le peintre.

Alors Archibald Hobstone vit apparaître, à la place du nain difforme, un bel enfant, nu comme un dieu, armé d'un arc, et portant entre deux petites ailes blanches qui palpitaient sur son dos un délicat carquois d'or.

« L'Amour! soupira Archibald, en tombant à genoux. — O Laura! ma Laura! »

Et tandis que l'artiste agenouillé tendait ses mains fébriles sur le portrait de la jeune fille qui lui souriait, charmante, du haut de son cadre, l'Amour, sa tâche étant achevée, prit son vol et disparut.

LE VENT D'AUTOMNE

C'était à la campagne, après dîner.

On avait allumé dans la cheminée du salon une de ces joyeuses *flambées* d'automne que l'humidité et la fraîcheur de la nuit, rapidement venue, rendent si charmantes à voir et à sentir.

Dehors, le vent d'octobre se faisait entendre énergiquement. Tordus par son souffle puissant et sonore, les arbres du parc, qu'on apercevait à travers les fenêtres, se démenaient par instants comme de gigantesques convulsionnaires.

A la pâle clarté de la lune naissante, on voyait leur noire silhouette s'agiter d'une façon inquiète et prendre des poses inattendues sur l'azur sombre du ciel.

En même temps dans la cheminée, et sous les portes toujours mal jointes d'une habitation d'été, le vent poussait déjà ses plaintes d'hiver, formant ainsi un accompagnement lugubre au chant gai des sarments en feu, d'où les étincelles s'élançaient comme de brillants pizzicati.

« Mauvais temps pour les gens qui sont sur mer ! fit quelqu'un qui tournait ses pouces, au fond d'un vaste fauteuil, en face du foyer.

— Pauvres gens! répondit l'assistance, avec l'ensemble d'un chœur antique.

— C'est égal, poursuivit le quelqu'un, c'est égal, j'aime cela, moi, la nuit surtout. Oh! entendre mugir la bise quand on est chaudement interné dans un bon lit; quel dessert de sybarite! Certes, on n'est pas un égoïste, non. La triste position du prochain, ballotté sur des vagues lointaines, et recevant, à bord d'un mauvais bateau, la pluie perçante et l'embrun glacé des lames, vous apparaît alors dans toute son horreur. On le plaint sincèrement, le prochain! mais, ma foi, on se laisse bercer par les rumeurs de la tempête, qui ne peut vous atteindre dans le pourpris confortable où l'on est abrité, et l'on rêve délicieusement.

— Mon cher, interrompit un gros monsieur, le nez plongé dans une vaste tasse de thé, vous en rabattriez joliment, si vous aviez joui comme moi de ce plaisir que vous désirez si fort d'éprouver...

— Contez-nous donc cela? reprit l'assistance, toujours avec l'ensemble d'un chœur de tragédie.

— Eh bien, poursuivit le gros personnage à la tasse de thé, le souhait que vous formez en innocent Parisien que vous êtes, et qui fut le mien pendant longtemps, il m'a été donné, l'an dernier, de le voir enfin exaucé. Un armateur, de mes amis, qui demeure aux environs de Cherbourg, sur une falaise, m'offrit de venir, au mois de janvier, passer quelques jours chez lui. J'acceptai son offre avec un fougueux empressement, vous le pensez. Et je partis. Je vous passe les détails du voyage. J'arrive au récit de ma première couchée chez mon hôte. Un vent épouvantable faisait trembler la maison sur ses caves, lorsque, bien repu, je fus abandonné dans la *chambre d'ami*, en compagnie de ma bougie...

— Heureux gaillard! soupira le quelqu'un en tournant ses pouces avec envie.

— Enfoui sous les couvertures, reprit le gros monsieur, j'abandonnai mon âme aux charmes de ma situation si nouvelle et si poétique. Le bruit des éléments déchaînés me remplissait déjà d'une douce ivresse et de rêves exquis, lorsque soudain ma fenêtre s'ouvre avec fracas, et une trombe de vent apportant avec elle une pluie de sable et de débris s'engouffre dans la chambre, et vient me glacer jusqu'aux moelles. En même temps ma bougie s'éteint. Prompt comme le faon, je me précipite à bas de ma couche, afin de mettre un frein à la fureur de la bise ; mais, damnation! mon pied s'accroche dans le tapis, le tapis enlace ma jambe, la table de nuit s'écroule, et, tandis que le verre d'eau à la fleur d'oranger qu'elle supportait coule sur mon pied droit, la cire encore brûlante de la bougie pleut sur ma jambe gauche. Pendant que je cherche à briser mes fers, c'est-à-dire à me dégager, les rideaux du lit et de la croisée, volant jusqu'au plafond, me donnent des claques sur la figure ou retombent rudement sur mon dos. Néanmoins, après des efforts farouches, je parviens à refermer solidement la maudite fenêtre, et, à tâtons, je me recouche, un peu désenchanté, je l'avoue.

— Un sommeil réparateur vint alors? demanda l'assistance.

— Nenni! — Un volet mal amarré se mit tout à coup à battre avec acharnement contre le mur, et la porte de la chambre de trépider à son tour d'une bien agaçante façon. Je dus me lever de nouveau, ouvrir la déplorable croisée, plongeant à mi-corps dans les ténèbres extérieures pendant plus d'une minute, recevoir d'abondantes douches d'eau froide, car je ne trouvais pas le misérable crochet du volet. Transi, mouillé, mais triomphant, je n'eus plus qu'à m'occuper de la porte. Je la calai de mon mieux avec tout ce que je trouvai sous ma main, dans l'obscurité, avec mes habits, mon journal, ma canne; mais elle continua de s'agiter dans ses gonds d'une manière désordonnée. Enfin, désespéré, il me vint l'idée lumineuse de l'assurer contre son chambranle, au moyen de la pendule. Le moyen était bon. La porte devint muette comme une sole frite. Et je me recouchai....

— Enfin!... heureusement un sommeil réparateur? reprit l'assistance.

— A peine recouché, et comme je fermais l'œil, un grand bruit sourd me fait tressaillir de nouveau. Au-dessus de ma tête, dans le grenier, où le vent faisait rage, des sacs mal équilibrés s'abattent lourdement. Au même moment, une averse de poussière, de toiles d'araignées, de grains de blé et d'insectes me couvre, m'aveugle, me remplit d'effroi. Et pas une allumette! Pas une! j'éternue, je tousse, je pleure, je me secoue dans l'ombre épaisse, mais sans résultat sérieux. Mes draps sont pleins de choses qui courent vite, qui grimpent sur moi, qui filent entre mes doigts frémissants...

— Horrible situation!

— Ma foi, maudissant la mer et ses tempêtes, je prends un parti héroïque. Je me lève, je m'enveloppe d'une couverture, comme un Osage, et je m'assieds sur une chaise fort dure, décidé à attendre le jour dans cette position de sentinelle vigilante. Quelle nuit! Elle dépassa en longueur toutes les nuits polaires. Mais je puis vous affirmer que j'entendis le vent de mer tout à mon aise pendant les mortelles heures dont se composa cette nuit fatale. L'affreuse nuit! Les fils d'un télégraphe passaient sous ma fenêtre. Traversés par le souffle furieux de la bise démoniaque, ils ne cessèrent de hurler ou de se lamenter comme des noyés. Comme j'ignorais la présence de ces fils télégraphiques, et qu'elle ne me fut révélée que le lendemain, je fus réellement navré par ces cris et ces plaintes de moribonds. J'étais glacé d'effroi...

— Mais le gai soleil se leva, et tout fut oublié? demanda l'assistance d'une voix sympathique.

— Rien ne fut oublié, continua ce gros monsieur. Et je n'oublierai jamais cette abominable partie de plaisir. Je n'oublierai pas non plus les paroles de mon hôte, quand il entendit mon lamentable récit, le lendemain matin. Comme je lui demandais si le rivage n'était pas couvert de morts et de vaisseaux fracassés, après une tempête aussi terrible, il me dit en souriant : « Une tempête, mais il a venté « frais, voilà tout... » Venté frais ! Ah ! ces hommes de mer, quelle nature de bronze ! — Le lendemain, je reprenais le train de Paris... j'avais assez entendu le vent de mer, pour une nuit. »

Comme le gros monsieur achevait son histoire, la pendule tinta dix heures. Chacun se leva pour aller prendre sa bougie.

LES BABAS DE LA COMTESSE

Je demande la parole, non point pour un fait personnel, mais pour raconter tout simplement un petit événement dont la cause et les suites ont égayé quelque peu une vente de charité.... dernièrement.

C'est entendu.

Maintenant, que je vous présente Vaast de Noirpont, un de nos plus jolis vélocipédistes, garçon de trente ans, un peu rousseau, mais, du reste, correct des pieds à la tête.

Beau nom, fortune respectable, aïeux authentiques à cadres d'or dans son château de la Touraine, chevaux, chiens, maîtresses, photographies des meilleurs faiseurs et tailleur renommé.

Tel se manifeste, aux heures distinguées du jour, Vaast de Noirpont sur le boulevard et dans les environs du Lac.

Il aime encore à encadrer sa tête pâle dans les croisées de nos meilleurs restaurants, entre une heure et trois heures du matin.

Bref, Vaast de Noirpont est délicieux.

Or, ce gommeux exquis, ayant eu, l'hiver dernier, l'honneur très-envié, je le constate, de servir, à plusieurs reprises, de cavalier à madame la comtesse de Coltar, s'était épris violemment de la jolie femme en question, une héroïne des robes courtes.

Pauvre Vaast! plus un moment de repos. — Parole! je suis toqué de la chère belle, se disait, la nuit, le malheureux Noirpont, fébrile sur sa couche insensible.

Une couche, entre parenthèse, à laquelle il ne manquait qu'une cloche pour être complète.

Bientôt le désordre fut extrême. L'esprit du caballero s'égarait. Le matin, il n'avait plus de coup d'œil. Il se trompait dans le choix d'un faux-col, lui, de Noirpont!

Son valet de chambre n'en revenait pas.

Deux jours de suite, Vaast de Noirpont enfila le même pantalon, le pantalon aurore à bande verte! Cela devenait intolérable.

Ah! quand l'amour nous pince, soupirait Vaast, on peut bien dire — à sa cuisinière — adieu, Prudence !

Cet état de choses, vous en conviendrez, ne pouvait durer plus longtemps. Les populations prenaient l'alarme. Ces dames ne reconnaissaient plus le beau Noirpont.

Il fallait prendre une résolution suprême : sortir de l'impasse où sa passion l'engageait, montrer du nerf, être à la hauteur ; enfin, se déclarer!

Se déclarer!

Terrible moment. Cette pensée le faisait frémir. A l'idée, même rudimentaire, d'envoyer une lettre à la comtesse de ses rêves, Vaast de Noirpont frissonnait comme le voyageur égaré dans les forêts et qui entend, la nuit, le cri du vélocipède sauvage appelant sa femelle!

Un matin, cependant, — il n'y a guère, — Vaast tira d'un buvard en cuir de Russie vert, honoré de ses armes, une demi-douzaine de feuilles de papier vélin décoré de ses somptueuses initiales, et pendant une heure, sous les regards éperdus de son domestique, il daigna couvrir de sa naïve écriture plusieurs feuillets assurément innocents.

Les participes passés, — et même présents, — le firent beaucoup souffrir, le noble jeune homme !

« Champagne, cent louis à qui fera parvenir ingénieusement ce pli à son adresse », dit-il à son valet en lui remettant quarante sous.

Champagne prit ses jambes à son cou. On n'a jamais su pour quel motif.

Mais le même jour, quatre heures sonnant, la comtesse de Coltar recevait le billet incandescent du noble enfant qui lui avait serré plusieurs fois si stupidement la main, pendant la dernière saison.

La comtesse, ravissante mère de famille que protégent contre de semblables tentatives les ailes blanches des anges gardiens de ses enfants, poussa un frais éclat de rire en lisant l'épître incendiaire de Vaast de Noirpont.

Au dîner, pour égayer son mari, un monsieur à longues moustaches (si longues que je ne vois pas pourquoi il ne se sert pas de leurs pointes comme de chaîne de montre), la comtesse de Coltar fit une lecture, avec commentaires, de la missive phosphorescente.

Le mari aux longues moustaches fronça le sourcil.

Et le lendemain, Vaast de Noirpont, ivre d'amour, mais diablement inquiet aussi, couvrait de baisers réitérés une lettre sans signature que la poste venait de lui apporter.

En voici le texte laconique :

« *Nous sommes perdus, si vous ne m'écoutez. — Il sait tout. Venez, dans trois jours, à la vente de charité de.... Faites tout ce qu'il voudra, ou je meurs. — Adieu.* »

« Fichtre ! — Enfin.... j'irai !! »

En disant ces paroles, Vaast de Noirpont se serra la main avec ardeur.

Il y alla, en effet.

Au jour désigné, le merveilleux gandin fit son entrée dans les salons de l'hôtel....

Tout ce que Paris renferme d'illustre ou de charmant, sans oublier les Auvergnats, était là, groupé entre deux rangées de jolies petites boutiques où les dames vieux noms et jeunes fronts, tailles minces et grosses fortunes, vendaient au profit des.... (disons *journalistes condamnés*, pour faire diversion), des inutilités et des bibelots de toute sorte, enveloppés de sourires.

Les Lettres, les Arts, le Palais, la Diplomatie, la Finance, le Sport, l'Armée, circulaient gravement au milieu des flots de robes sans fin.

L'accent agréable des étrangères pailletait le ton monotone des conversations engagées.

Le froufrou de la soie, le tintement des pièces d'or sur les comptoirs distingués, les éclats de rire étouffés, le bruit des cristaux remués, s'élevaient dans l'air parfumé et tiède.

Une des boutiques les mieux achalandées était la tente de soie bleue et blanche, à l'abri élégant de laquelle madame de Coltar, costumée en pâtissière Louis XV, vendait, à des prix immodérés, des petits pâtés, des babas et des verres de vins des Iles (*alias* Cette).

Une foule de jeunes gens — de vingt à soixante-dix ans — mangeaient, buvaient, riaient devant la jolie marchande.

La fine fleur — *des poids* — de l'enceinte du pesage, la crème des héros du Bois, le dessus du panier des gentils messieurs qui conduisent le cotillon chez les grands de la terre, tout ce qui a un nom sur les tablettes (airain ou carton) de l'histoire, se pressait autour de la boutique bleue et blanche de la comtesse, lorsque Vaast de Noirpont, irréprochable, enivrant, fit irruption devant les babas de madame de Coltar.

« Ce cher Vaast !

— Tiens, voilà Noirpont !

— Un baba à Noirpont. C'est pour.... les petits journalistes, mon bon. Venge-toi. »

Entouré, pressé, ahuri par les cris, les rires, les poignées de main, de Noirpont saluait à droite, saluait à gauche, tendait les mains et s'efforçait de retenir son lorgnon défaillant dans l'orbite enflammée de son œil. Enfin il lui fut permis de présenter ses très-humbles hommages à l'idole redoutable de son âme éperdue.

Il pâlit, rougit, délicieux instant ! Mais le comte, dont il aperçut en même temps les longues moustaches, jeta un léger froid dans son existence. Il s'inclina néanmoins.

« Bonjour, Noirpont ! mugit le comte. Comment vous portez-vous ?

— Mais, convenablement, je vous remercie.

— Ce cher Noirpont! continua violemment M. de Coltar. Prenez donc un baba, Noirpont. La comtesse n'a pas étrenné. »

Noirpont, troublé, esquissa une phrase d'étonnement poli, et engloutit avec plaisir un baba. Cela lui donnait le temps de réfléchir.

Mais l'impitoyable comte ne l'entendait pas ainsi. Il invita le pauvre Vaast à redoubler, à quadrupler, à sextupler.

De Noirpont obéit. Il le fallait. La lettre le lui ordonnait. Tout! tout! se disait-il pour sauver cet ange!

En matière de pâtisserie, ce n'est pas la première bouchée qui coûte, c'est la dernière.

Noirpont l'apprit à ses dépens. Malgré les verres de vin de Xérès, de Madère et des Canaries, il se sentit gêné après l'absorption du dixième baba.

Les témoins de cet appétit extraordinaire crurent à un pari. On fit cercle.

« Comme il aime les petits.... journalistes! murmura une dame. — Il est comme le bon Pasteur : il donne sa vie pour les brebis... galeuses. »

Noirpont avait très-bien déjeuné, le malheureux. Cependant, il fit bonne figure jusqu'au moment où sa figure devint mauvaise.

Le regard de la comtesse l'encourageait. « Souffrez; c'est pour moi, c'est pour nous, » semblait-il dire tout bas.

Au quatorzième pâté, Noirpont s'arrêta net.

« Eh bien, vicomte, murmura M. de Coltar, roulant des yeux furibonds, est-ce qu'un baba vous fait peur maintenant ?

— Oh ! non ! — je n'ai peur de rien », soupira-t-il avec une certaine fermeté.

Et il avala, les yeux fermés, cette hostie doulcureuse !

Mais tant d'héroïsme ne pouvait durer. Chancelant, Noirpont prétexta le manque d'air, la chaleur, et il s'enfuit, jetant à celle pour qui il avait souffert le martyre un regard désespéré !

Ce regard fut accueilli par un rire non déguisé, et très-significatif.

De Vaast de Noirpont, qui était plus bête qu'il n'en avait l'air, le comprit enfin.

. . . .

MORALE

L'amour, cette indigestion du cœur, et l'indigestion, cette passion malheureuse de l'estomac, se guérissent facilement.

Un peu de honte, une infusion d'excellent thé, voilà des remèdes souverains.

Noirpont en usa, abondamment ! — Qu'il repose en paix !

MODÉRAN DES COMICES

« Modéran Des Comices est un gaillard, un heureux gaillard, monsieur ! un homme tout d'une pièce, et d'airain ! *dear sir*.

— Oh !... — oui ?...

— C'est comme j'ai l'avantage de vous le dire, monsieur.

— Oh !... oui ?...

— Oui, *dear sir*, tout d'une pièce, et d'airain... avec une âme d'or vierge...

— Oh ! — oui ?...

— Voilà, de l'orteil au crâne, monsieur, ce que c'est que Modéran Des Comices, *dear sir*.

— Oh !... — oui ?...

— Et quand ce Modéran Des Comices, qui a l'honneur de vous parler, s'est mis quelque chose là, sous ce front insulté par la brise, eh bien ! *dear sir*, il faut que ce quelque chose se fasse, malgré le ciel, l'enfer et sa femme !

— Oh !... oh !... oui ?...

— Prenez ma carte, *dear sir*, je vous en prie, prenez ma carte. C'est la carte d'un gaillard, la carte de Modéran Des Comices ! un homme tout d'une pièce et, d'airain ! monsieur !...

— Oh ! oui ?... bien volontiers... *I thank you, sir.* »

Le dialogue ci-dessus sténographié avait lieu, au printemps dernier, en mai, par une belle après-midi, sur l'arrière de la *Dorade*, paquebot anglais.

Le *steam-boat* venait de sortir du pont minuscule de Folkestone.

Déjà les falaises verdoyantes de *Old-England* décroissaient à l'horizon. Mais, de l'autre côté du détroit, sur la rive française, on n'apercevait pas encore dans la vapeur le dôme de Notre-Dame de Boulogne.

Assis sur un pliant, siége d'une stabilité éminemment précaire, Modéran Des Comices, un gros bonhomme rouge comme un homard, et orné de favoris et de cheveux déjà grisonnants, gesticulait et parlait avec animation.

Un gentleman d'un certain âge, M. Gobson, porteur d'une foule de petits sacs en cuir, prêtait une oreille distraite aux paroles de son compagnon de traversée, tout occupé qu'il était à suivre de l'œil les mouvements d'une jeune fille, la sienne évidemment, qui regardait les maisons rouges de Folkstone pâlir et s'effacer lentement dans la brume salée qui bleuissait au soleil.

A côté de Modéran des Comices, et pâle de terreur, se tenait une dame agréable encore, aux yeux vifs, mais remplis d'une inquiétude extrême.

Madame Des Comices, née Eugénie Bachelette (car c'est à cette épouse très-légitime qu'appartiennent les yeux vifs cités plus haut), madame Eugénie Des Comices avait déjà les affres du mal de mer.

Mais Modéran Des Comices, — tout d'une pièce, et d'airain ! — un gaillard ! — ne faisait que rire des angoisses naissantes de sa femme.

Il faisait plus. Profitant de la situation, l'exploitant même, il abandonna soudain sa chaste moitié sur son banc, et, fredonnant, on le vit se diriger du côté de miss Gobson !

M. Gobson, l'œil rivé à sa lunette d'approche, un chef-d'œuvre de *Dodd, Dodd, and Dodd, King's street*. N., examinait les falaises françaises, blanches sur la ligne verdâtre de la mer.

M. Gobson, certes, était bien libre de ne pas surveiller sa fille ; mais Modéran Des Comices n'avait pas du tout le droit de soutenir tendrement cette... créature, à chaque coup de roulis un peu trop violent.

Non. Il n'avait pas ce droit !

Et c'est ce que pensait madame Des Comices, née Bachelette, assise sur son divan de douleur, et rugissant en elle-même comme une tigresse enchaînée.

Non, Modéran Des Comices n'avait pas le droit de fredonner, quand sa femme sentait son cœur lui manquer.

Il ne devait pas non plus, dans un moment aussi critique, papillonner autour d'une insignifiante Anglaise, autour de Clara Gobson, et il était dans son tort en expliquant à cette jeune... personne les mystères de la roue du gouvernail.

Ce que souffre une pauvre femme sur le perfide élément, en présence d'un mari plus perfide encore, et cela à l'instant où ses forces s'en vont, est une chose effrayante, impossible à décrire.

Nous ne la décrirons pas, c'est entendu.

Mais nous ajouterons que madame Eugénie Des Comices, n'y tenant plus, appela son mari tout à coup:

« Je veux descendre dans ma cabine ! dit-elle.

— Soit, ma chère. La femme du *stewart* vous soignera infiniment mieux que moi. Je suis un gaillard tout d'une pièce, et d'airain ! mais du diable si je m'entends à soigner mes semblables... »

Madame Des Comices eut un sourire amer et répliqua :

« Vous savez pourtant bien protéger les étrangères contre les mauvaises chances du tangage ! Modéran, cessez ce jeu ! Si vous n'avez pas pitié de vos compatriotes, au moins n'exaspérez pas leur système nerveux déjà bien compromis, depuis Londres, par les tristes hasards d'une locomotion précipitée.

— Compromis? et pourquoi? — Je me montre affable, bon, paternel. Cette jeune fille est une enfant.

— Modéran, ne joignez pas le mensonge à l'infidélité... et donnez-moi le bras. Je veux descendre en bas. Je me sens mal.

— Allons, Eugénie, ne soyez pas jalouse! — Et appuyez-vous sur moi. Je suis solide. — Un gaillard, vous le savez, ma chère, tout d'une pièce, et d'airain ! »

Madame Des Comices fut remise aux soins de la fille de chambre. Et lorsque Modéran des Comices eut pourvu sa tremblante épouse de châles, de citrons, de sels, de thé faible, etc., etc., etc., Modéran Des Comices remonta sur le pont de la *Dorade*.

Mais auparavant il essuya les paroles suivantes, prononcées par sa femme :

« Priez miss Gobson de venir me voir un instant, avait dit madame Des Comices, née Bachelette, entre deux sanglots. Si je meurs, je veux avoir à mes côtés une personne de mon sexe et de ma classe. Ah ! je sens bien que je vais mourir cette fois !

— Point ! point ! Ma belle. Vous n'en mourrez pas. Buvez du thé. Cela ne sera rien. D'ailleurs nous arrivons. — On voit déjà la *Colonne* du camp.

— Oh ! Modéran ! Modéran ! vous êtes impitoyable. Rien ne vous émeut. Vous riez sans cesse ! Vous vous moquez des choses les plus saintes... Allez... et faites ma commission... Oh ! que je souffre ! mon Dieu ! que je souffre !

— Je cours prévenir miss Clara...

— Miss Clara !... gémit alors l'épouse infortunée... Vous ne rougissez pas de l'appeler ainsi devant moi !... et vous avez donné votre carte à son père... vil suborneur !... oh ! fi ! Modéran, je vous méprise.

— Bon. Soignez-vous d'ailleurs... Nous réglerons nos comptes à Paris.

— Oui, lâche séducteur que vous voulez être!
oui, nous les réglerons! »

Madame Des Comices n'en dit pas davantage, et mordant dans un citron à belles dents, elle fit un geste plein de colère.

Modéran Des Comices, — tout d'une pièce, et, d'airain, avec un cœur d'or vierge, monsieur! — remonta sur le pont, comme nous l'avons dit.

Il pria miss Gobson de vouloir bien aller près de sa femme, ne fût-ce qu'une seconde... oui, une seconde seulement... et il la supplia de revenir très-promptement. — L'arrivée à Boulogne est des plus pittoresques, lui dit-il. Il ne faut pas manquer ce spectacle.

Miss Gobson ne manqua pas le spectacle si chaleureusement exalté par le gros et rouge monsieur français, qui, tout d'une pièce, et d'airain! avait fait, presque de force d'ailleurs, la conquête de son père, un des grands herboristes de la Cité.

Modéran Des Comices fit les honneurs des sites de sa patrie, encore lointaine, avec feu, avec fougue, avec amour.

Miss Clara souriait.

Miss Clara souriait, et Modéran était radieux.

Radieux en débarquant, il fut radieux dans la gare de Boulogne, et radieux il se montra en se retrouvant sur la place Roubaix, à Paris, le soir même.

Madame Des Comices, née Bachelette, était d'une

gaieté infiniment moins folle, en arrivant dans son appartement de la rue Chauchat.

Madame Eugénie Des Comices était même très-sombre.

« Enfin! enfin! soupirait-elle. Enfin, Modéran, nous voilà débarrassés de ces maudits Anglais et de leur détroit stupide.

— M. Gobson est un homme charmant.

— Oui, oui, charmant! Et sa fille aussi, c'est une femme charmante!... Mais, grâce à Dieu! nous en voilà débarrassés! Je sais que cela vous brise le cœur, mon cher monsieur Des Comices, je le sais. Mais je n'y puis rien. Vos ailes sont coupées, mon beau papillon. »

Modéran Des Comices, — un gaillard, un heureux gaillard, monsieur! — ne répondit rien aux paroles barbelées de sa femme. Il ne répondit rien, cet homme tout d'une pièce, et d'airain! oui, d'airain, monsieur, avec un cœur d'or vierge, mais il souriait imperceptiblement, et sa main forte pressait, dans le gousset de gauche de son vaste gilet, un petit billet microscopique que miss Gobson lui avait glissé entre les doigts en lui serrant la main à la gare de Boulogne.

Cher petit billet!

Modéran Des Comices couvrit ce petit billet de baisers, lorsque, rentré dans son appartement, il put se livrer seul à cet exercice poétique; à cette même heure, madame Des Comices, née Bachelette, souriait à son ange gardien — peu charmé de la chose du reste — sous les rideaux de son alcôve.

Le petit billet de miss Clara contenait ces simples mots :

« *Nous visiterons les monuments dès demain. Nous commencerons par le Panthéon. — 2 heures.*

« C. G. »

Mon premier rendez-vous d'amour! murmurait Modéran Des Comices, en fermant ses gros yeux.

Et il ajoutait :

« Demain, à deux heures, ma main pressera la sienne! Dans les monuments publics, il y a des couloirs obscurs... les couloirs obscurs et moi, nous sommes de vieux amis!...

Il s'endormit sur ces entrefaites.

Le lendemain soir, à dîner, madame Des Comices, tout à fait remise de ses fatigues et de ses terreurs maritimes, et qui avait mangé de fort bon appétit, demanda à Modéran Des Comices comment il avait passé sa journée.

« Mais très-agréablement! — J'ai rencontré ce cher Catapol, de Marseille. Il va très-bien, ce bon garçon. Je l'aime beaucoup ce vieux camarade. Nous avons follement ri. Je lui ai raconté notre voyage en Angleterre. Mon récit l'a intéressé vivement.

— Vivement? demanda madame Des Comices.

— Vivement!

Modéran Des Comices mentait. Il avait bien rencontré Catapol, mais il l'avait rencontré sur les marches du Panthéon. Catapol ne l'avait pas lâché d'une heure. Et comme Modéran lui avait proposé (bouillant d'impatience) de monter à la lanterne, Catapol avait refusé net ce genre de plaisir si peu en rapport avec ses habitudes et avec son âge.

Modéran avait donc gravi, seul, les innombrables marches qui mènent au sommet du Panthéon. Mais, peine inutile! miss Gobson était invisible. Il était trop tard.

Modéran Des Comices était furieux. Il avait manqué son premier rendez-vous d'amour.

Le jour suivant, au saut du lit, son domestique lui remit une lettre qui venait d'être apportée à l'instant.

O joie! ô ivresse! c'était un nouveau billet de miss Gobson :

« *Vous n'êtes pas venu. Ingrat! — Aujourd'hui on ira à Notre-Dame. On vous attendra sur les tours. Même heure.* « C. G. »

« Quelle rage! s'écria Modéran. Qui expliquera jamais les mystérieuses affinités qui lient les étrangers aux monuments de Paris! C'est égal, je ne reculerai pas devant une nouvelle ascension. Je suis Modéran des Comices, un gaillard! — Tout d'une pièce, et d'airain, monsieur! — O Clara, j'escaladerais le ciel, s'il le fallait, pour te voir seulement une minute.

Modéran monta aux tours de Notre-Dame; il trouva sur la plate-forme son vieux Vauvineux, un ami de vingt-sept ans, en train de courtiser une fort jolie petite femme parfaitement apprivoisée... grâce au vertige.

« Tiens, Vauvineux, fit Modéran, passablement ennuyé. Et comment va?

— Bien. Je prends l'air. Et vous? Par quel hasard vous trouvé-je sur ces tours, ordinairement désertes?

— Oh! je voulais, après M. Victor Hugo, examiner en détail cette basilique somptueuse...

— Ah! ah! fit le nommé Vauvineux. C'est bien cela! Mais avec vos vieilles jambes... et votre bronchite... vous risquez beaucoup, mon cher, savez-vous bien, en grimpant à de pareilles hauteurs.

— Bah! mon cher, Modéran est tout d'une pièce, et d'airain! vous le savez...

— Oui. Alors vous auriez dû arriver un peu plus tôt sur la tour, mon bon, vous auriez vu, à cette même place, un couple d'aimables touristes anglais... Il y avait surtout une jeune fille... la grâce en personne...

— Hélas! soupira mentalement Modéran Des Comices... c'était Clara. Trop tard encore! »

Et navré, éreinté, en nage, soufflant comme un cachalot sur le retour, Modéran Des Comices, suivi de l'impassible Vauvineux, redescendit les trois cents marches de la tour du Nord!

Cependant, le lendemain, excité au plus haut degré par un autre billet de la pauvre Clara, qui se déclarait trahie et désolée, Modéran Des Comices se fit conduire à la tour Malakoff, à Vanves, lieu du rendez-vous nouveau.

Les Anglais adorent ces ascensions pénibles, se disait Modéran ; M. Gobson ne veut pas quitter Paris sans l'avoir admiré de fond en comble, et des catacombes à la pointe des paratonnerres. La pauvre Clara est obligée de suivre son père. Tant pis pour moi! Mais c'est le seul moyen que j'aie de voir cette chère fille. Allons, en route! — D'ailleurs, M. Modéran Des Comices est un gaillard, tout d'une pièce, et d'airain!

Cette fois Modéran ne perdit point sa peine, il vit Clara Gobson sur la tour Malakoff. Elle lui sourit tendrement. Modéran redevint radieux.

Il est vrai de dire qu'il rencontra aussi, sur le même sommet, son ami l'Hernia, un Piémontais qui fabrique des poêles à ses moments perdus.

« Bizarre coïncidence! murmurait Modéran, mes amis semblent s'être donné le mot pour venir me troubler. Le doigt de la Providence servirait-il réellement à quelque chose? »

Il servait à quelque chose, ô Modéran impie?

En effet, partout où Modéran fut appelé par un mot de sa bien aimée, — sur la tour Saint-Jacques, au sommet des colonnes de la Bastille et Vendôme, à Saint-Sulpice, à l'Arc-de-Triomphe, au moulin de la Galette (à Montmartre), à la tour Solférino, enfin sur le faîte du nouvel Opéra, etc., etc., partout Modéran Des Comices obtint un regard de miss Gobson, mais un regard assaisonné chaque fois de la rencontre désagréable d'un ami qui flânait par là par pur hasard.

Modéran, échiné, bien qu'il fût, monsieur, un gaillard heureux, tout d'une pièce, et d'airain! — payait cher les rares et purs instants de plaisir qu'il trouvait, en dehors du foyer conjugal, à l'insu de madame Des Comices, né Eugénie Bachelette.

Huit jours après son retour sur le sol français, à la fin d'une semaine remplie de courses, d'ascensions, de craintes, de désespoirs, d'émotions de toute nature, Modéran Des Comices reçut une lettre des plus brûlantes :

« *Venez au donjon de Vincennes. Je serai seule.* Ne manquez pas.
  « *I love you Modéran, my dear,*
    « C. G. »

Modéran Des Comices, fou de joie, se fit coiffer soigneusement par son valet de chambre, répandit sur sa personne plusieurs flacons remplis de parfums orientaux et occidentaux, et fringant, tout d'une pièce, et d'airain! — avec un cœur d'or vierge...

il prit, après déjeuner, le chemin du fort en question.

Il suivit tout pensif le chemin de Vincennes.

Il avait prétexté une petite visite à ce bon Clairbois.

A quatre heures précises, Modéran Des Comices, qui avait rêvé tout le long du chemin à son entrevue, en tête-à-tête, avec miss Clara Gobson, loin de Paris, et qui, sans doute, avait également pensé aux cabinets particuliers des restaurants des environs de Vincennes, à quatre heures précises, disons-nous, Modéran Des Comices fit son apparition sur la plate-forme du donjon de Vincennes.

Un groupe de messieurs, assez considérable, au milieu duquel, nonchalamment, se tenait une dame voilée, frappa tout d'abord les regards de Modéran.

Modéran était myope.

Modéran mit son lorgnon sur son nez. Et grâce à cet auxiliaire, il reconnut, tout à coup, avec une surprise voisine de la terreur la plus accablante, que les messieurs en question n'étaient autres que MM. Catapol, Vauvineux, l'Hernia, Clairbois, etc., etc., etc., ses amis les plus chers et les plus dévoués.

Quant à la dame, c'était une épouse offensée qu'il est inutile de nommer.

Elle s'avança, d'un pas tragique, vers le malheureux Modéran Des Comices, et lui dit cette parole imprégnée d'un certain fiel, à voix basse

« Monstre ! Je sais tout !

— Mais, chère amie... je venais examiner, après M. Alfred de Vigny, le donjon...

— Monstre ! — Voici les témoins de vos erreurs... Ils vous ont surveillé,... sans savoir dans quel but, car je ne voulais pas vous déshonorer à leurs yeux. Mais, moi je sais tout ! ne mentez pas...

— Je... pardon... j.... fit Modéran.

— Je sais tout, Modéran, par la raison bien simple que c'est moi qui ai tout préparé pour votre châtiment !... Miss Gobson, ma meilleure amie à l'heure qu'il est, rit aux éclats de votre ridicule amour.

— Grand Dieu ! s'écria Modéran.

— Dans la cabine, poursuivit madame Des Comices, dans la cabine de la *Dorade*, monstre, je l'ai priée de m'aider à vous punir... Vous l'êtes !... Vous voilà sur les dents, brisé, toussant, en proie aux rhumatismes ; vous voilà à moitié mort enfin... je suis vengée ! et je vous pardonne... Allons dîner !...

— A moitié mort, fit Modéran, moi, moi ! un gaillard, tout d'une pièce, et d'airain !... non pas !

— Taisez-vous !... ou je raconte tout à ces messieurs,... que j'ai invités à dîner à la campagne... à vos frais... aujourd'hui. »

Modéran Des Comices, vaincu, s'inclina devant sa femme :

« Oh ! dit-il, me pardonneras-tu jamais, Éugénie Des Comices ?...

—... Née Bachelette. — Oui, reprit madame, mais n'y revenez pas ! »

UN BALLO IN MASCHERA

Au dernier bal de l'Opéra brûlé, banal *monsieur en habit noir,* comme dans l'*Henriette Maréchal,* des de Goncourt, — ces Siamois d'immense talent réunis par une plume, — je promenais tranquillement mes ennuis dans les couloirs, collant de temps à autre mon œil au trou d'une loge.

Fort peu désireux de nouer une de ces intrigues à deux louis par tête, que dévoile dans son prosaïsme effréné la lumière des bougies d'un cabinet particulier, je courais des bordées tristes au milieu des jeunes personnes en habits bariolés, qui se suspendaient, ivres de bêtise, au bras de maris infidèles et de commis en liesse.

De grands cris subits, mêlés de phrases d'argot, plus ou moins originales, déchiraient mes oreilles, rebattues comme celles d'un faune qui a donné sa démission depuis longtemps.

Un groupe de masques attira cependant mon attention. Mes regards se massèrent un instant sur ce point grouillant et criard.

Et je vis au centre d'une foule en délire, mutlicolore où les habits noirs semblaient remplir le rôle de la ponctuation entre des mots incohérents, un personnage bizarre d'allure et de costume qui, pareil au héros calme sur un cheval fougueux, s'avançait, froidement, à travers les fantoches braillards, en levant les bras au ciel.

Il s'écriait de temps à autre, d'un air sinistre : « Mort ! »

**

Le déguisement de cet individu lugubre, assurément étrange au milieu de tous ces costumes, d'une gaîté sans rime ni raison, mérite quelques mots de description.

Il consistait en une jaquette d'été, de coutil blanc, qui paraissait avoir été fripée, déchirée, maculée de boue, comme pendant une lutte opiniâtre. Le col de la chemise était arraché. Pas de cravate. A la place de ce complément d'une toilette bien comprise, une grosse corde de chanvre formant nœud coulant entourait le cou nu de l'inconnu. Un bout de cette corde, fraîchement coupée, pendait entre les épaules.

La figure recouverte d'un masque horrible, violacé, aux yeux sortis de l'orbite, offrait les traces affreuses que laisse derrière elle une agonie terrible.

A la hauteur du cœur, émargeant du gilet haché par place, apparaissait le manche ensanglanté d'un poignard. Des taches de sang constellaient les vêtements de couleur claire de ce spectre vivant.

Enfin, un écriteau, attaché dans le dos de ce gai, très-gai monsieur, apprenait aux passants étonnés qu'ils avaient affaire à un

---

FAITS DIVERS

Jules X...
SUICIDÉ
EN RUPTURE DE MORGUE

On lisait encore, au bas de cette enseigne, les paroles suivantes, prononcées sans doute, en expirant, par l'infortuné cadavre qui promenait dans les couloirs de l'Opéra ses fantaisies d'outre-tombe.

« *Qu'on n'accuse personne de ma mort! J'étais abonné à la* REVUE DES DEUX-MONDES! »

**

Le *Suicidé* obtenait un vif succès. On se serait cru à Londres où les excentricités de ce genre ne sont point rares. On y vit en effet, un jour, un aimable gentleman déguisé en *fœtus* gigantesque se faire traîner, par les rues, dans un immense bocal, par deux amis du meilleur monde habillés en squelettes.

Entraîné par l'exemple, je joignis mes compliments à ceux de la foule. Je félicitai le *Suicidé* sur son goût exquis. Le *fait divers* épouvantable, montrant du doigt le ciel, me repondit : « *Mort!* » puis il me tendit la main. Je la serrai. Elle était *glacée*.

Évidemment cet homme portait une fausse main. Mais le soin minutieux apporté dans la confection de ce déguisement, l'amour avec lequel avait été soigné chaque détail, me firent désirer de connaître plus particulièrement l'homme qui l'avait endossé.

L'occasion me favorisa bientôt. On commençait seulement un de ces quadrilles burlesques et insensés qui ont fait la réputation de trois ou quatre vulgaires danseurs, galvanisés par l'orchestre de Strauss. L'attention du public, se détournant de *Jules X...* avec une prestesse humiliante pour ce héros éphémère, se porta tout entière sur les tableaux intraduisibles que présentait la salle où Paris en démence se tordait, comme en proie à des convulsions épileptiques sans remède.

Nous pûmes alors causer, presque librement, l'inconnu et moi.

C'était — je l'appris au bout de quelques instants de conversation — un homme d'âge mûr, célibataire irréconciliable, et que l'habitude, une habitude d'enfance, à laquelle il ne pouvait résister, ramenait seule tous les ans au bal de l'Opéra.

« Je m'ennuie à... crever, comme tous ceux qui sont ici, d'ailleurs, et qui n'ont pas comme moi la franchise de l'avouer, me dit-il; mais que voulez-vous! le pli est pris. En outre, croyez-moi, ajouta-t-il, en venant au bal masqué, je rends un pieux hommage à la mémoire d'un de mes vénérés parents. Je me sens ici comme dans un cimetière. C'est une manière à moi de me recueillir.

— Tous mes parents, poursuivit le *Suicidé*, parents du cœur et parents du sang, famille et amis, ont dansé dans cette salle. Ils sont partis... tous! Resté le dernier de tout une bande de folâtres vivants, qui firent bondir le plancher de l'Opéra sous leurs pieds aujourd'hui paralysés par le froid du tombeau, j'aime, plaisir triste, à venir errer en compagnie de mes souvenirs, sur ce théâtre de leurs joies passées.

.

— Je vois à votre air stupéfait, continua le sombre masque en secouant sa corde de pendu, que ma confidence vous attire.

— En effet, cher cadavre! je sais bien que de jour en jour l'Opéra devient le Père-Lachaise de la gaîté parisienne, mais encore...

— Je vais vous dire, homme en habit noir, continua-t-il, le motif qui m'a fait chérir à jamais la brillante et bruyante nécropole où nous avons, vous l'ennui de m'écouter, moi l'honneur de vous parler. Ce motif date de loin. Il date de mon enfance, je le répète. Permettez-moi de vous conter une histoire authentique.

8

— Je suis tout oreille. Je regrette même de n'en posséder que deux...

— Eh bien, voici. — Un soir de bal masqué et paré, il y a quarante ans, deux voitures chargées de masques jusqu'au portières s'arrêtèrent sous la marquise de l'Opéra. Huit personnes, de taille, de sexe et d'âge différents, mais gaies comme des lendemains de noce, grâce à l'absorption de quelques verres d'un champagne indiscret, descendirent de ces voitures.

— C'est charmant, mais ça arrive souvent, cela.

— Attendez ! Ces huit masques : une *Bayadère*, un *Astronome*, — un *Domino blanc*, volumineux, — un *Ours*, en soldat, avec paire de lunettes, — un *Turc* orné d'un soleil dans le dos et d'une lune sur le ventre, — un *Sauvage* atrocement tatoué, — une *Royne Isabeau*, — enfin un *Espagnol* superbe, — défilaient, en chantant, assaillis par la bordée traditionnelle de lazzis au gros poivre de la haie de curieux qui attend les danseurs au passage.

— Ohé! l'*Ours*! quel sale mufle! — Un grognard du Jardin des Plantes!

— Hé! la bayadère! une fille d'Inde! Ça se voit.

— Et c' domino. Plus qu' ça d'embonpoint! Mais c'est l' double blanc! Ohé! la p'tite mère, est-ce que tu as avalé ton mari. Prends garde aux cornes. Ça revient.

— Ohé, le *Turc* ! Il est Soliman bête! Il se trompe de porte. C'est au *pal* masqué qu'il veut aller! Auvergnat de Bosphore! Tuez-le!

— Et ainsi de suite, *crescendo*, à l'arrivée de chaque personnage.

— Malgré leur pointe de vin, les masques dont je vous parle se frayaient un passage dans la foule avec une certaine hésitation. Ce que voyant, les titis impitoyables comprirent qu'ils avaient affaire à d'honnêtes bourgeois en partie plus ou moins fine, et les huées redoublèrent, et les allusions peu gazées au sexe présumé du gros *Domino blanc*, de la *Bayadère* et au *Turc* à larges pantalons, se mirent à pleuvoir comme la grêle, drues, sur les pauvres héros de cette ovation carnavalesque.

Enfin la bande parvint au premier étage et s'engouffra dans une loge. La partie masculine de la folle société, l'*Astronome*, l'*Ours*, l'*Espagnol* et le *Sauvage* avaient fait former un bataillon carré qui protégea la retraite des femmes ahuries.

Après quelques instants consacrés à la contemplation de la salle, l'*Astronome*, la *Bayadère*, l'*Ours*, le *Turc*, l'*Espagnol* et la *Royne Isabeau* descendirent sur le plancher des masques, et se livrèrent bientôt, perdus dans la cohue, à des danses modestes tout d'abord, qui peu à peu se transformèrent, grâce aux excitations des couples voisins, en gesticulations inouïes. Les relais au buffet aidaient les jambes à mépriser cette allure sage et naturelle qui leur convient si bien sur le boulevard.

.

— Tout à coup, poursuivit le *Suicidé* en essuyant une larme brûlante, un cri perçant, suivi bientôt d'autres cris non moins aigus, domina le tumulte et la musique elle-même. Tout en continuant d'agiter leurs jambes et leurs bras, comme des pantins désarticulés, les danseurs regardèrent dans la direction d'où partait cette clameur déchirante.

Et l'on vit un *Sauvage*, atrocement peint, le corps à moitié sorti hors d'une loge de balcon, agiter un faux nez abominable dans l'espace en hurlant sans relâche :

— Docteur ! docteur ! docteur !

— Lequel ? répondirent une trentaine de polichinelles, de débardeurs, de Robert Macaire, en riant.

— Le docteur Giraud ! vite, le docteur Giraud ! répétait avec anxiété le *Sauvage*, avec des gestes de Mohicans procédant au scalp d'un ennemi mortel !

Alors, — spectacle étrange, — l'*Ours* harnaché en militaire, et que l'on avait vu dansant des cachuchas impossibles, subitement suivi d'un *Espagnol* et d'un *Astronome*, escalada le balcon au moyen des épaules de ses deux acolytes et disparut dans la loge mystérieuse où le *Sauvage* continuait ses exercices extraordinaires.

— Comme vous le pensez bien, homme en habit noir, l'incident ne passa pas inaperçu. Toutes les têtes se tournèrent du côté de la loge qui venait d'engloutir un *Ours*, appelé « *le docteur* », et l'on se demanda quelle affreuse aventure pouvait bien être arrivée là-haut.

La curiosité poussée au paroxysme inventait les dénouements les plus effrayants. On parlait d'un crime sans pareil, commis à l'instant même. On donnait les détails. Un mari avait empoisonné les sept amants de sa femme. Ils expiraient sous les banquettes, tandis que l'époux infortuné s'ouvrait le ventre en quatre, à l'aide d'un docteur, nommé Giraud, une lumière de la science.

Enfin la Vérité, cette déesse facile à loger, même en voyage, puisqu'elle n'exige qu'un puits pour entresol, apparut dans sa sévère nudité, et la foule apprit avec une surprise agréable qu'une dame enceinte, poussée par une envie bien excusable, n'est-ce pas, dans sa position si intéressante, avait voulu absolument aller au bal masqué. Longtemps on avait combattu cette idée absurde. Mais ce que femme, et femme dans cet état veut... Dieu le veut... La chère dame, au comble du bonheur, était donc venue à l'Opéra, en famille, accompagnée en outre de son docteur, de la sage-femme et de sa bonne.

L'émotion inséparable d'un premier début, la musique, la chaleur, l'effet de la voiture, le bon dîner, le champagne, tout enfin avait contribué à avancer le terme fixé par la nature : et la pauvre chère enfant, comme disaient les ouvreuses, n'en avait plus que pour un quart d'heure.

⁎

En apprenant cette nouvelle, trente-deux étudiants en médecine, donnant le bras à seize élèves sages-femmes, qui se trouvaient dans la salle, vinrent apporter leurs cartes et leurs compliments à leur heureux confrère l'*Ours*, qui vint les recevoir à la porte de la loge, retroussant ses pattes, sa tête d'ours renversée en arrière, comme le capuchon d'un *Capucin*, quand il fait beau.

Cet enfant, parfaitement constitué, que l'orchestre salua de joyeux accords, c'était moi, monsieur, continua le *Suicidé*. Vous comprenez maintenant pourquoi je porte dans mon cœur ces banquettes qui furent mon berceau.

Le *Sauvage*, c'était mon père, le *Domino blanc*, ma mère !

Hélas ! ils ne sont plus ! Et voilà pourquoi, homme en habit noir, chacun des quadrilles que je danse dans cette salle me semble être une couronne posée sur une tombe !

LA BLETTE ROMPUE

La scène I du drame de famille que nous vous racontons aujourd'hui, avec un plaisir mêlé d'angoisse, se passait l'été dernier, vers dix heures du matin, devant le marchepied crotté d'un break antique et poussiéreux qui stationnait dans la cour de l'hôtel de la *Vierge et du Commerce* (sic).

L'hôtel de la *Vierge et du Commerce* (sic) est le plus joli des monuments d'Océanville, triste et vaste port de guerre situé sur la côte normande.

Deux personnages de même sexe, et quel sexe! — le sexe qui trouve, dans l'état de mariage, une si drôle de façon de « *couronner l'édifice* » — se tenaient devant le marchepied en question.

Ils s'invitaient avec un déploiement incessant de contorsions et de grimaces polies à passer l'un devant l'autre.

« Après vous, madame! disait en souriant avec humilité madame Mamelon, forte et vénérable créature aux yeux saillants, qui portait comme coiffure de voyage une espèce de tourte noire, ornée d'une touffe de fleurs jaunes d'une taille absurde.

— Montez donc, ma chère, je vous en supplie, ripostait avec non moins d'humilité la sèche et altière Sidonie de Préampaille, vêtue de violet ardent, et dont la figure désagréable était surmontée d'un chapeau inouï, composé d'une masse de tulle vert, d'un bouquet de roses bleues et d'un paquet d'herbes variées.

— Je n'en ferai rien, chère madame.

— Je vous en conjure ! là !

— Non... après vous... madame...

— Allons, je vous obéis, ma belle... »

En proférant ces paroles suprêmes, madame de Préampaille passa devant l'excellente madame Mamelon, et posa sur le marchepied, prix de la lutte, un pied long et maigre.

L'instant d'après, la noble madame de Préampaille se trouvait assise violemment, grâce à un mouvement des chevaux, sur la banquette du breack.

Madame Mamelon s'installa bientôt en face d'elle.

Puis, ces dames appelèrent ces messieurs, et les enfants qui piaffaient d'impatience dans la cour de l'hôtel.

« Béarn, venez ici, mon enfant ! venez près de moi, mon cher enfant, s'écria madame Mamelon en touchant de son parasol blanc l'épaule d'un grand garçon, correctement costumé, et porteur de couvertures de voyage, absolument comme s'il allait passer le Saint-Bernard.

— Avec plaisir, madame, répondit le grand garçon

interpellé. Mademoiselle Claire se mettra près de maman.

— C'est cela, dit majestueusement madame de Préampaille, souriant à son fils.

Puis elle ajouta :

« Allons, messieurs, en voiture !

— Les voyageurs pour les falaises de Manchebourg en voiture ! cria à son tour le grand garçon, qui porte le nom sonore de Béarn.

M. Mamelon, et le chevalier du Gave de Préampaille, ancien chambellan de S. M. Louis-Philippe Ier, invités par les cris de Béarn, se décidèrent enfin, interrompant leur conversation, à gravir le marche-pied du breack.

Le cocher rassembla les guides, assura le fouet dans ses doigts velus, et sourit d'un air aimable aux bonnes de l'hôtel rassemblées sur le perron, en touchant ses bêtes, qui, balançant leurs pauvres têtes, comme des lapins en plâtre, se mirent en route avec résignation.

Ainsi se termina la scène I du drame de famille que nous vous racontons aujourd'hui avec un plaisir mélangé d'angoisse.

La scène II a pour décor la route jaune, bornée d'ajoncs en fleurs, qui se déroule, — semblable à une bretelle démesurée oubliée sur le sol par un géant distrait, — de l'octroi d'Océanville, au petit village de Jarnicoton.

Jarnicoton est à six lieues d'Océanville, au bout d'un cap célèbre par ces falaises étonnamment découpées.

C'est à Jarnicoton que descendent les curieux qui ont l'intention de visiter les anses, lacs, baies, pointes, récifs, îlots, cavernes, etc., etc., de Manchebourg.

Jarnicoton est un endroit sauvage, illustré par un patois des plus colorés, et où l'on dit par exemple d'une personne coquette :

« *Min Die! qu'elle est piaffeuse!* »

C'est à Jarnicoton également qu'on dit en parlant des trous que produit la cuisson dans une crêpe de sarrasin :

« Vère! — *elle rêve!* »

Bref, Jarnicoton est un endroit perdu dans les landes, à trois kilomètres des falaises de Manchebourg; les seuls étrangers qu'on y rencontre de temps à autre, ce sont les baigneurs d'Océanville, en quête de distraction.

Les Mamelon et les Préampaille, condamnés par le ton moderne à faire une saison au bord de la mer, avaient, au bout de trois semaines de Casino, senti le besoin de se dégourdir les jambes et les yeux, si j'ose m'exprimer ainsi, et ils avaient formé le projet d'aller visiter de compagnie les rochers effrayants de Manchebourg.

Pendant que le breack poussiéreux et vermoulu traverse au petit trot des endroits dont le nom se termine invariablement par *ville*, tels que Saqueville,

Ponqueville, Digneville, Hagueville, Omonville, Diluleville, Beteville, Sotteville, il est de notre devoir de donner à nos lecteurs quelques renseignements sur la précieuse et lourde cargaison que transporte la voiture de l'hôtel de la *Vierge et du Commerce.*

On l'a sans doute deviné, un projet d'alliance offensive et défensive est près d'être signé entre les Préampaille et les Mamelon.

Claire Mamelon et Béarn de Préampaille, qui s'aiment « comme des tourtereaux », à ce que disent les deux heureuses mères, sont déterminés à se lier à tout jamais devant l'autel, après avoir comparu en présence d'un maire ceint d'une écharpe qui ne rappelle que bien vaguement celle de la légère Iris, messagère des Dieux.

Ils s'aiment « comme deux tourtereaux ».

Cela a commencé sur le galet, cela s'est continué au concert du Casino, cela doit se terminer dans le IIIe arrondissement en octobre.

En attendant cet heureux jour, triomphe des bottines trop étroites et des gants trop larges, Béarn et Claire, sous les feux combinés des regards paternels et maternels, se livrent à l'occupation ordinaire des — tourtereaux ; occupation que nous essayerons de traduire sommairement par les onomatopées suivantes :

« Rrrou... coû !... Rrrou... coû !... »

Ce qui est charmant pour les tourtereaux, mais

diablement agaçant pour la galerie, surtout quand elle est composée de célibataires peu endurcis.

Heureusement, sur la route d'Océanville à Jarnicoton, les roucoulements de Claire et de Béarn n'ont pour témoin que des vaches et des moutons.

Les célibataires du Casino respirent.

Cependant l'amour des « deux tourtereaux », lorsque les parents s'occupent des points de vue, se décèle par un baiser pris et donné rapidement à la dérobée.

Cette marque furtive de tendresse est parfois surprise pas les yeux d'une jeune paysanne, en train de mener des oies sur le bord du chemin, et cela la fait rougir.

L'enfant sauvage regarde ces Parisiens qui s'embrassent, tandis que les parents feignent d'admirer le paysage, et c'est d'une voix un peu oppressée qu'elle se remet à chanter, quand le break a disparu à l'horizon :

> Ma commère Marion,
> Prêtez-moi un faucillon,
> Pour couper une épinette
> Pour fesser Augustinette
> Nette, nette, nette !

Enfin, après avoir fourni matière à conversation pour les commères de trente-trois villages en *ville*, la voiture bruyante s'arrête devant la porte de l'unique auberge de Jarnicoton.

Et c'est ainsi que se clôt la scène II du drame de

famille, que nous vous raconterons aujourd'hui avec un plaisir mélangé d'angoisse.

Scène III ! — La scène III commence par des rires gros et discrets.

Les gros rires sont éjaculés par Mamelon Senior et sa femme.

Les Préampaille expectorent les rires discrets.

Ils rient, ma foi, je ne sais pourquoi ; peut-être, parce qu'il est dangereux qu'on rie au commencement d'une partie de plaisir.

Le cocher du breack, qui a de la barbe sous le menton comme un marin, rit également. Les chevaux rient tristement.

L'aubergiste rit d'un air heureux.

Les oies éparses dans la cour de l'auberge s'éparpillent en gloussant de rire.

Et dans une étable lointaine, la voix grave d'un veau se fait entendre tout à coup, comme celle d'un malade impatienté et grognon, qui demanderait de sa chambre :

« Eh bien, qu'est-ce qu'il y a donc ? »

Les rires éteints, on procède aux apprêts d'une omelette volumineuse, ponctuée de lardons bruns.

Les tourtereaux se bourrent de pain de sarrasin et d'orge, une friandise que l'estomac humain digère à peu près aussi facilement qu'un verre de mercure.

Grave imprudence !

Enfin, « du nid charmant caché sous le fumier (*air*

connu), on tire les éléments de l'omelette demandée.

Le feu pétille. La poêle reluit. Le beurre fume.

Enlevez l'omelette !

La scène III de ce drame de famille que... etc., etc., s'achève sur un coup de vin de Bordeaux, excellent à Jarnicoton.

Et les Mamelon, donnant le bras aux Préampaille, partent pour les falaises, conduits dans la carrière par le fils aîné de l'aubergiste.

Passons à la scène IV.

Elle a lieu sur le gazon maigre, au sommet d'un gigantesque amas de roches stratifiées, au lieu dit la *Blette-Rompue*.

La *Blette-Rompue* est une anse sinistre : un bâillement énorme des falaises ; la mer se rue en hurlant dans cette sorte de gueule toujours ouverte, et déchire ses lames épaisses aux crocs du rocher, qui dégouttent sans cesse d'une bave amère et d'un blanc cru.

Il y a des grottes hideuses et des grottes charmantes à la base des hautes murailles de granit de la *Blette-Rompue*.

On dirait que la mâchoire terrible dont nous parlions tout à l'heure, a perdu quelques-unes de ses dents formidables, et les alvéoles dégarnies forment les antres obscurs ou gracieux que nous avons signalés.

Mais remontons des grottes de la *Blette-Rompue*, jusqu'au gazon maigre du sommet de ses parois géantes.

Les Préampaille et les Mamelon, négligemment couchés sur un lit d'ajoncs, qui se permettent parfois de traverser de leurs pointes le drap léger des culottes, devisent en fumant, l'œil fixé sur l'étendue.

Ils fument en devisant, les messieurs du moins, et les dames causent en faisant pirouetter leurs ombrelles blanches entre leurs doigts.

Claire et Béarn accompagnés par le jeune guide, sont descendus visiter les grottes.

« Ce sont deux tourtereaux, madame, soupire la grosse madame Mamelon ; et tandis qu'elle soupire, les fleurs jaunes de son chapeau palpitent.

— De véritables tourtereaux, madame, reprend la fière madame de Préampaille. Et sa tête s'agite. Telle une fleur ridicule au souffle du zéphir.

— Ce sera un heureux ménage ! madame

— Un couple charmant, madame.

— La consolation de nos vieux jours, madame.

— D'aimables bâtons de vieillesse, madame.

— Oh !... pas encore... madame.

— C'est évident, madame... »

De leur côté, les messieurs parlent à cœur ouvert.

« Béarn fera son chemin. Je connais mon sang ! dit M. Du Gave de Préampaille.

— Claire est une bonne créature. C'est sa mère trait pour trait, dit M. Mamelon, ancien fabricant d'agrafes, retiré des corsets. »

Ici, M. de Préampaille s'incline poliment, mais il pince les lèvres.

Puis il reprend :

« Je connais mon sang ! Béarn arrivera à de hauts emplois. Nous ne nous rallions pas. Mais nous ne voulons pas rester stationnaires, quand la France marche en avant.

— Claire est faite pour briller dans le monde. Sa fortune lui permet de lutter avec les plus...

— Je connais mon sang ! avec son nom, avec mon passé, avec la voix de l'histoire...

— Avec la dot large que nous donnons à notre enfant unique, nos jeunes gens ne peuvent que gravir les échelons extrêmes de la société.

— Mon sang en répond !

— Le sang et l'argent sont des moteurs puissants.

— Puissants est le mot, monsieur.

— Nos enfants s'aiment, monsieur.

— Ce sont deux tourtereaux, monsieur.

— Deux véritables tourtereaux, monsieur. »

Fin de la scène IV.

A cet instant le drame de famille que nous avons l'honneur, plaisir qui n'est pas exempt d'angoisse, de raconter aujourd'hui se corse d'une façon terrible, comme on dit en style de théâtre.

Et la scène V, s'ouvre par un grand cri.

Ce cri est proféré par le guide haletant.

Les dames se troublent. Les hommes, plus fermes, se contentent d'échanger ce regard anxieux qui signifie :

« Qu'est-ce qu'il lui prend à cet imbécile-là ?

— Pris par la marée ! murmure enfin le jeune indigène de Jarniçoton.

— Qui cela ? mon ami, demande majestueusement M. de Préampaille.

— Eh bien, ce monsieur et cette dame, répond le garçon.

— Béarn ! s'écrie madame de Préampaille, serrant son ombrelle sur son cœur à la briser.

— Claire ! gémit madame Mamelon, cédant à son inquiétude, et tombant sur une touffe d'ajoncs acérés.

— Oh ! mon Dieu ! dit en pâlissant le père de Claire.

— Mon sang ! hurle, le noble individu qui a donné le jour à Béarn...

— Mais *il n'y a pas de soin* (pas de danger), reprend le guide en son patois.

— Plaît-il ! implorent quatre voix désolées.

— Il n'y a pas de soin. — Ce monsieur et cette dame sont en sûreté sur la *Roque-Nère ;* seulement il faudra qu'ils espèrent six heures.

— Espèrent ? répètent les voix désolées.

— Ils n'ont pas voulu que je les accompagne dans les grottes... ajoute le jeune guide, avec un sourire imperceptible...

— Mon sang ! murmure M. du Gave de Préampaille.

— Brave comme un lion ! soupire M. Mamelon.

— Ils m'ont dit de l's attendre... je l's ai attendus,

et comme la *mé* montait, je leur ai *préchi*... Ils n'ont pas voulu m'écouter...

— Ah! mon Dieu! ils sont perdus! s'exclament les deux mères.

— Oh! *nannin*, madame! — je leur ai dit de s'buter sur la *Roque-Nère*. La *mé* n'y vient pas. Il n'y a pas de soin. Seulement ils en ont tout de suite pour six heures, da!

— Merci, mon Dieu! dit alors madame Mamelon. Dans six heures nous les reverrons...

— Quand la *mé* sera basse... *Vère*, madame, *vère!*

— C'est long six heures! Ah! les pauvres enfants! Six heures sur une roche noire... Heureusement, ils s'aiment comme deux tourtereaux...

— Comme deux tourtereaux!

— Alors patience, mesdames, dit M. de Préampaille. Attendons ces imprudents...

— C'est la faute de M. Béarn, j'en suis persuadée, reprend madame Mamelon.

— Oh! madame, mademoiselle Claire est bien étourdie, entre nous...

— Oh! madame!... M. Béarn est d'un évaporé...

— Votre Claire est un peu folle, madame... »

Arrêtons sur ces mots, qui prennent la saveur du vin exposé au soleil, la scène V du drame de famille que... etc., etc.

La scène VI se passe dans une grotte de la Blette-Rompue. On l'appelle le *Trou-aux-Flies*.

La Flie est un coquillage univalve qui ressemble à une pustule du rocher.

Béarn et Claire, tous deux un peu pâles, se tiennent debout, à l'entrée du *Trou-aux-Flies* sur la *Roque-Nère*, qui semble le palier d'un énorme escalier de géant.

En voyant les flots tumultueux escalader en hurlant les assises inférieures de la Roche-Noire, Claire eut un beau cri.

« Mourons ensemble ! »

Béarn, ému, répéta le mot avec le même enthousiasme.

Mais l'instant d'après, ayant examiné la ligne noire qui indique, à la division d'un étiage colossal, le niveau que la mer atteint à chaque marée, Béarn ajouta plus froidement :

« Nous sommes en sûreté, mademoiselle. La mer ne peut monter jusqu'à nous.

— Vous le croyez, Béarn?... C'est égal, laissez-moi recommander mon âme à Dieu.

— Mais puisque je vous dis que nous n'avons rien à craindre ici...

— Qu'en savez-vous?...

— Je vais vous l'expliquer. »

Et Béarn se tua à expliquer à sa fiancée, folle de terreur, et que le pulvérin des lames commençait à mouiller des pieds à la tête, que la mer ne pouvait couvrir la Roche-Noire que dans la grande marée.....

Mais Claire ne l'écoutait pas. Les yeux hagards,

prise de vertige, étourdie par le vacarme de l'eau qui battait avec furie les roches et lançait des galets comme une catapulte, elle courait, en se tordant les mains sur la plate-forme luisante, et pleurait.

« Ma chère petite, ne soyez pas si peureuse, lui disait Béarn. Je vous jure que nous ne courons aucun danger en restant dans le *Trou-aux-Flies*, aucun, enfant !

— C'est notre faute... Dieu nous punit !...

— Enfant !... Écoutez-moi, je vous en supplie...

— Non ! non !... Nous allons être noyés !

— Noyés ?... Tenez, si vous voulez ôter vos bas et retrousser votre robe... nous pourrions traverser, là-bas, entre ces rocs, et grimper le long de la falaise.

— Oter mes bas ! reprit Claire, subitement interloquée et rougissant... mais vous n'y pensez pas, monsieur...

— Allons, Claire !... quoi ?... Il ne faut pas la faire à la Virginie de M. Bernardin de Saint-Pierre..., dit en souriant Béarn, qui avait repris tout son sang-froid, et voulait rassurer sa compagne...

— Oh ! maman !... maman !... criait Claire... et vous osez rire... Béarn !...

— Eh ! oui, ma petite femme !... ôtez vos bas, et nous allons franchir...

— Non ! non ! non !... j'aime mieux mourir...

— Voyons, Claire, vous allez être ma femme... vous pouvez bien ôter vos bas devant moi...

— Votre femme ! mais... je ne la suis pas encore...

— Affaire de quelques jours, mademoiselle l'entêtée.

— Entêtée !... C'est vous qui m'avez conduite à la à la mort... Ah ! maman !...

— Mais je vous dis qu'il n'y a pas de danger, mauvaise tête... c'est de la puérilité à la fin ! c'est stupide !...

— De la puérilité !... je suis stupide !... Oh ! je le savais bien que je plaçais mal mes affections !... Mon Dieu !... il m'insulte... parce que je ne veux pas me conduire comme une misérable... au moment de paraître devant Dieu... parce que je ne veux pas me mettre nue !...

— Mais il s'agit de vos bas !... entêtée... et puis, pardonnez-moi, Claire... je vous ai dit un gros mot tout à l'heure... mais vous m'aviez poussé à bout. »

Poussé à bout !... moi !... moi pauvre victime...

En ce moment une forte lame, soutenue par le vent, vint inonder le couple amoureux.

Béarn qui s'était jeté aux genoux de Claire fut trempé comme une soupe.

Et Claire avala une grande quantité d'eau salée, qu'elle cracha en sanglotant.

Cela termina la scène VI.

Scène VII et dernière, en manière d'épilogue.

Sur la route qui se déroule de Jarnicoton à Océanville, et qui ressemblait plus que jamais à une vieille bretelle sans limite, oubliée dans les landes par un géant distrait, vers sept heures du soir, l'été dernier, un breack poussiéreux et vermoulu s'avançait péniblement.

Les chevaux dodelinaient de la tête comme font les lapins en plâtre.

Le breack ramenait à l'hôtel du *Commerce et de la Vierge*, les six héros du drame de famille que nous venons de raconter avec un plaisir mélangé d'angoisse.

Ces six personnages étaient muets et abattus.

Muets et abattus étaient ces six personnages, que conduisait un cocher orné d'une barbe sous le menton, comme un marin.

Mais, si l'on avait pu lire dans le cœur de chacun d'eux, on aurait vu inscrite en lettres noires cette phrase significative, suivie d'un joli point d'exclamation :

« Tout est rompu ! tout est rompu ! »

Et de temps en temps, au moment où M. du Gave de Préampaille, ancien chambellan, disait à mi-voix à sa femme et à son fils :

— Quel vilain pays !

Au même instant, madame Mamelon, fabricante d'agrafes, retirée du corset, disait à voix basse à sa fille et à son époux :

« Quelle contrée dégoûtante ! »

LE VIEUX LINGE

Notre ami Corbineau (dans l'intimité Corbinemuche) avait bien voulu nous faire le plaisir de déjeuner avec nous, dimanche.

Nous déjeunions donc, et de grand appétit, ma femme, Corbinemuche et moi. Corbineau est un homme déjà lancé sur la pente extrêmement savonnée de l'âge mûr. C'est vous dire que « *il n'y a plus beaucoup de mouron sur la cage* » de notre ami Corbineau, selon le langage des classes dirigeantes. Oui, notre ami Corbinemuche est légèrement chauve, et le brave garçon n'a pas gardé plus de prétentions que de cheveux. C'est un homme tout rond ou carré, comme vous voudrez. Il en conte de bonnes, à l'occasion, au dessert. Et nous de rire, comme disait J. Janin. Nous aimons fort notre ami Corbinemuche. Aussi n'est-il ni guindé, ni cachotier avec nous. Souvent il nous découvre un coin de son âme. Il nous fait part d'une de ses déceptions. Et nous de le plaindre, toujours comme écrivait J. Janin.

Dimanche, Corbineau venait de décapiter une asperge, et après avoir essuyé sur sa moustache un reste de cette sauce qu'on appelle blanche parce qu'elle est toujours jaune (mystère de la cuisine!), il nous dit.

« Oh! que c'est bon d'avoir une serviette souple, douce, et sentant l'iris! Vive le vieux linge!

— Corbinemuche, ne *bêchez* pas notre service de table ; respectez les invalides! répondis-je.

— Invalides!... Non pas, reprit Corbineau. Je n'aime que le vieux linge. Je suis payé pour cela, d'ailleurs, ajouta-t-il avec un gros soupir. »

Et nous de l'interroger de l'œil. Pourquoi notre ami Corbineau soupirait-il en parlant de serviettes? Pourquoi ses paroles témoignaient-elles d'une certaine amertume à l'égard du linge neuf et tout frais sorti du cylindre?

A nos regards questionneurs, le bon Corbinemuche répondit ce qui suit en s'adressant à ma femme :

« Ma chère enfant, je vous demande bien pardon d'avance. Je vais dévoiler un coin de mon âme. L'explication que je suis prêt à vous donner de mon peu d'amour pour les serviettes empesées à outrance contient un point scabreux. Ce point, je ne le dissimulerai pas. Voici le fait. »

Notre ami Corbineau, après avoir pris cette petite précaution oratoire, se versa un joli verre de vin, le but, et commença son récit en ces termes :

« Comme beaucoup de célibataires de mon âge, j'ai eu naturellement, plusieurs fois, l'occasion de me marier. Je vous dirai même que ces occasions, je les ai cherchées, et, à ma prière, des amis les firent naître. Trois fois je fus mis en présence de personnes aimables et dont le caractère me plaisait infiniment. Je ne fis pas sur elles, malheureusement, l'impression qu'elles produisaient sur moi. Pourquoi? Je ne saurais vous le dire.

— Et nous ne saurions le dire non plus, mon cher Corbineau, glissâmes-nous poliment.

— Je vous remercie, poursuivit Corbineau. A ma quatrième tentative de mariage, je crus arriver enfin au comble de mes vœux. Des amis communs m'avaient mis en rapport avec une famille peu gracieuse, mais qui renfermait — (telle une châtaigne savoureuse dans son écorce hérissée de pointes) — une demoiselle âgée de quelques années de moins que moi (il y a quinze ans de cela) et qui me semblait avoir toutes les qualités requises pour faire une excellente épouse et une mère de famille des plus enviables. La famille d'Aglaé ne se révoltait pas trop à l'idée de me voir devenir l'un de ses proches parents. Un jour, on m'invita même à un grand dîner donné en l'honneur de je ne sais quel anniversaire. Je hais les grands dîners, surtout ceux qui ont lieu dans les familles hérissées de pointes comme l'enveloppe des châtaignes. Les petits plats dans les grands, la solennité, la tenue irréprochable, l'habit noir, les quatre verres devant l'assiette, tout cela est bien fait pour paralyser, pour glacer, pour anéantir les facultés d'un homme timide, déjà sur le retour, et qui soupire pour une jeune personne. A sa crainte de commettre une bévue, à son effroi de se sentir examiné par les yeux de toute une famille de critiques, se joint la pensée de ne pas charmer l'idole, et de lui paraître, au contraire, triste, peu galant, ennuyeux, en un mot, absolument démodé.

Ce fut donc le cœur chargé de ce bagage de réflexions désagréables et décourageantes que je m'assis à côté d'Aglaé, quand l'heure eut sonné de ce dîner redoutable.

La table était couverte de tout ce que le luxe bourgeois peut inventer, linge magnifique, porcelaines décorées, cristaux pesants, fleurs artificielles, enfin argenterie que l'œil d'un gendre peut contempler avec plaisir, mais que l'œil d'un artiste examine avec ennui.

Devant moi, dressée comme un volcan, était une serviette damassée, reluisante, empesée de stéarine et de gomme, cylindrée à l'excès, une vraie planche de marbre roulée.

Dans le cratère de ce volcan reposait un petit pain doré.

J'ôtai ce petit pain. Et je voulus étendre ensuite ma serviette sur mes genoux. Elle s'y refusa d'abord avec obstination. Mais peu à peu je vainquis son inflexibilité et elle consentit à s'étaler, roide et luisante, sur le drapeau noir et luisant de ma culotte de cérémonie.

Oh! le linge neuf!

Au bout de trois secondes, et comme je me penchais vers Aglaé pour lui offrir des radis, je sentis ma luisante serviette glisser tranquillement sur mes genoux. Je voulus la retenir, tout en souriant à Aglaé, et pour cela je crispais les muscles de mes jambes. Soins inutiles! La serviette tomba. Je me baissai. Quand je me relevai, pourpre de rage, je sentis que l'épingle de mon faux col — l'épingle de salut! — s'était dérangée. Sa pointe se mit à m'aiguillonner le cou sans cesse. Je continuai à sourire, en regardant Aglaé, mais comme l'empereur Montézuma, je ne me trouvais pas sur un lit de rose. Abominable épingle! Elle se conduisait avec la peau de mon cou, comme le petit renard classique avec la peau de l'estomac du jeune Spartiate. Quelles morsures continuelles! Je souriais toujours à Aglaé. Cependant, mon sourire devint affreux lorsque je constatai qu'il était absolument impossible d'essuyer mes moustaches avec la serviette que le destin m'avait offerte. Autant s'essuyer avec un morceau de zinc!

A quatre reprises, la misérable serviette luisante glissa de mes genoux sous la table. Quatre fois je dus me précipiter à sa recherche, rompant dans l'effort, ça et là, quelque cordon de ma toilette intime. Mes souffrances furent vives. Ma face offrait les tons violents de la figure d'un apoplectique. Mais je souriais toujours à Aglaé. Elle, elle riait en dessous, l'infâme!

A la septième fois, les murailles ne tombèrent pas, comme à Jéricho, au son de la trompette, mais...

— Achevez, Corbinemuche! achevez! »

Et Corbineau continua de la sorte :

« A la septième fois..., je vous demande bien pardon, madame..., au moment où je me glissais sous la table à la recherche de cette méprisable serviette... un bruit...

— Qui n'avait rien d'humain?

— Qui avait tout d'humain, au contraire, se fit entendre! — Quand j'eus le courage de me relever, quand je repris mes sens enfin sous les regards aigus de toute une famille courroucée, je vis bien que je ne serais jamais l'époux d'Aglaé! — Et moi, je ne lui souriais plus, j'étais vert de honte...

— Ce pauvre Corbineau! nous écriâmes-nous.

— Et voilà, ajouta Corbineau, pourquoi je suis resté célibataire, et pourquoi je hais tant le linge neuf, luisant, cylindré, inflexible. »

LA FEMME SANS TÊTE

Samedi dernier, au Bois, pendant que le Ciel, ce discret collaborateur de la Faculté, distribuait d'une main libérale les rhumes et les bronchites, sous les apparences d'une douche impétueuse de neige fondue aux plus agréables représentantes du meilleur demimonde, alors éparses dans la Grande-Avenue, deux jeunes cavaliers, — que n'enveloppait aucun manteau couleur muraille, hélas ! — causaient, attendant une acalmie problématique, sous le toit de chaume d'un de ces rustiques *Abris* que le paternel M. Alphand a fait construire, çà et là, au sein des fourrés de chênes — civilisés — dernier espoir des chenilles, ces locataires de la feuillée que nulle expropriation ne peut frapper au cœur !

Les chevaux fumaient, comme après la pluie, les toits humides au soleil. Une atmosphère épaisse entourait les jeunes cavaliers. Ceux-ci, — loin des regards des hommes, — battaient de la semelle dans les étriers, et, par instants, soufflaient prosaïquement sur leurs doigts roidis sous la peau des gants.

Au moment où les deux nobles bêtes (je parle des chevaux) rapprochaient amicalement l'une de l'autre leurs têtes fines, et commençaient à fouiller le sol du sabot ; un troisième cavalier, brusquement, fit son entrée sous l'*Abri*.

Ce caballero, d'un certain âge, d'une mine refrognée, mais de bonne tournure, esquissa un haut-le-corps poli, en s'installant en face des deux jeunes gens, puis, muet, il se mit en devoir d'allumer un cigare.

Les trois chevaux se subodorèrent bruyamment.

Les premiers habitants du toit de chaume, après un instant de silence consacré à un rapide examen de la personne de l'inconnu, reprirent leur conversation à voix haute :

« C'est une toile merveilleuse ! Ce sera le succès du Salon ! certainement ! disait l'un.

— Vous parlez du portrait demandait l'autre.

— Non pas ! — Je parle de la *Femme sans tête*.

— Eh !... le portrait est magnifique ! Quelle vie ! quelle grâce ! J'ai entrevu la comtesse à Trouville cette année. Je puis vous assurer, mon cher, que Matara a fait là un chef-d'œuvre !

— Chacun son goût, cher ami. Pour moi, c'est à la *Femme sans tête* que je décerne la médaille...

— Sans doute cette étude de nu est poussée aussi loin que possible. Mais, je le répète, cela ne m'intéresse pas autant que le portrait de la comtesse.

— Vous l'avez vu dernièrement?

— La veille de son envoi à l'Exposition. Nous étions là une vingtaine de visiteurs. La *Femme sans tête* les rendait fous de joie la plupart.

— Je le crois sans douleur.

— Un monsieur même a demandé le nom et l'adresse du modèle à Matara ; c'est José qui me l'a répété hier.

— Celle-là est forte, par exemple ! — En effet, le modèle doit être une créature exquise ! Où diable ce Matara déniche-t-il des Vénus de ce calibre ? Quelque princesse amoureuse de l'art, — et de l'artiste, — cela s'est vu, n'est-ce pas ? aura peut-être laissé tomber ses nobles voiles devant lui.

— Qui sait? Vous riez, mon cher. La vérité est souvent dite en riant.

— Que voulez-vous insinuer par là?

— Dame. Moi j'aime à faire des rapprochements. Cette belle tête sans corps, à mon humble avis, pourrait fort bien s'adapter à ce beau corps sans tête; hé?

— Quelle mauvaise langue vous faites, cher ami!

— Que voulez-vous? Dans les ateliers, je le tiens de plusieurs artistes, personne ne connaît l'original vivant de cette adorable copie. Le fait est très-rare d'un modèle ignoré. De plus, José Matara questionné, a pris la pose d'Harpocrate, dieu du Silence, un doigt sur la bouche et l'air mystérieux.

— Bah? c'est étrange. Et pourtant... la secte des imitateurs et des voleurs d'idées est nombreuse, sous le beau ciel de la France, c'est connu; José Matara a craint peut-être, en montrant son modèle, qu'un ami dévoué...

— Non! je ne crois pas cela. Je suis pour le mystère. Et puis, dans cette peinture très-soignée, faite avec amour, *fignolée* et léchée même par endroits, je vois la trace d'un pinceau conduit par une main passionnée. Il y a un roman là-dessous, mon cher. Nous le saurons plus tard.

— A votre aise, cher ami... Mais je pense que vous avez tort de prendre José pour un Canova.

— Bon! bon! — En tout cas, voici que la neige a cessé de tourbillonner dans l'air. Si nous nous en allions d'ici. Un bon temps de trot sérieux pour nous réchauffer, voulez-vous?

— Soit. Kt! kt! »

Et les deux jeunes gens s'éloignèrent, au grand trot, frôlés par les branches humides, en suivant un sentier qui rejoignait le chemin « réservé aux cavaliers. »

Le troisième cavalier, témoin auriculaire de leur conversation, sembla près de se précipiter à leur poursuite, la cravache haute.

Mais il se contint, et, pacifiquement, mais l'air, plus sombre que jamais, il reprit, se fiant à l'instinct de sa bête, la route de Paris.

J'ai eu le plaisir, mesdames, de vous faire assister à un dialogue, tout à l'heure; c'est un monologue, à présent, que je vous prie d'écouter. On fait ce qu'on peut n'est-ce pas?

Le comte Béroalde de Noirchausse (noblesse « de *Cloche* », et datant à peine de Louis XV, peuh!) retournait donc à Paris, au pas fantaisiste de son cheval, la main sur la cuisse, le corps voûté comme celui d'un vieux maréchal qui assiste à un défilé; il s'interrogeait de la façon suivante :

« Les insolents! auraient-ils dit la vérité? — Oh! ce José Matara ne triomphera pas longtemps! Le misérable! Un gueux que j'ai déniché... Tonnerre!... mais j'y pense, c'est ma femme qui l'a produit dans le monde. C'est elle qui m'a fait acheter, l'an dernier, sa toile stupide... Aveugle que j'étais! Ah! madame,

vous me compromettez avec ce gratteur de palette!
Ah! vous osez... Mais que sais-je? Soyons calme.
C'est moi, après tout, qui ai commandé, commandé,
oui! à ce garçon sans talent aucun, de faire le
portrait de la comtesse. C'est moi qui l'ai envoyée
chez lui. J'y allais parfois. Mais elle, elle!... elle était
là, toujours; ils étaient seuls... Allons, c'est impossible! — La comtesse est toquée de ce Matara, oui,
mais elle n'aura pas oublié ce qu'elle me doit, ce
qu'elle se doit à elle-même. C'est impossible! On n'a
jamais entendu parler de cela dans Notre Maison! —
Servir de modèle alors?... »

Le comte Béroalde de Noirchausse, arrivé à la
hauteur de l'Arc de Triomphe, arrêta court son
cheval étonné.

« Où dois-je aller? Cravacher le barbouilleur? Ou
bien demander un mot d'entretien à ma femme?... »

Le comte, ayant dit, toucha légèrement de l'éperon
le ventre crotté de son palefroi, et il se dirigea vers sa
demeure, située dans une des rues les plus banales du
quartier de la Madeleine.

A peine débotté, le rouge au front, il eut avec son
valet de chambre un entretien d'une durée remarquablement longue, à l'issue duquel M. Georges, le
serviteur en question, sortit de la chambre, grave,
mais dissimulant à grand peine un rire au coin de ses
lèvres glabres.

La conversation particulière qu'eurent ensemble,
en grand secret, M. le comte Savinien Béroalde de

Noirchausse d'Ypreville, d'une part, et M. Georges Rigode, son valet de confiance, d'autre part, eut un résultat que nous ne pouvons passer sous silence.

Le lendemain, vers six heures, M. le comte étant resté chez lui pour cause de douleurs dans le bras gauche, deux lettres furent mystérieusement apportées par Georges à son maître, qui mirent ce dernier dans un transport de rage, et le poussèrent à s'élancer du côté des appartements de sa femme.

La chère comtesse rentrait justement de la ville, la boîte à cartes de visite de son coupé *cœur d'iris* complétement vidée !

Pendant que Monsieur se rend chez Madame, ouvrant et fermant les portes avec un fracas de mauvais ton, je prends la liberté de mettre sous les yeux des lecteurs les deux lettres interceptées par l'habile M. Georges.

La première, écrite par la comtesse à une amie de province, en ces termes :

Ma bonne petite, je suis dans une période joyeuse à laquelle je ne vois pas encore de fin. José a fini mon portrait. Il est merveilleux. Réellement ! Je suis toute rouge en te le disant. Ce jeune Matara, — une des futures gloires de l'Institut, — a fait de moi, humble et douée de quelques faibles attraits, comme l'*Esther* de Racine, une des plus ravissantes créatures de ce temps. Et puis, il faut que je te l'avoue, je suis pour beaucoup dans le bruit qui ne va pas manquer de se faire, à l'Exposition, autour du second tableau qu'il y envoie. Il s'agit de la fameuse *Femme sans tête* dont les journaux s'occupent déjà. La toile de José représente le corps d'une femme, d'une suppliciée, couché sur un lit de velours, dans le cabinet austère d'un médecin du seizième siècle. Celui-ci, sans être ému par les grâces persistantes de la pauvre femme qui, sans tête et blanche d'une pâleur terrible, repose froide à ses yeux, aiguise tranquillement un scalpel atrocement aigu. C'est effrayant. La morte est inouïe de charme funèbre !

Eh bien, mon amie, sans moi, ce beau tableau n'existerait pas ! J'ai fourni le modèle de la femme. C'est un secret. D'abord je ne voulais pas. Mais José a tant prié, tant supplié, que je n'ai pas pu lui refuser cette satisfaction. Il y allait de sa gloire, dame ! C'est un secret. Le comte ne doit rien savoir de cela. Peut-être l'apprendra-t-il un jour ! En attendant, chut ! C'est une vengeance ! Certes, je ne pensais guère être utile jamais, de cette façon-là, à un noble artiste. Mais c'est lui qui, un jour que je posais dans son atelier, et prenant son courage à deux mains, m'a priée de lui rendre ce service. « Je sais bien où trouver mon modèle, m'a-t-il dit ; je l'ai rencontré le jour où j'ai eu l'honneur d'aller chez vous pour la première fois. Dites un mot, et il est à moi, et je fais un chef-d'œuvre ! » C'était presque une déclaration.... au nom de l'art. J'ai consenti, j'ai dit le mot demandé, et le tableau a été fait.

Il a déjà obtenu le suffrage des amateurs qui parcourent les ateliers avant l'envoi des œuvres au salon. Cependant ma tête a balancé le succès du corps. J'ai eu un peu de jalousie. On est femme après tout. Mais, en y réfléchissant, j'ai souri. Je préfère ma tête.

Je t'attends avec impatience, ma toute belle, et je t'embrasse comme au temps du couvent.

Léonie de Noirchausse.

P. S. M. de Noirchausse a vu, comme tout le monde, la *Femme sans tête*. Ses transports ont surpris tout le monde, surtout moi, par leur violence. C'est un secret, t'ai-je dit : je te le confie comme à ma seule amie ; mais plus tard, tu seras bien étonnée de comprendre ce que je t'écris en ce moment : *il n'a pas reconnu la femme sans tête.* Ce manque de mémoire ou ce défaut d'observation me surprend chez lui....

La deuxième lettre contenait ces simples paroles :

Madame,

Mes deux tableaux ont eu un triomphe éclatant hier. Les visiteurs m'ont comblé de louanges. Votre portrait a été trouvé exquis. Je retourne au délicieux original les compliments enthousiastes faits à l'humble copie. Que de remerciments à vous faire à deux genoux, madame ! La *Femme sans tête*, sans vous, sans votre charité divine, n'aurait jamais été connue, encore moins exécutée. Je vous devrai ma réputation, ma fortune, ma vie. Merci du fond du cœur !

José Matara.

Maintenant entrons brusquement dans la chambre de la comtesse ; la noble dame s'habille pour le dîner. Sa femme de chambre vient de s'éloigner, à la recherche de je ne sais quel objet égaré.

M. le comte, irrité, se promène de long en large, tel un tigre attendant la chair fraîche d'une jeune martyre.

« Eh bien, monsieur, qui vous rend si inexplicable ce soir? Pourquoi cette entrée... théâtrale, chez moi, et malgré l'abandon dans lequel ma toilette se trouve pour le moment. Ne pouviez-vous attendre...

— Je n'attends rien... Je sais tout !... tout madame !

— Tout !... De quoi se compose donc ce tout mystérieux, monsieur le comte ? En vérité, vos yeux affectent de rouler dans leur orbites d'une façon qui serait effrayante, si elle n'était...

— Pas un mot ? vous me comprenez, madame. Restez muette si bon vous semble, demain; votre Matara, votre José parlera peut-être !... devant une épée... »

Et le comte rugissant, fit voler une chaise fragile en éclats en la frappant sur le sol.

« Cher ami, est-ce de M. Lafontaine, le nerveux artiste, que vous prenez ces manières ? Si vous voulez me prouver votre force, allez acheter une tête de Turc, mais laissez mon meuble en repos...

— Madame, ce Matara est votre amant !... La *Femme sans tête*, c'est vous ! Tout le monde le dit. D'ailleurs... d'ailleurs! Je vous ai reconnue... Ah! malheureuse !...

— Vous m'avez reconnue ? fit tranquillement la comtesse, vous ?

— Oui, madame, et d'ailleurs deux lettres, tombées, par hasard, entre mes mains, sont là, preuves ineffaçables de mon... de votre lâche conduite...

— Savinien, avant d'insulter une femme, sans défense et presque sans vêtements, vous devriez faire un petit examen de conscience... Je vous donne deux minutes pour exécuter ce petit travail mental, mon ami...

— Trèves de plaisanteries grossières !...

— Il ne s'agit pas de la qualité de mon esprit, Savinien.... il s'agit de vos fautes.... Vous avez la mémoire très-myope, mon cher.... rappelez-vous.. »

En ce moment Julie, la première femme de chambre de madame, tête de grisette fort piquante, montrait son museau effronté à la porte de la chambre.

« Tenez, comte, demandez à mademoiselle le nom de la personne qui a servi de modèle pour la *Femme sans tête* de M. José Matara....»

Le comte, devenu subitement pourpre, baissa la tête, et entendit la réponse de la fille, comme on attend le coup de la mort.

« Oui, monsieur, c'est moi, fit la soubrette les larmes aux yeux ; mais madame m'avait promis....

— Je vous ai promis. Je tiendrai ma parole et vous partirez demain matin.... allez !... N'était-ce pas convenu? »

La malheureuse servante, sans rien dire, sortit de la chambre en roulant son tablier de soie entre ses doigts, fort blancs, ma foi.

« Monsieur, reprit la comtesse en arrangeant une boucle rebelle sur son front, je vous serais obligée de vouloir bien sonner Marton, ma seconde dame d'atours, voulez-vous?

— Jeanne !... murmura M. le comte de Savinien Béroalde de Noirchausse d'Ypreville, mettant un genou en terre et confus, — Jeanne !...

— Que voulez-vous, mon cher? Quel triomphe nouveau briguez-vous encore !... L'excellence de vos goûts n'est-elle par attestée par toute la population artiste de Paris. J'en conviens également.... Soyez donc heureux! Seulement, comte, une autre fois, défiez-vous de vos souvenirs.... ou prenez des notes, un croquis.... que sais-je.... et maintenant, voici Marton, laissez-moi toute aux affaires de l'État.

— Jeanne!... soupira le comte.

— Sortez! » Et du doigt, avec un souverain mépris, la noble épouse renvoyait l'époux infidèle.

EN SINGE

C'était le premier Bal de l'Opéra, l'autre samedi, le premier bal masqué, monde inconnu, Eldorado fantastique où rêvent fièvreusement de lever la jambe, jusqu'aux étoiles, les adultes des deux sexes qui n'en ont point encore franchi le seuil.

On a fait une romance, à l'usage des demoiselles, sur le désir effréné qui mord au cœur les jeunes gens, d'aller transpirer en mesure, dans les salons.

Cette poésie s'appelle : le *premier bal d'Emma.*— C'est tout dire!

Emma trouve qu'un premier bal est une chose adorable; je ne peux pas lui ôter, à cette enfant, cette idée fixe, et d'ailleurs mise en musique, mais si vous voulez me permettre de raconter mes impressions personnelles, au bal de l'Opéra, il y a dix ans, j'espère vous prouver que si Mademoiselle Emma a eu de la chance de s'amuser, moi, je n'ai trouvé dans mon premier pas... de deux, que des déceptions, par essaims, et pourvues d'aiguillons cruels par conséquent.

Donc, il y a dix ans, en décembre également, cédant aux instances de mon esprit curieux, je pris la résolution d'aller au premier bal masqué de l'Opéra.

Quelques amis, et celles qui les aident à vider la coupe amère de l'existence, devaient me piloter dans le lieu de délices féeriques ci-dessus désigné.

Je vivais... seul. Personne ne m'aidait à tarir la coupe amère de l'existence. Premier point noir. Les amis me disaient :

— « Tu trouveras trente femmes là-bas ! Sois donc tranquille ! Assure-toi d'un costume, voilà tout. »

Je m'assurai d'un costume, sans remords.

Etre en *singe* était mon rêve le plus cher. Je confectionnai donc un *singe* délirant, velu comme un ours, avec une queue honorablement étoffée ; je pratiquai même, dans la région abdominale, une petite poche pour recevoir l'argent nécessaire à l'entier accomplissement de mes folies les plus échevelées.

Je n'en dormais pas ! Huit jours à l'avance, je passais mon costume, et je répétais mon rôle. Je voulais être « à tout éteindre ! » Les prodigieuses gam-

bades que j'exécutai, dans le silence du cabinet !
j'étais né pour être gorille !

Enfin l'heure solennelle, minuit, chrétiens, sonna à toutes les pendules de l'hôtel où, après un repas préparatoire (en attendant le repas *réparatoire*) nous devisions le verre en main.

On partit. A ce moment je débutai dans la carrière du guignon. Ces messieurs, et les dames dont j'ai parlé plus haut, s'en allèrent dans deux fiacres, les seuls qu'on eût pu se procurer. Je dus monter en *lapin* sur le siége. Triste place. Ramassant avec une mélancolie naissante ma longue queue qui pendillait contre les roues, je m'assis à côté du cocher goguenard.

Les fumées du vin s'évaporaient. Je me sentais devenir glacé au moral comme au physique. Je pâlissais sous le masque !

Les gamins, sur les trottoirs, remarquèrent bientôt ce chimpanzé lugubre, immobile au sommet d'une voiture et l'interpellèrent en diverses langues.

Voilons ce passage humiliant de mes mémoires. Il est de ces premières blessures dont la cicatrice est ineffaçable !

A l'Opéra, en montant l'escalier, des cris de bêtes fauves accueillirent ma timide arrivée. Oh! mes belles gambades solitaires, où étiez-vous en ce moment ?

Je devenais de plus en plus roide, et je gravis d'un air sinistre les degrés, ma pauvre queue sous le bras, car tout le monde s'amusait à marcher dessus.

Néanmoins, réchauffé, je voulus, coûte que coûte, manger ma part de la galette des plaisirs. Je cherchai, avec ardeur, une jeune personne assez bonne pour vouloir bien accepter mon bras.

Oh! mon Dieu, qui vîtes mes souffrances, vous savez si je mens!

Hélas! aucune de ces aimables personnes, vouées, paraît-il, au célibat... des autres, ne voulut accepter mon bras. Je dus vider seul, la coupe amère de l'existence!

Je fus le jouet de bandes avinées, pendant une bonne partie de la nuit. Pour échapper à leurs audacieuses entreprises, je me réfugiai dans le corridor.

Mais ce singe qu'on voyait traîner éternellement dans les couloirs, abattu, navré, intriguait les municipaux et les agents.

On surveillait ce singe errant!

Parfois, pour leur donner le change, je m'asseyais dans la salle sur une banquette, cherchant l'obscurité, l'oubli, la tombe!

Mes pieds, fatigués, étaient brûlants; j'étais énervé à un point qu'aucune dame n'atteindra jamais.

Plus d'amis! Ils avaient disparu dans le tourbillon des plaisirs.

J'étais seul au monde, singe infortuné!

Des femmes, en passant près de moi, arrachaient, par poignées, la riche toison qui couvrait ma peau.

Je devins horrible, pelé, presque obscène!

Je désirais ardemment la mort, et je tombais de

sommeil: Dame, j'avais tant mangé, tant bu, tant ri, tant gesticulé avant de venir au bal! j'étais éreinté.

Que faire?

Le regard interrogateur d'un garde municipal, offensé de ma tenue attristante, me fit prendre une résolution héroïque.

« Allons-nous-en, me dis-je. »

C'est facile à dire, cela, mais à mettre en action, ce n'est pas du tout la même chose.

Plus de paletot au vestiaire. On l'avait pris ; c'est un postillon de Lonjumeau, je crois, qui l'avait réclamé comme sa proie. Un malheur n'arrive jamais seul!

Il était trois heures et demie, il pleuvait, et les cochers se déclaraient tous retenus, lorsque, tenant à la main ma fameuse queue enfin arrachée à la sortie, je me retrouvai sous l'azur étoilé.

Je partis à pied, et à poil.

. . . .

Oh! voilons, voilons à jamais le souvenir de cette rentrée peu glorieuse, dans mon domicile!

Dans mon domicile où, je le répète, je vidai, seul, la lie restée au fond de la coupe amère de mon existence de singe improvisé!

UN COSTUME TON SUR TON

Le coupé brun... n° 347..., qui transportait (il y a un mois, un mardi, vers cinq heures du soir) les deux principaux personnages de l'édifiante et instructive histoire que nous racontons aujourd'hui, s'arrêta devant une petite boutique peinte en bleu, aux vitres couvertes d'inscriptions en lettres de cuivre, et dont l'intérieur était chastement voilé par de nombreux rideaux de percaline verte.

Au-dessus de la porte de cet établissement public, telle une fleur bizarre, s'épanouissait, au bout d'une tige de fer et brillante au soleil couchant, une grosse lanterne de couleur saphir.

Sur les parois de cette lanterne s'étalait une inscription qui va vous donner immédiatement le mot de cette énigme descriptive.

On y lisait tout simplement ce mot autrefois presque magique : TÉLÉGRAPHE.

La portière du coupé brun... n° 347... s'ouvrit avec vivacité, et un homme, chauve encore, mais barbu comme l'Israélite-Errant, s'élança hors de son sein.

Cet homme, grand, gros, rougeaud, et qui avait dû être blond, à en juger par la couleur de vingt-deux débris de l'opulente chevelure de son bel âge, ramenés avec furie de chaque côté de ses larges oreilles, était en outre vêtu avec une élégance trop certaine, et qui sentait l'envie de *paroistre* à tout prix.

Pourquoi le dissimulerions-nous plus longtemps? ce voyageur déjà sur le retour s'appelle Ladislas Borodino.

C'est un sujet du tzar de toutes les Russies, en congé pour le moment. On lui a permis d'arpenter les boulevards de la France. Et comme, tout compte fait, les meilleurs boulevards sont ceux de Paris, Ladislas Borodino, boyard de quelques mines dans l'Oural, habite la capitale depuis six mois.

Heureux homme!

Son nom, ses roubles, ses roubles surtout, sa position de célibataire décidé à tous les sacrifices, lui ont ouvert un grand nombre de salons. Il fait partie de ce qu'on appelle la colonie. Le dimanche on le voit à la porte de cette chapelle dont les clochers se terminent par d'énormes oignons dorés. Bref, dans les comptes rendus de soirées, cet étranger est compris dans le tas d'Irlandais, de Valaques, de Madécasses, d'Anglais et d'Allemands qu'on nomme : — tout Paris!

Laissons ce Moscovite abondamment couvert de fourrures rares, entrer dans un bureau du télégraphe, où il va, selon toutes probabilités, griffonner quelque télégramme urgent, et occupons-nous un peu, en attendant qu'on lui ait rendu sa monnaie, de la personne que renferme encore le coupé brun... n° 347.

Cette personne, pourquoi-vous le céler? est une dame. C'est bien naturel. Cette dame est Française, et Parisienne de l'ongle pâle de son petit orteil au sommet aimable de son cher petit crâne.

N. B. Rien dans le crâne, mais en revanche toutes les flammes de l'Etna, du Vésuve et du Popocatépelt (quand ce dernier était en éruption) dans les yeux.

Si nous ne haïssions comme un filet trop cuit les *concetti*, jeux de mots et autres calembourgs, nous ajouterions, puisque nous sommes sur le chapitre des volcans, que l'œil de cette dame, cerné habilement, a plus que de l'éclat, c'est l'Heckla lui-même!

Mais nous haïssons les concetti. Prenez donc que nous n'avons rien dit.

Cette dame est fort jolie. Rien de régulier dans les traits; c'est absolument comme dans sa conduite. Mais, nous le répétons avec le hochement de tête d'un homme de lettres qui a quelque peu voyagé dans *les Dames*, cette sixième partie du monde, l'habitante du coupé brun... n° 347... est totalement adorable; adorable de l'ongle pâle de son petit orteil, etc., etc.

Un costume charmant d'ailleurs. Chapeau noir, soie et dentelles; une des meilleures inspirations de sa modiste. *Costume ton sur ton*, velours marron et soie feuille morte. Manchon à caresser par plaisir, tant il est coquet et mignon. Enfin cette dame, destinée à inspirer beaucoup de désirs, ne laisse rien à désirer du côté de l'enveloppe. Trois bons points à cette dame. Madame, nos compliments distingués.

Reste le côté moral! « Hum? — Oui. — C'est-à-dire...

— Si... Cependant... ah! vous en demandez trop!... Comme vous voudrez, du reste... »

Nous n'aurons pas l'aplomb d'affirmer que c'est une vertu farouche, mais — et un mais c'est déjà quelque chose — ce n'est pas une vertu tout à fait apprivoisée. On a des jours cependant...

Et la preuve c'est que la dame au costume ton sur ton avait daigné promettre à ce M. Ladislas Borodino qu'elle ne connaissait que pour l'avoir vu — (depuis dix minutes, au moment où elle le rencontra) — derrière elle, dans les glaces des magasins, — de prendre sa part d'un repas tout à fait arcadien, — le pain, le sel et quelques truffes autour, — dans un innocent cabinet particulier du Palais-Royal.

On a ses jours, nous l'avons dit.

Il paraît que c'était le jour de..., d'appétit de la dame incluse dans le coupé brun... n° 347..., il y a un mois, un mardi, car, de temps en temps, à la portière de ce célèbre coupé, sa tête fine apparaissait et son œil interrogeait avec soin la porte couverte d'inscription en lettres de cuivre, qui s'était refermée sur le boyard en gésine d'un télégramme.

Pourquoi ce télégramme? Ici est le mystère. Comme nous avons le passe-partout des mystères nous ne vous ferons, pas languir, et nous allons entrebâiller celui-ci à vos regards.

Ladislas Borodino télégraphie à son ami Jules Gablonot, 11, rue du Helder, qu'il lui est impossible de dîner avec lui ce soir-là. *Aff. Ambassade...* Mille regrets... etc.

Maintenant, la cause qui motive ce subit emploi de l'électricité elle-même ne doit pas rester dans l'ombre, et nous allons avoir l'honneur de vous en faire part.

Il serait urgent que cette petite confidence-là eût lieu entre hommes. Nous ne vous prenons pas en traître, lecteurs. Ainsi arrangez-vous. Que les dames, se signant, quittent le livre à cet endroit, et prennent leur quenouille.

Cette précaution prise, continuons.

La dame du coupé brun... n° 347... suivait donc la rue du Bac toute seule, flânant le long des boutiques, l'œil rivé aux étalages des grands magasins (il y a un mois, vers trois heures, un mardi).

Elle avait soudain aperçu le boyard en question, qui fredonnait derrière elle ce petit air qui est le *chant du départ* des cœurs mûrs.

Voir, c'est savoir... La dame au costume ton sur ton avait deviné sans peine que si ce monsieur bien mis, ayant montre et épingle sur rue, la suivait avec obstination, ce n'était peut-être pas pour des prunes, mais que c'était au moins pour les pommes du Premier Jardin.

Et elle avait laissé la conversation s'engager, le long des parapets du pont Royal, à propos, mon Dieu! du fronton de Carpeaux, je crois...

Conversation artistique... avec quelques parenthèses

dans le genre que vous savez :... « *Madame n'a pas peur de voyager... seule... on assassine tant dans les wagons !... Oh! pardon... je plaisantais... Et madame demeure?...*, etc., etc... »

— Ma foi, monsieur, je ne ferai pas la bégueule avec vous, avait répondu la dame... épargnez-vous des traits d'esprit... je ne les comprends pas... Je ne suis ni la première, ni la dernière venue... et je vais chez ma couturière... voilà. »

Ladislas Borodino, anéanti par tant de franchise, avait riposté :

« Belle dame, laissez-moi vous accompagner chez votre couturière, alors... comme votre... mari...

— Mon mari !... Pauvre homme !... il était en sucre... il a fondu au dégel...

— Ah !... alors comme votre ami?...

— Quelle folie, monsieur !

— Si. Ce sera original... je vous donnerai des conseils...

— Tiens!... et si l'on vous offrait la note... de vos conseils?...

— Je l'acquitterais... D'ailleurs... rien ne peut m'arrêter... *j'acquitterais* tout pour vous suivre...

— Un mot! Vous êtes journaliste?

— Non, boyard...

— Saboyard peut-être? comme Victor-Emmanuel?

— Oh !... que d'esprit !... C'est dit... Je suis toqué de vous... allons chez votre couturière?...

— Eh bien, soit !... j'aime les originaux. »

C'est à ce moment décisif que le coupé brun... n° 347... avait été hêlé, puis occupé à l'heure.

On était bientôt arrivé chez la couturière. Nous ne donnerons pas, par exemple, le nom de la rue et le numéro de la maison... l'étage seulement, et encore...

C'était au premier. Le boyard et sa compagne furent introduits après vingt-cinq mètres de corridors, dans un merveilleux petit salon capitonné à force. Des murs à étouffer les sanglots, à absorber l'agonie comme dans *la Tour de Nesles*. Moelleux divans, siéges immoralement larges et bas, fleurs, glaces, enfin la *psyché* de rigueur au milieu de la pièce.

« Si madame veut bien attendre une demi-heure ou trois quarts d'heure, dit la couturière en chef, qui venait d'essayer un corsage à la dame du coupé brun... n° 347... j'aurai le temps de faire bâtir la robe que madame a commandée... et cela évitera deux courses à madame.... Il y a là les feuilles du jour... Monsieur trouvera des cigarettes dans la boîte... et nous avons d'excellent madère...

— Eh bien, un peu de ce vin, demanda Ladislas Borodino, étalé négligemment sur une causeuse, et qui avait assisté avec un trouble bien naturel à l'essai du corsage de sa conquête (s'il est encore permis à notre époque d'intituler ainsi une femme qui vous promet un doux regard, *inter pocula*).

— La sonnette de la domestique est à gauche, répliqua la dame... celle-ci correspond à mes ateliers...

Madame, à tout à l'heure... Monsieur... je vous demande bien pardon. »

Et la couturière en chef disparut...

Trois quarts d'heure de tête-à-tête... assuré avec une dame... aimable, — qui vient d'essayer un corsage... et qui, devant se soumettre plus tard à une opération analogue, ne prend pas la peine d'agrafer bien définitivement sa robe... c'est un joli morceau du paradis... de Mahomet offert à un homme, surtout quand il est boyard.

Dans les livres de prix, approuvés à Tours, Mame imprimeur, on appelle cette sorte de situation un précipice aux bords fleuris ouvert sous les pas de la jeunesse imprudente.

Le boyard n'avait jamais lu les livres imprimés à Tours par Mame. D'ailleurs c'était un homme mûr, quoique imprudent.

Il tenta donc d'imiter Curtius et de se précipiter, la tête la dernière, dans le gouffre béant creusé devant lui tout à coup.

Mais il rencontra une résistance, à laquelle certainement il ne s'attendait pas, d'après l'exorde de sa petite aventure.

« Vous êtes fou, cher ami! dit très-froidement la dame du coupé brun... n° 347... Y songez-vous!... Fumez donc tranquillement, mon bon!... Ce madère est parfait...

— Mais je meurs! s'écria le boyard avec un geste éloquent, geste qui fut d'ailleurs comme le colonel de tout un régiment d'autres gestes, fournis par une vive émotion, sincère peut-être.

— Allons donc!... Vous n'avez pas de patience... Mais réfléchissez donc malheureux!... Eh! parbleu! je ne suis pas plus vertueuse que d'autres... mais ici!... C'est absurde... Allons donc! laissez-moi... et tenez, on vient... entendez-vous?... »

On venait en effet. C'était la couturière en chef et ses étoffes. Derrière elle marchait la *première*, jeune personne aux yeux modestes, portant fil, épingles et le reste.

Nouveaux essais, qui n'avaient rien de ceux de Montaigne.

Nouveau tourment pour le boyard, qui, sur son siége, l'œil en feu, fort rouge, était en réalité comme sur des épines.

Enfin la couturière en chef, s'excusant, prit congé de sa belle pratique, et les souffrances du sujet du czar eurent un terme momentané.

Il était temps.

« Cocher! au premier bureau de télégraphe! ordonna le boyard en refermant la portière du coupé brun... n° 347. »

Quatre heures et demie sonnaient au beffroi de la... Bourse.

Nous ne vous raconterons pas la suite de ce petit roman. Tout le monde la devine. Elle est banale. Banale! oui... dans un sens!... Mais si l'on se rappelle le modeste croquis que nous avons fait de la dame qui en fut l'héroïne, on conviendra que... dans... un autre sens... elle a dû (la suite du roman) ne pas manquer d'originalité.

Tout ce que nous pouvons ajouter, c'est que le lendemain, dans son petit appartement de garçon, rue Taitbout, le boyard se réveillant après un petit sommeil réparateur qui avait suivi le départ matinal... de la dame au costume ton sur ton, s'écria :

« Par saint Vladimir ! je ne lui ai même pas demandé son adresse. »

Disant ces paroles, le Moscovite frappa sur son genou avec quelque ennui, et se rendormit en murmurant :

« Blanche ! »

Quelqu'un qui pénétra en cet instant dans la chambre à coucher entendit le mot, et le répéta en riant. Puis ce quelqu'un, qui n'est autre que l'ami Jules Gablonot, jeta les couvertures au diable, secoua le dormeur qui ouvrait ses yeux mornes, et lui dit avec une ironie cruelle...

« Ça sent l'eau de Lubin !... On a *femmé* ici... Ah ! bon !... et tu as repoussé mon brouet, hier ! et voilà donc ce que tu appelles des *Aff... à l'ambassade...*

— Mon cher, une créature céleste...

— C'est leste ! je comprends.

— Un ange !... je vous raconterai cela plus tard.

— C'est convenu... Mais quand donc, cher ami,

vous dégoûterez-vous des cocottes?... *O Russe! quando te aspiciam...* sage...,

— Jamais! mon bon...

— Nous verrons cela. — En attendant, je venais vous chercher pour une petite expédition joyeuse. De Raisinoir et Don Alfonso de Blagadas nous attendent en bas dans un char... Je vais vous montrer le vrai Conservatoire dramatique...

— Plait-il?

— En votre qualité d'étranger, vous devez connaître cela. C'est du Paris de dessous le panier, ce que je vais vous offrir, mais c'est instructif. Allons, faites-vous convenable. — Faut-il appeler votre coiffeur?

— Hélas! soupira Ladislas en ramenant avec prestesse une mèche précieuse sur son crâne rougissant. »

Bon gré, malgré, le brave étranger fut bientôt enlevé à ses souvenirs nocturnes, fourré dans la voiture, et, à l'issue d'un déjeuner copieux, amené rue..., n°..., au premier.

— Que diable allez-vous me montrer de si curieux? gémissait sans cesse le pauvre Borodino. Je dormais si bien!... j'ai déjeuné comme un moujick, c'est vrai... mais j'aurais si rudement dormi encore.

— Patience, répétait Jules Gablonot. Vous allez voir ce que vous allez voir. Sachez que tous les jeunes premiers des théâtres de Paris et de la province viennent ici étudier les grands effets de scène passionnés...

— Bah! soupirait Ladislas.

— Patience... je suis sûr que ce sera curieux aujourd'hui. »

Ladislas Borodino, Jules Gablonot, de Raisinoir et don Alfonso Blagadas, précédés du domestique qui était venu leur ouvrir la porte à laquelle ils avaient sonné, entrèrent dans un petit salon-fumoir fort agréable, où plusieurs messieurs d'âge et d'accent différents se promenaient en brûlant des cigares.

Quelques-uns se tenaient postés devant une sorte de tableau dont on n'apercevait que le cadre; ils riaient beaucoup.

« Ça va bien! s'écria l'un deux, le jeune premier est pressant, la dame cruelle... Ah! le joli geste!... Il la supplie... il la conjure! Elle est sourde à ses raisons... Il se roule à terre... bravo!... Quel grand artiste!... on n'inventerait pas ça! c'est magnifique!... quel jeu!... quel feu!... quelle puissance de moyens!... c'est très-amusant...

— Où donc voient-ils tout cela, demanda Ladislas à ses amis.

— Eh bien, là-bas, dans la glace...

— Quelle glace?

— La glace métallisée au platine, l'invention Creswell et Tavernier, appliquée aux beaux-arts... C'est d'un drôle!

— Mais où donc cela?

— Mais, là-bas... »

Ladislas, fendant la presse, aperçut enfin, au lieu

de tableau, une sorte de glace sans tain, de la couleur d'un crêpe de deuil, au travers de laquelle, non sans surprise, il vit un autre salon capitonné, très-luxueux, avec fleurs, glaces, etc., et où deux personnages, un monsieur et une dame, se mouvaient sans inquiétude.

« Ah! mon Dieu! murmura-t-il.

— Eh bien, barbare, ne trouvez-vous pas cela amusant? C'est un spectacle tout parisien que celui-ci... Haute comédie... Oh! vous pouvez regarder de près... Les acteurs qui la jouent pour nous, de l'autre côté de la glace, ne peuvent nous voir... La science fait de ces merveilles... Attention!... le jeune homme pleure... la dame se tord de rire! »

Ladislas, intéressé pour plusieurs causes, colla son visage à la glace, et regarda la dame inflexible qui faisait soupirer et pleurer de rage un grand dadais d'amoureux prosterné à ses pieds...

« Un costume *ton sur ton?* constata intérieurement avec fureur le riche boyard... Mais c'est... c'est elle... Sacrebleu! c'est elle!

— Eh bien, mon bon, qu'en dites-vous?

— Oh! c'est très-excentrique!... Alors, dites-moi, la maison a deux issues?...

— Oui!... Ce que vous voyez là c'est le salon d'une couturière... pour rire... côté des dames... La couturière a deux cordes à son arc... Il faut bien vivre...

— Couturière pour rire! s'écria Ladislas... Et...

est-ce que vous venez souvent ici... étudier les effets de scène?...

— Non... Il y a bien un mois que je n'y ai mis les pieds...

— Ah! fit le boyard, avec un soulagement immense...

— Cela vaut les tableaux vivants!

— Parbleu! riposta en se mordant les lèvres le fidèle sujet de S. M. Alexandre II. »

Et, après un instant de silence, il murmura avec une férocité cosaque :

« Je regrette de plus en plus de ne pas savoir l'adresse de cette dame... je lui aurais fait payer cher!... »

CAUCHEMAR

Il était un peu moins de trois heures du matin quand mademoiselle Olympe de Sainte-Œillade, figurante au théâtre de la Renaissance, et dont on admire tous les soirs les dents étincelantes et les magnifiques cheveux, rentra dans son domicile privé, seule.

Mademoiselle de Sainte-Œillade avait soupé sur les boulevards, en compagnie de divers gentlemen, mais elle rentrait seule.

Le cœur humain a de ces mystères.

Après avoir procédé à une longue et minutieuse toilette de nuit, mademoiselle de Sainte-Œillade se mit « *dans le portefeuille* » comme ne disaient pas nos pères, et s'endormit brusquement, le cœur tranquille et l'estomac plein.

Lassata, sed non satiata, écrirait Juvénal, ce poëte qui était un gêneur pour les gommeuses romaines, comme on sait.

Mademoiselle de Sainte-Œillade reposait depuis une heure environ, lorsqu'une mélodie de nature bizarre s'insinua, de plus en plus distincte, dans ses oreilles stupéfaites.

Cette mélodie était accompagnée d'un bruit cadencé de chaussures en bois.

Mademoiselle de Sainte-Œillade prêta l'oreille avec plus d'attention, et elle entendit, avec un redoublement de surprise, les paroles suivantes chantées, dans sa chambre même, par une voix féminine :

   Pour bien chanta,
   Viva la limousine !
   Pour bien dansa,
   Viva les Auvergnats !
   Tra la la bou-dou,
   Tra la la la lalère,
   Tra la la bou-dou,
   Tra la la la la-ou.

Des coups de sabot soutenaient cette mélopée.

En ce moment, et malgré la frayeur qu'elle éprouvait, mademoiselle Olympe risqua un œil par-dessus les draps qu'elle avait rejetés sur sa tête, et elle vit, à la lueur de la veilleuse posée sur sa table, une jeune femme installée au coin de la cheminée dans un fauteuil crapaud. C'était cette femme qui chantait.

Cette femme, qui était vêtue comme une charbonnière, le dimanche, et portait sur la tête un de ces chapeaux en forme de *plaisir* dont personne n'envie le secret à l'Auvergne, tenait dans ses bras un être au maillot, qu'elle berçait avec tendresse.

Cet être au maillot avait cela de singulier que nulle femme sur la terre n'aurait consenti à lui donner le sein, à cause de deux énormes pattes rouges en forme de tenailles qu'il agitait consulsivement hors de ses langes.

Mademoiselle de Sainte-Œillade constata avec effroi que le poupon était un homard vivant.

C'était pourtant ce homard que la jeune nourrice essayait d'endormir au bruit des chansons de son pays natal.

« Mort de ma vie? s'écria mademoiselle de Sainte-Œillade. Que veux dire ceci? Qu'est ce que vous faites dans ma chambre?

— Vous le voyez, madame. Je tâche d'apaiser ce petit monstre, qui ne veut pas se tenir tranquille ; il est méchant comme le diable ! — Mais s'il ne veut pas être sage, nous ferons monter l'hippopotame.

— L'hippopotame ! gémit mademoiselle Olympe en renfonçant sa tête sous sa couverture.

— Oui, l'hippopotame. Il est en bas. Il attend que je l'appelle, et je le ferai certainement si mon enfant s'agite encore de la sorte, et si, *vous*, vous ne me rendez mes cheveux. »

Mademoiselle de Sainte-Œillade sentit les siens se hérisser d'horreur sur son crâne, en écoutant cette confidence, et un frisson glacé circula entre ses épaules dodues.

Mademoiselle Olympe frissonnait pour deux bons motifs. Le premier, c'est qu'elle avait très-peur des hippopotames ; le cœur humain a de ces mystères... Le second, c'est que mademoiselle Olympe avait cru devoir joindre, depuis peu, une splendide natte de cheveux, achetée fort cher, à sa chevelure naturelle. Et la demande soudaine de la visiteuse nocturne sonnait à ses oreilles comme une allusion personnelle.

Néanmoins, elle fit bonne contenance ; elle sourit même, puis elle pensa :

« Ce doit être une échappée de la Salpêtrière. Je comprends tout. Elle sera venue se réfugier dans mon escalier, et quand je suis rentrée, elle m'aura suivie ici. Mais pourquoi ce homard récalcitrant ! Où l'a-t-elle volé ?

— Je devine vos pensées, madame, reprit la visiteuse. Je devine tout. Prenez garde à l'hippopotame. Lui aussi, il a un compte à régler avec vous ! — Comment j'ai eu ce homard ? C'est bien simple. J'ai toujours un homard, la nuit. J'aime les homards. Le lézard est l'ami de l'homme, le homard est l'ami de la femme. A chacun sa bête. Celui-là est gros, mais il est lourd, très-lourd, incroyablement lourd! Oh! qu'il est lourd. Voulez-vous le peser? Tenez, le voilà, madame.

— N'approchez pas! s'écria mademoiselle de Sainte-Œillade. N'approchez pas? ou je vous jette à la tête ce verre d'eau...

— Vous feriez mieux de me jeter à la tête mes cheveux, hurla soudain l'Auvergnate avec amertume.

— Vos cheveux! mais je les ai achetés passage Choiseul.

— Tu mens! Oh! que ce homard est pesant! Tu mens! Olympe, tu mens, te dis-je. Tu me les as fait couper sur la tête, il y a trois ans, à Riom. Comme j'ai eu la bêtise de les vendre à vil prix, mon fiancé m'a méprisée et quittée, et je suis morte de désespoir. Si je vous redemande ces cheveux, ce n'est pas pour en parer mon front que la fleur d'oranger ne décorera plus, c'est pour les vendre, madame, pour réaliser un bénéfice considérable ; c'est pour regagner l'estime de mon fiancé, qui collectionne les ferrailles rue de Lappe, près de la Bastille. Si ce homard ne m'écrasait point de son poids prodigieux, j'irais vous arracher votre tignasse, madame. — Mais trop parler nuit. Je vais faire monter l'hippopotame. »

En disant ces paroles effroyables, l'Auvergnate se

leva, ouvrit la porte de la chambre, et appela l'hippopotame en ces termes :

« Alphonse, venez reprendre les dents que cette dame vous a volées ! vite !

— Grâce ! grâce ! madame, pleura Olympe de Sainte-Œillade, grâce ! et elle joignit des mains suppliantes.

— Non ! voici l'hippopotame ! tonna la voix de l'Auvergnate. »

. . . .

Un grand bruit s'éleva en cet instant dans la chambre. Il était produit par la chute simultanée d'un verre d'eau, d'un flambeau muni de sa bougie et d'une coupe dans laquelle nageaient trois dents fausses réunies par un fil d'or, le tout renversé par les mains d'Olympe.

Et mademoiselle de Sainte-Œillade s'éveilla tout à fait, et se trouva seule dans sa chambre, avec un abominable mal d'estomac qui lui faisait pousser des cris inarticulés.

Le cœur humain a de *ces mystères.*

RÊVE DE JEUNE FILLE

Le soir, parfois, les murmures puissants que font entendre, autour de chez moi, les grands arbres secoués avec rage par les bourrasques d'équinoxe m'arrachent à la lecture commencée, et mon esprit se met à dévider silencieusement l'écheveau des rêveries et des souvenirs.

J'écoute, par exemple, une girouette (la dernière peut-être du faubourg que j'habite) grincer sur le toit de ma demeure, et les gémissements métalliques qu'elle pousse me rappellent tout de suite les plaintes pénibles d'une autre girouette, rouillée depuis cent ans peut-être par les pluies d'hiver, au faîte d'une vieille maison de province, et qui me glaçaient d'effroi jadis.

Dans cette vieille maison qui s'adosse au mur d'un parc, quand j'étais tout enfant, j'ai passé de gaies journées. Les soirées, je dois l'avouer, étaient beaucoup moins joyeuses. La futaie qui verdoyait, majestueuse et vénérable, derrière la maison, exhalait, le soir, d'immenses soupirs très-lamentables, et dans mon lit, je frissonnais fréquemment en y prêtant l'oreille.

Et puis, il faut dire aussi, pour ma justification,

que, pendant le jour, ma cousine, une jolie petite fille très-blonde, très-frêle, qui n'avait rien du tout d'une paysanne et que j'adorais, naturellement, se plaisait à me faire part de tous les contes de bonne femme qui couraient les environs. Elle me racontait d'épouvantables histoires de personnes assassinées dans le parc et qu'on avait enterrées dans le taillis. Elle s'amusait encore (peut-être croyait-elle à tout cela et très-sincèrement) à me dire que les hurlements mélancoliques de la girouette de la maison annonçaient indubitablement la mort de quelqu'un.

Et dame, la nuit, quand réveillé en sursaut, tout en sueur, j'écoutais les grincements sinistres de cette maudite machine de fer, j'avais une chienne de peur. Je croyais que mon tour allait venir. Et cela m'ennuyait extrêmement. Car, le lendemain, on devait, soit aller en bateau sur le *ru* qui serpente dans le parc, soit se rendre chez une meunière habile en l'art de faire de la galette, soit monter à âne. Et l'idée de manquer l'un ou l'autre de ces plaisirs, par le fait d'une mort évidemment prématurée, me navrait tout à fait.

Donc maintenant je pense parfois, et non sans plaisir, quand le vent d'équinoxe souffle autour de chez moi, aux soirées jadis assombries par les hurlements profonds des arbres et de la girouette, que j'ai passées dans la vieille maison de province.

Et je pense aussi à la jolie petite campagnarde (je vois toujours son énorme bonnet de vieille !) qui est ma parente, et vit, là-bas, solitaire, surtout le soir.

Surtout le soir : car son père, veuf de bonne heure, a pris insensiblement l'habitude, depuis de longues années déjà, d'aller faire une partie de cartes dans une auberge du pays, et il laisse seule la jeune fille, dès la tombée de la nuit.

La jeune fille reste seule, le soir, dans une vaste chambre à plafond haut, et, près de la cheminée dont le feu s'éteint, elle ressemble à une Cendrillon songeuse gardant le logis, pendant que ses sœurs sont au bal.

Que fait ma cousine? A quoi rêve cette jeune fille solitaire, qui fut si blonde et si frêle, et qui me parlait si gravement des morts annoncés par les grincements de la girouette?

Ce qu'elle fait, je puis vous le dire ; car ma cousine n'a fait aucune difficulté pour l'avouer, un soir que je lui avais posé la question.

Elle fait des « héritages. »

Qu'Alfred de Musset s'en console ; mais ce n'est pas d'un jeune homme inconnu, en manteau de velours noir, et dont les éperons d'argent brillent dans l'herbe aux rayons de la lune, que rêve la jeune paysanne assise, dans la cendre, au coin de l'âtre gigantesque.

Elle fait « des héritages. »

Elle m'a fait part un jour (nous étions grands, alors), de cette occupation étrange, avec le calme et l'indifférence qu'elle apportait jadis en me parlant des décès futurs proclamés par la girouette.

Ah! mon Dieu, oui, la petite paysanne, toujours jolie comme un Greuze, qui est ma parente, m'a dit cela très-tranquillement un jour, en causant de choses et d'autres.

Elle fait « des héritages. » C'est son jeu, sa distraction, son plaisir de chaque soir.

Assise sur sa chaise basse, croisant sur son genou ses mains jointes, les yeux perdus dans la flamme du foyer, elle pense à ceux de ses parents que leur âge où leur constitution feront bientôt dégringoler dans la tombe.

Elle calcule avec un sourire grave ce que chacun de ces morts mettra de linge dans son armoire et de pièces de cent sous chez le notaire de la ville voisine. Elle se dit que ses parents de Paris mènent une vie fiévreuse, qu'ils respirent un mauvais air, que la dernière fois qu'ils sont venus ils étaient bien pâles et toussaient. Ils sont destinés à mourir dans un bref délai, et les jolies choses que ses cousines gaspillent lui reviendront avant d'être tout à fait perdues.

Quand à son cousin Ernest (le cousin Ernest, c'est moi), il ne lui laissera pas grand'chose. Il n'a pas une bonne place; c'est un artiste. C'est dommage. Cependant on dit que les pièces de théâtre ça rapporte. Il faut attendre.

Oui, voilà ce que se dit ma cousine. Merci, cousine!

Et la chère enfant, solitaire près de sa cheminée, écoute les bourrasques d'équinoxe tordre les arbres de la futaie qui verdoie derrière sa maison, et les grincements de la girouette rouillée par les pluies d'hiver. Ça ne l'attriste pas, au contraire !

C'est peut-être une bonne nouvelle, — un héritage, — qu'ils lui annoncent ?

Elle sourit donc gravement, au milieu de son rêve, en levant au ciel ses très-beaux yeux couleur de pervenche. Puis elle regarde l'heure au coucou de bois peint qui fait son bruit dans un coin, et si le moment du retour de son père n'est pas encore proche, elle se remet — à faire des héritages.

Pendant que la cervelle de cette jeune fille travaille de cette aimable façon, un chat fort maigre, étendu sur les dalles de l'âtre, pousse de petits soupirs, en donnant à sa queue tronquée des mouvements nerveux que rien ne motive.

LA VICTIME DES PANTALONS

Il y a quelques années, j'avais choisi pour cabinet de travail, pour lieu de corrections d'articles en épreuves du moins, un petit café tranquille de la rue Saint-Jacques. Pendant le jour, l'établissement était quasi désert. J'étais là comme chez moi, pantoufles à part. Deux ou trois bons hommes, peu bruyants, et qui jouaient aux dames sans mot dire, représentaient seuls la clientèle du café du Tarn (?) à l'heure où je venais m'y installer.

Ce café était surtout remarquable par ses nombreux stores, toujours à demi abaissés sur les vitres, à cause du soleil, et qui représentaient des paysages inouïs, nuancés de couleurs aussi vives qu'inattendues.

Cascades, ponts ruinés, perspectives bleuâtres, palmiers, voyageurs sur des mulets, croix de pierre à l'angle des chemins, moines d'Italie, horizons maritimes : tout ce que la fantaisie aventureuse d'un fabricant de stores peut inventer et mêler, se trouvait sur la toile transparente de ces tableaux bizarres.

Des perroquets impossibles habitaient des sapins, au milieu de sites anglais, et on y voyait encore des jeunes filles retroussant leurs cottes pour traverser des torrents écumeux. Les jambes de ces demoiselles ressemblaient fort, — au respect que je leur dois, — à des quilles renversées. Mais elles se réflétaient si bien dans l'eau écumeuse des torrents !

A côté de votre serviteur, tandis qu'il criblait de recommandations typographiques les épreuves ammoncelées devant lui, se tenait habituellement un petit individu qui fumait, renversé sur le divan poussiéreux, et contemplait avec béatitude les horizons bleuâtres et les nuages irisés des stores en question.

Le petit individu n'avait rien de remarquable. Sauf un chapeau d'une hauteur réellement démesurée, et qui aurait pu servir d'asile à un nain poursuivi par ses ennemis, le costume de mon voisin de table ressemblait au costume de tout homme pauvre et propre qui fait durer ses affaires, et porte forcément une longue redingote râpée, quand les gens riches ont des vestons courts neufs.

« Quel roman on ferait, monsieur, si on voulait écrire l'histoire de ma vie, me dit-il un jour. Ainsi, vous...

— Oui, mais je ne l'écrirai pas, monsieur, lui répondis-je ; car vous êtes le nonante-et-septième individu de la bouche duquel sort une proposition pareille. Or, la biographie qu'on me propose de raconter peut généralement se résumer ainsi : « Est né en... a fait sa première communion le... tiré au sort le... marié le... pas heureux en ménage... prendra sa retraite le... »

— Eh ! bien, c'est entendu ; je ne vous propose pas

d'écrire l'histoire de ma vie. Elle est en effet fort banale. Je suis employé comme comptable, dans un magasin de cuirs. Je suis garçon. Je viens deux fois par jour à ce café : le matin, après mon déjeuner ; le soir, après mon dîner. Voilà tout. Cela n'empêche pas que j'aie le cœur brisé, cependant, et que je souffre comme un damné, même au milieu de mes cuirs. Je suis un martyr, monsieur...

— Écoutez, monsieur, interrompis-je avec quelque effroi, vous me direz cela un autre jour...

— Voulez-vous demain?

— Allons, demain ! fis-je, vaincu par la ténacité humble du petit individu au chapeau phénoménal. Aujourd'hui je vous laisse à votre pipe, à vos réflexions et à vos...

— Et à mes stores! n'est-ce pas? Oui, à mes stores! ajouta avec véhémence mon ami improvisé. Ils sont ma seule consolation. Les voir, voyager en fumant, au milieu des admirables sites qu'ils prodiguent à nos yeux, c'est ma seule joie... Oh! les stores délicieux!

— A demain, cher monsieur... »

Et je le laissai s'exclamant à propos des charmes des stores du café.

Le lendemain, la force de l'habitude, bien que j'eusse juré de briser toutes relations avec l'homme au chapeau gigantesque, me ramena au café du Tarn.

Monsieur Bède m'attendait, renversé sur le divan groseille, les yeux perdus dans les lointains vaporeux des stores. Il s'appelait monsieur Bède! Il me raconta son histoire, malgré tous mes efforts et toutes mes tentatives de résistance.

Bède était le martyr de ses pantalons.

La vie de Bède était empoisonnée par... je le répète, par ses pantalons.

Le crime des pantalons de Bède, nous allons le dire à l'instant. Les pantalons de Bède, dans quelque étoffe qu'ils fussent taillés et de quelque main qu'ils fussent cousus, les pantalons de Bède, hélas! sitôt qu'ils étaient... enjambés par Bède, formaient instantanément le *genou*.

Sombre horreur!

« Oui, monsieur, ils forment instantanément un genou ridicule, et, gémissait Bède, mes jambes ont l'air d'appartenir à un ramoneur en tenue de cheminée, ou d'être celles d'un chameau. C'est affreux! »

M. Bède avait tout fait, tout inventé, tout osé pour garder ses pantalons intacts ; il mettait du plomb dans l'ourlet du bas ; il faisait coudre de fines baleines à la hauteur du mollet. Rien ne pouvait empêcher la formation d'un énorme et grotesque calus de drap, en avant des rotules de M. Bède.

M. Bède ajoutait avec fureur :

« Ma jambe, de sa nature, fort élégante, peut à chaque minute être prise par un botaniste, pour une branche d'arbre pourvue d'un énorme agaric. »

Le *genou* obstiné des pantalons de M. Bède avait eu les conséquences les plus graves pour cet infortuné mortel : il lui avait fait manquer trois mariages. La troisième fois, en allant faire sa demande, M. Bède eut la précaution de changer trois fois de pantalon derrière des haies (c'était à la campagne) ; mais, ô douleur amère, trois fois les pantalons, bien que neufs, formèrent le genou, et quand M. Bède apparut devant sa fiancée, ses *genoux* affectaient la tournure comique des callosités du derrière d'un singe, et la fiancée de M. Bède rit cruellement.

« J'ai dû renoncer à prendre femme, disait M. Bède, et nous vieillissons, mes genoux et moi, sans connaître les douceurs du foyer domestique. Maintenant, résigné, je cache mes jambes sous les tables du café, et je me console en regardant les paysages. Voilà mon histoire. En savez-vous de plus navrante ? »

Je convins que je n'en connaissais pas de plus singulière.

« Je ne retrouverai même pas le repos dans la tombe, poursuivit M. Bède. Dans la bière, monsieur, dans la bière, j'en ai l'odieuse certitude, mon linceuil formera le genou, et c'est un éclat de rire qui accueillera ma venue dans la vallée de Josaphat!... »

Ce fut sur ce dernier mot que s'arrêta la confidence de M. Bède, le martyr de ses pantalons.

EN AVANCE

La scène se passe, entre deux et trois heures de l'après-midi, dans un coin bien connu du jardin des Tuileries, à la lisière même de cette vieille futaie de marronniers noirs, à moitié ébranchés, et qui rappellent si bien les arbres-squelettes de la fosse aux ours, surtout lorsque l'eau de Lob de la nature, en hiver, se déclare complétement impuissante (dût-elle perdre 40,000 francs) à faire repousser sur leur cime chauve le feuillage rare et veule que vous savez.

Sur le fond d'un gris brumeux se découpe puissamment la masse imposante de ce musculeux Hercule-Farnèse dont Comino *fecit* autrefois une copie.

Le demi-dieu — (à mon sens, c'est un dieu bien entier et ses exploits le prouvent!) — vêtu à la dernière mode de son temps, c'est-à-dire avec aussi peu de peau de lion que possible, s'appuie, énorme et rêveur, sur le gourdin héroïque, quoique noueux, dont les monstres de son pays reçurent de si terribles coups du lapin!

Le brave des braves de l'antiquité tient dans sa main droite les pommes chipées au clos des Hespérides ; et cachant cette main derrière son dos montagneux, il semble dire aux passants : « *Pair ou non ?* »

Inutile, ô passants, de vous creuser la tête pour lui répondre; il vous suffira de tourner autour du fort de la halle olympique et de regarder dans sa main, au-dessous de ses reins monstrueux, pour vous convaincre que c'est *pair* qu'il faut dire!

Ceci posé, signalons avec plaisir, — il n'est pas trop tôt, — la présence agréable et mystérieuse, autour de la statue en question, d'une dame blonde, je dois l'avouer, et très charmante en son costume de drap grenat, costume compliqué, incompréhensible même, mais d'un profil... avantageux.

Cette dame, — telle une Ombre sans le sou au bord du Styx jadis, — se promène sans rime ni raison, va, vient avec inquiétude, regarde à sa très-petite montre (rassurez-vous, la montre se remonte et les aiguilles tournent), et bat fréquemment le sol humide de sa demi-botte à talon aigu.

Elle attend, c'est évident.

Est-elle en avance?

Est-il en retard?

Voilà la question! Pour moi, je suis informé sur ce point à peu près autant que le moineau que voici perché sur le grillage du jardin réservé et qui demande du pain!

Cependant, si j'osais publiquement me perdre en conjectures, je dirais à mes honorables lecteurs :

1° Que la dame en grenat est Allemande; 2° qu'elle a vingt-cinq ans; 3° que la lèvre inférieure ressemble joliment à une petite cerise mûre ; 4° que ses narines délicates vibrent continuellement ; 5° qu'elle est sentimentale *extra muros* et passionnée *intra muros* ; 6° que son mari aïe!... refuse parfois de lui prodiguer des attentions si nécessaires pour maintenir le bon accord dans un ménage... de raison ; 7° qu'elle a daigné accorder un premier rendez-vous à un jeune Français qui s'est consumé pour elle en soupirs, sonnets et bouquets ; 8° qu'elle n'a jamais vu ce jeune soutien des immortels principes de 89 autrement qu'à sa fenêtre, en face de son balcon, en vareuse rouge à liséré noir ; 9° que son petit cœur est triste et vide depuis un temps infini ; 10° que le temps est doux, suggestif, et qu'il invite à la promenade.

De ces excellentes raisons et de bien d'autres que je n'énumère pas, parce qu'elles sont au fond de votre propre cœur, chers lecteurs, vous pouvez inférer que la dame en costume grenat est... en avance !

Ève aussi était en avance, pas vrai ?

Oui, la dame blonde, née sous le ciel des tendresses sans fin (Gœthe l'assure du moins), est en avance d'un bon quart d'heure.

Son esprit travaille comme une charmante machine à vapeur de la force de cent chevaux, et ce qu'il fait de besogne au pays des rêves ne peut s'évaluer, même approximativement.

Autour d'elle les petits enfants jouent et crient sous les arbres. Les garçons dessinent des silhouettes noires dans les brumes vagues au bout de chaque allée. Les petites filles ponctuent de taches rouges ou bleues avec leurs capelines, le fond grisâtre du jardin.

Les bonnes, fraîches comme les étalages des bouchers, le dimanche, se promènent quatre par quatre, tenant les cerceaux jaunes sur leurs tabliers blancs.

Un monsieur, — un seul! — en habit noir, sans pardessus, lit un journal adossé contre un arbre. Mystère!

La dame en grenat s'impatiente. Le nœud gigantesque qui décore sa taille frémit. Sous la muselière étroite qui lui fait la voilette, ses yeux petits et noirs, je le constate avec peine, lancent de subits éclairs.

En avance!...

Ma fois, tant pis! A qui la faute?

Entre amoureux, à mon avis, il ne faut être ni en retard, ni en avance. Arriver ensemble, voilà le but suprême à atteindre.

Qu'en dit la galerie?

La dame blonde, Allemande, sentimentale et ornée par la main du Très-Haut d'un corsage opulent, s'appuie, de guerre lasse, contre la balustrade grillagée qui protége les parterres, et d'un œil bien distrait, elle examine nonchalamment l'Hercule-Farnèse, Comino *fecit*, je l'ai déjà dit.

Comme un touriste indifférent ou blasé qui se décide à faire l'ascension du Righi, son regard, d'abord lassé et vague, commence à gravir des rampes abruptes qu'offrent les jambes du colosse.

Il s'arrête incertain à l'épaisse rotule! Doit-il continuer son voyage? Pourquoi pas? La rotule est franchie. Déjà de ce point élevé on peut jouir de la vue des mollets, ces blocs! Avant de monter plus haut, respirons!

La dame, en effet, quitte la rotule, et, du côté de la rue de Rivoli, jette un coup d'œil désespéré.

Il ne vient pas!

Que faire? revenir à la rotule noueuse? C'est à quoi se décide la dame sentimentale et de taille convenable. Son œil fait un effort en avant, puis recule, hésitant devant les difficultés sans nombre que présente cette route à pic.

Et le voilà cet œil noir et perçant, qui d'un bond va se percher sur les cheveux crépus du fier athlète. La tête petite, solidement attachée, est bientôt examinée. La barbe épaisse, aux boucles courtes, ne l'arrête pas longtemps non plus.

Mais ces épaules solides, mais ces bras aux biceps surhumains, mais cette poitrine large, aux pectoraux abondants, mais cette réunion de muscles, semblable à un rendez-vous de billes de billard, mais ces flancs inébranlables; mais enfin toutes ces rudes beautés viriles (si rares sur ce globe où nous avons, vous et moi, l'honneur de rouler en vélocipède) émeuvent, par leur harmonieux et terrible ensemble, l'œil de la dame en grenat.

Et de même qu'on relit un chapitre très-intéressant, et qui est comme l'écho de vos pensées secrètement caressées, la dame contemple de nouveau les grâces formidables du fils d'Amphitryon ; pardon, je voulais dire de Jupiter ; mais vous connaissez le proverbe latin : *Is pater est quem nuptiæ demonstrant!*

Des souvenirs mythologiques s'épanouissent dans son cerveau.

La dame sentimentale, mais passionnée, pense à ces amours homériques dont les livres — classiques — instruisent les jeunes cœurs.

« Quoi, rêve-t-elle, cet Hercule puissant n'eut que trois femmes! C'était de la modestie, sans doute? — Mégare! Déjanire! Omphale! Heureuses épouses, et maîtresse favorisée! Que les temps sont changés! — Changés? — Non, tout cela n'est que fiction. Hercule n'a jamais existé. »

Ainsi, laissant errer son regard fasciné sur les contours fortement accusés du héros qui allait toujours droit devant lui, sans peur, sans reproche, la dame en grenat songe, oubliant le jeune Français à qui elle a promis de venir vers trois heures aux Tuileries.

Elle fait, à plusieurs reprises, le tour de ce marbre insensible, dont le regard profond l'intimide et la fait rougir....

« Madame?...

— Plaît-il? »

La dame, brusquement tirée de sa rêverie par une voix douce et frêle, se retourne, abandonnant Hercule, et laisse tomber son œil encore ébloui sur un joli, joli petit jeune homme, ganté, cravaté, vêtu, chaussé, coiffé, rasé, pommadé, astiqué par les meilleurs faiseurs.

C'était le mystérieux bien-aimé tant attendu!

Ce gandin, de la plus belle eau, s'inclina, balança son jonc avec grâce, et, l'œil en feu, s'exprima en termes ardents :

« Madame, ...
. . . .
. . . . »

Je vous épargne, cher lecteur, le discours du joli, joli, joli jeune homme.

La dame l'avala. Cela suffit.

Et comme, après tout, quand on n'a pas ce que l'on aime, il faut aimer ce que l'on a, la dame en grenat, Allemande à la lèvre inférieure rouge et sensuelle, ne se souvenait plus que par instants de l'Hercule de Comino, au bout de vingt minutes de conversation.

Le cerveau féminin accomplit de ces tours de voltige avec une dextérité effrayante.

Donc, la tendre créature, — vingt-cinq ans et un mari grincheux! — voulut bien accepter le bras tremblant du jeune homme, et même, historien sincère, je dois le dire, elle s'appuya dessus avec force deux ou trois fois.

Honni soit qui mal y pense!

De temps en temps, pendant leur promenade en zigzag sous les arbres dégouttants d'eau, la jolie femme se livrait à des *a parte* qui intriguaient fort son compagnon de route dans la voie immorale de l'amour défendu.

Ah! si le pauvre garçon avait pu se douter de ce qui faisait s'arrêter tout à coup la bien-aimée en grenat, sur le chemin fleuri qui conduit parfois en police correctionnelle, certes, son cœur sensible eût été bien humilié.

Et qui sait? il l'eût peut-être appris sans honte et sans colère. Adonis a son mérite, comme Hercule.

Mais notre charmant Parisien n'était pas un Adonis, tel, du moins, que le comprend Vénus...

... Tout entière à sa proie attachée. (RACINE.)

Non, le joli, joli jeune homme n'était pas un Adonis.

C'était la simple épreuve d'un *cliché* brisé à jamais.

Aussi . . . .
. . . .

Aussi, huit jours après, devant la statue d'Hercule (que Comino *fecit*, du reste), la dame en grenat, seule encore, se promenait, plus pensive que jamais, attendant avec résignation, — déjà! l'arrivée de son « amant. »

Où la chèvre est attachée... (Encore un proverbe!) Je n'ai pas le courage de l'achever.

Mais la robuste et délicieuse Allemande, à l'œil noir, petit, perçant, à la lèvre rouge, à la taille riche, regardait parfois, d'un air songeur, l'Hercule appuyé sur sa massue, et, dans le fond de son âme, elle regrettait la décadence sans nom des mondes et des hommes !

IL A LE BEC-DE-CANE !

Il serait peut-être long de vous raconter, même compendieusement, comment je me liai avec un de mes bons amis d'aujourd'hui, qu'on ne désignait, — à la réunion où nous nous rencontrâmes pour la première fois, comme dans le quartier que nous habitons tous deux, — que sous le nom de « le fils Bricole. »

D'ailleurs, ce n'est pas du « fils Bricole » que j'ai particulièrement à vous parler ; c'est surtout l'honorable ascendant de ce garçon que je veux vous présenter ici.

Donc, occupons-nous, sans plus tarder, du père Bricole.

Le père Bricole est un des bons types de la bonne ville de Paris, un vieux commerçant de l'honnête roche ; sous une enveloppe un peu rude, il a le meilleur cœur du monde. Mais son langage est quelque peu original, par exemple. Et si jamais on condamne à mort un membre de l'Académie française, je conseillerai de le conduire chez le père Bricole, au lieu de le mener sur le lieu des exécutions. Ça reviendra au même. Il suffira de quelques-unes des phrases du père Bricole pour faire tomber l'académicien coupable en pâmoison. Et la mort ne tardera pas à venir glacer le cœur du puriste condamné à entendre les hardis néologismes, les comparaisons folles, les mots exorbitants du père Bricole.

Le père Bricole vend tout ce qu'on peut vendre. Le fonds de sa boutique est celui d'un lampiste, il est vrai, mais vous pouvez hardiment entrer dans le magasin du père Bricole et lui demander n'importe quoi, du mouron, par exemple. Cette commande insolite n'étonnera pas le père Bricole. Il ne s'en fâchera pas. Au contraire. Il vous priera de vous asseoir. Et cinq minutes après votre entrée, il vous offrira une botte de mouron frais, au prix coûtant.

Ma première entrevue avec le père Bricole fut gaie. On peut la raconter, même devant les dames.

Je fus amené un soir chez le père Bricole par le fils Bricole, qui jouait un peu ce soir-là le rôle d'un enfant prodigue de retour à la maison paternelle.

Je devais servir de médiateur entre le père justement irrité et le fils repentant, qui revenait au bercail après trois jours d'absence. Le fils Bricole avait, à cette époque-là, vingt ans, et le garçon, vous le comprenez, était en âge de voler de ses propres ailes, dût-il perdre quelques-unes de ses plumes.

Mais le papa Bricole ne l'entendait pas ainsi. Il adorait son fils ; il en était fier. Et il aurait voulu le conserver à portée de ses « claques et de son égide, jusqu'à la fin des fins », comme il le disait.

J'accompagnai donc le fils Bricole chez son papa, le jour de la réconciliation, et je dînai dans la famille. On avait tué le veau gras, au figuré comme au propre. Et ce fut à table que le père Bricole donna, pour la première fois, devant moi, carrière à sa langue fantaisiste.

On avait été silencieux jusqu'à la soupe. Mais après la soupe, quand le veau fit son apparition, et, découpé, passa sur nos assiettes, j'entendis M. Bricole dire à son fils, avec un bon sourire qui annonçait que tout était pardonné :

« Hé, dis donc, Suce-la-Grillade, pousse-le ferme sur le tirant, ton ami ! »

Suce-la-Grillade, comme petit nom d'amitié, me parut ingénieux ; mais *pousse-le ferme sur le tirant* pour dire — invite ton ami à reprendre du veau, me sembla également bien trouvé.

Mon air étonné et charmé frappa le père Bricole, et il ajouta en me tutoyant :

« Fais pas attention, mon vieux Sans-Côtes, et tords la croûte. »

Vieux Sans-Côtes était une allusion à mon manque d'embonpoint qui me piqua en plein cœur. J'étais à peine remis du coup que le père Bricole reprit, en riant son bon rire :

« Ne te fâche pas, dis donc, hé ! Graisse-au-Diable ! »

Le mot me désarma, et — je poussai ferme, sur le tirant, comme on m'en priait.

« C'est ça, c'est très-ça, mon vieux *Sous-Sol*, interrompit le père Bricole, en m'envoyant un baiser par-dessus la table, du bout des doigts, c'est ça, c'est très-ça. Mange en plein ! mange en plein, mon petit Frise-la-Gamelle. »

Frise-la-Gamelle était dur. Mais la cordialité du père Bricole faisait passer par-dessus tout.

Le dîner, semé de mots semblables, s'acheva tranquillement.

La mère et la sœur du fils Bricole allèrent vaquer à leurs occupations ménagères, et nous restâmes tous les trois, le père Bricole, le fils Bricole et moi, autour de la table, devant une bouteille de vin d'extra achetée pour la circonstance. Puis vinrent la pipe du papa et la cigarette des deux jeunes gens.

Après les premières bouffées, le père Bricole me tira par la manche, et, sans s'inquiéter de la présence de son fils, glissa dans mon sein les quelques réflexions que lui avait inspirées la fuite de son fils, et le projet, abandonné du reste par celui-ci, de ne plus loger sous le toit paternel.

« Et qu'est-ce qu'il veut, ce cheval-là ! dit le père Bricole, *puisqu'il a le bec-de-cane !*

— Mais, papa !... fit le fils coupable.

— Tais-toi, nez-sale ! Je vais expliquer à monsieur. Tire ta fumée et laisse-nous, voyons ! Oui, monsieur, il a le bec-de-cane. Eh! bien, alors, qu'est-ce qu'il lui faut, à ce chien-là. Dis-moi ça un peu, ma vieille lampe; voyons, qu'est-ce que ça lui fait?

— Pardon, glissai-je, pardon. Qu'est-ce que c'est que cela, le *bec-de-cane?*

— Eh! bien, est-il troué, ce petit-là! Le bec-de-cane, c'est le bec-de-cane, parbleu!

— Le bec-de-cane, c'est le passe-partout de la boutique, me souffla dans l'oreille le fils Bricole.

— Eh! bien, reprit le père Bricole en me tapant sur l'épaule avec force, tu comprends, alors, vieux-clou; il a le bec-de-cane! Il peut sortir et rentrer à l'heure qu'il lui plaît. Je ferme les lanternes là-dessus. Ni vu, ni connu, je t'em...brasse. Il n'a pas besoin d'aller se loger en ville, ce Trotte-salé-là! Tas d'arpettes! Dis-lui ça, vieille branche, dis-lui ça. Il t'écoutera. Il a le bec-de-cane. Faut pas faire le malin.

— En effet, dis-je au fils Bricole, si tu as le bec-de-cane... qu'est-ce qu'il te faut de plus?

— Là, tu l'entends, ton ami, tu entends ce qu'il dit? Tu as le bec-de-cane. Eh! bien, fiche-nous la paix... et bonsoir... tout est oublié. »

Il n'y eut pas d'autre incident tout le reste de la soirée.

CONFIDENCES

Je suis un bon garçon.

Poussé par les besoins de ma cause, je me vois dans l'obligation pénible de livrer au vent de la publicité l'aveu que vous venez d'entendre. C'est tout à fait à mon corps défendant. Je suis un bon garçon. C'est un fait. Mais gardez la chose pour vous.

Je vous confie un instant la clef d'or de mon cœur, n'en abusez pas... Je suis un bon garçon ; c'est le cri privé de mes amis. Certes il est flatteur pour moi, mais combien plus il est dangereux !

Ainsi, c'est convenu, n'est-ce pas ? Je suis un bon garçon. Mais n'en dites rien à personne. Je mourrais de douleur si j'entendais jamais, à l'heure de la prière, les *muezzins* proclamer, du haut des mosquées, cette vérité incontestable : « *Il n'y a d'autre Dieu que Dieu, et Jacques est un bon garçon !* »

Je suis donc un bon garçon — à temps, je l'espère ? Car je demande une commutation d'éloge. Grâce à d'affreux traits du caractère détestable qu'on ne me suppose pas, mais que je sens germer en moi, je compte bien faire revenir les gens sur mon compte.

Le jour où mon ami Savarin, par exemple, s'écriera:

« Jacques ? quel sacré animal ! » Je serai joyeux comme un petit ébéniste dans la sein de sa mère.

Savarin, mon ami, est un jeune homme de bonne tournure, brun, avec de grands yeux dont le tendre émail m'a toujours rappelé — Dieu me pardonne cette illusion ! — le cadran d'une montre consulté à la lueur du gaz.

Les dames le trouvent très-beau.

Savarin, mon ami, celui qui me trouve bon garçon avec un acharnement qu'il me payera plus tard, à embrassé, étant riche et de mœurs sans austérité aucune, la carrière de serpent qui se fait réchauffer.

En un mot, mon ami Savarin trahit, çà et là, les maris qui s'obstinent à l'honorer de leur confiance.

Cela m'attriste. Je suis un bon garçon. Le malheur de ces braves gens qui n'ont qu'un défaut, celui d'avoir pris femme, comme le sire de Framboisy, me fend le cœur. Je sermonne vertement Savarin, vous le pensez bien, sur ce sujet, mais hélas ! c'est comme si je portais des toasts dans le désert !... Quel plaisir mystérieux les époux trouvent-ils donc à imiter le roi Candaule ? Car, en résumé, la phrase consacrée. — *« Mon cher, venez donc dîner à la maison ; je vous présenterai à ma femme, »* équivaut absolument, pour moi, à la proposition au moins singulière que fit jadis le dernier des Héraclides au berger lydien.

Quelle rage possède donc le cœur des maris ? Sans eux, la plupart du temps, Gygès, ce don Juan sans le vouloir, resterait bien tranquille dans son petit coin, à lire *le Journal officiel*, ce nénuphar littéraire à l'usage de l'âme !

Savarin, mon ami, ne repousse jamais les imprudentes invitations des Candaules parisiens, jamais ! ou si mollement que ce n'est vraiment pas la peine d'en parler. Il va déjeuner chez eux un jour. Le lendemain, il y dîne. Le surlendemain, il y soupe. Bref, — cela me coûte à dire, car je suis un bon garçon, — bref, un beau matin, — tous les quinze jours à peu près, mon ami Savarin tombe chez moi comme un aérolithe.

Avant qu'il ait ouvert la bouche, j'ai deviné ce qui l'amène. Néanmoins je l'écoute, et la communication importante qu'il vient me faire de si bonne heure commence toujours ainsi :

« Jacques, tu es un bon garçon, hein ? Il faut me rendre un signalé service aujourd'hui. Ce sera le dernier, je te le jure. — Sur l'honneur ! — Mes parents continuent de m'interdire le logement en ville ? — Et bien... j'ai besoin de ton appartement ce matin. — Elle est charmante (*je souris*), un ange (*je fais : ah!!*). C'est dit, hein ? Tu ne me refuses pas. Bon garçon, va !... A tantôt ! Je me sauve... j'ai rendez vous sur les tours Notre-Dame ; c'est malin ?... Adieu... Ah ! à propos, donne-moi ta clef ?... »

Et il s'enfuit.

Je suis un bon garçon. Je me lève, furieux. Je sonne.

Entre madame Asdrubal, ma femme de ménage.

« Bonjour, monsieur. — Bonjour, veuve Asdrubal. Vous allez vous dépêcher, ce matin, madame. Vous lirez mes lettres un autre jour, n'est-ce pas? — Ah! monsieur! — Pas d'excuses. Vous garnirez de neuf le lit. Mettez du bois dans le coffre; des allumettes, — partout! — N'oubliez pas l'eau dans les carafes. — Constatez la présence d'un savon neuf, je vous prie, veuve Asdrubal. Ces soins pris, vous filerez, tel un vélocipède ardent! »

Madame Asdrubal sourit finement. Son sourire me ronge le cœur, mais je ne dis rien, comme le petit Spartiate dévoré par son renard. J'enrage tout bas. Néanmoins je mets la main à la pâte. Je range mes livres, mes papiers. J'ôte les portraits de famille. (Généralement les dames de mon ami Savarin trouvent que les portraits de famille sont assommants à voir!) Je fais disparaître quelque bibelot un peu.... voyant. Les femmes sont indiscrètes! Enfin, pour être d'une galanterie héroïque, je fais acheter des fleurs, sous la porte cochère, en face! Puis je me sauve.

Je me sauve, étouffant un soupir. Mon cœur n'est plus qu'une marmelade douloureuse. J'ai la gorge sèche. Je flâne sur le boulevard. J'use le temps le plus que je peux. Je vais déjeuner. Tentative honorable qui n'est couronnée d'aucun succès. Je n'ai pas faim. J'ai chaud. Des vapeurs me parcourent. Je pense obstinément à mes hôtes, et à mon hôtesse surtout.

Ma pensée vole, incessamment, tout droit, là-bas, dans ma chambre. Je vois Savarin faisant des effets de blanc d'yeux, tandis que la dame inspecte mes affaires et rit. Je l'entends rire, et rire de moi ! Savarin lui dit que je suis un bon garçon. Misère !

J'essaye de manger ; les morceaux, comme un troupeau à la barrière, se pressent à l'entrée de mon gosier. Quelques consommateurs, dans le restaurant, m'examinent. Il me semble qu'ils disent, s'apercevant de la difficulté que j'éprouve à avaler : « Ils passeront !... Ils ne passeront pas ! »

Cela me fait maugréer tout haut. Le garçon me méprise, et me débite la liste des mets comme s'il était conducteur d'omnibus et qu'il se dépêchât d'annoncer les correspondances. Je n'y comprends rien. Je me borne à collectionner des médailles de beurre ; la numismatique d'Isigny m'absorbe. Tandis que je détruis rapidement mon tempérament par ce régime étrange, des questions plus qu'indiscrètes se dressent dans mon esprit. Je me demande... oui, je me demande ce que la belle inconnue pense de mon hospitalité. La trouve-t-elle assez écossaise ? Il sont bien libres de prendre le costume du pays de la *Dame blanche,* en tous cas, s'ils veulent ajouter à l'illusion.

Les heures s'écoulent lentement. Je regarde le cadran et les aiguilles avec ferveur. A me voir, on dirait que je suis devenu le sectateur d'une religion nouvelle ayant pour principe l'adoration des horloges.

Enfin le soir vient. Je puis rentrer chez moi, sans indiscrétion. O bonheur !

Me voilà dans mon domicile. Une odeur de cigare,

le londrès du triomphe ! mêlée à des parfums délicats, à des odeurs de femme du monde, emplit ma chambre à coucher. Il y a des épingles à cheveux sur ma table de toilette Une terrine jaune, sarcophage d'un foie gras disparu, trône sur ma commode. Ils ont mangé sous mes lambris. C'est du joli !

Cependant, je dois l'avouer, les pauvres enfants ont été très-convenables. Soyons bon garçon. On a même essayé de faire de l'ordre avec du désordre. Une main inhabile de jolie dame a tout remis en ordre, tant bien que mal. C'est la veuve Asdrubal qui rirait !... On a tapoté les oreillers, pouf, pouf, pouf. Ah ! belle coupable, vous devriez bien demander des leçons à votre femme de chambre !

C'est égal, c'est un ange ! — Oui, un ange, et voilà sur le tapis une petite plume follette, tombée sans doute de ses ailes exquises.

Je suis un bon garçon, soit. Mais tout cela me trouble. J'ai le front brûlant. Ces senteurs, cette petite plume, ce désordre, me portent à la tête. Ces épingles me grisent. C'est bête comme tout une épingle à cheveux qu'on n'a point ôtée soi-même d'un chignon sans défense, mais cela fait rêver. Allons, bon, voilà que je m'attendris : j'ai envie de faire des vers, à présent : A UNE ÉPINGLE, *sonnet*.

Comme le désir de faire oublier Victor Hugo me mord au cœur à l'instant même où je viens d'extraire mon pied gauche d'une bottine récalcitrante, je m'attable, un pied nu, l'autre chaussé, et je somme la muse de comparaître devant moi. Elle refuse, l'infâme ! Je l'insulte en prose. Elle ne répond pas davantage. Zut, alors.

Clopin, clopant, je fais le tour de ma chambre. J'avale un verre d'eau dont la profondeur défierait les sondes ! Enfin, je me couche.

Mais, va te faire... éditer ! le sommeil ne veut pas plus venir à moi que les petits alexandrins. Je lance quelques jurons. Cela ne me soulage pas. Au bout d'un quart d'heure je prends le parti de changer la taie de mes oreillers. Elle répand, ainsi que la Salambô de Flaubert, un parfum qui étourdit comme la fumée des cassolettes. « Elle sent le miel, le poivre, l'encens, les roses et une autre odeur encore. »

Elle m'enivre ! (*Voir les opéras-comiques pour le reste.*)

Mais où diable la veuve Asdrubal fourre-t-elle les taies d'oreiller ? Impossible de mettre la main dessus. C'est agaçant ! Me voilà forcé de savourer malgré moi la senteur suggestive de ce linge coupable, complice d'un crime. Je suis un bon garçon, cette femme est un ange ; mais pourquoi abuse-t-elle de la *mousseline ?*

L'aube, crépuscule du balayeur, paraît enfin. Derrière les doubles rideaux qu'*ils* avaient soigneusement tirés, sa lueur glisse tranquillement. A la base de ces voiles utiles, elle trace une raie blanche sur le parquet.

Sauvé, mon Dieu ! l'essaim des rêves malfaisants

qui tord sur l'oreiller les bruns adolescents, comme disait Baudelaire, s'envole par la cheminée. L'obsession charmante m'abandonne. Je respire.

Il était temps ! Ouvrons la fenêtre !

Le lendemain des incursions de mon ami Savarin dans mon appartement, j'éprouve toujours, ne sais pourquoi, une regrettable propension à flâner, poursuivant en chemin, après un excellent déjeuner, la rédaction du sonnet commencé la veille : *A une épingle !*

Il est rare que je le termine.

Les deux quatrains vont très-bien. Je m'en déclare satisfait. Mais, au premier *tercet* (le diable s'en mêle, je crois !), je m'arrête, et l'oiseau qui passe, la femme qui traverse, la moindre distraction, enfin, soufflant sur ma rêverie, prive le monde d'une œuvre de génie « *simple et touchante !* »

Que faire ? on ne peut suivre l'oiseau qui met à peine un instant son ombre sur le sol. Reste la femme... Ah ! mais, dites donc, je suis un bon garçon, c'est vrai, mais rendez-moi la clef d'or de mon cœur, messieurs et mesdames.

Je n'ai pas envie de vous laisser fouiller comme cela plus longtemps dans les chers secrets que renferme mon âme, — ce coffret de santal !

L'HOMME ÉLASTIQUE

On en était aux cigares.

C'était le doux moment où, les pieds sur les bâtons de la chaise de son voisin, le dos commodément appuyé, on prête une oreille complaisante aux contes d'un dessert prolongé.

Gustave D..., invité à fournir son historiette à son tour, s'inclina vers nous, l'œil brillant, et parla ainsi avec fébrilité :

*
* *

Vous avez tous lu Balzac. Vous connaissez donc *Louis Lambert*, le fou par amour, et sa fin déplorable. Eh bien, mes amis, un jour ma raison fut bien près de tomber dans cet effroyable abîme — l'aliénation mentale — d'où on la retire bien rarement.

Voici le fait :

Il y a deux mois, la veille de Noël, M. Z..., celui qui doit bientôt être mon beau-père, me fit mander. J'allai chez-lui. Là j'appris que ma profession et ma *pauvre-diablerie* n'étaient plus un obstacle insurmontable à ses yeux, et, bref, que la main tant et si ardemment désirée de sa fille était à moi.

« Dans huit jours, me dit-il, nous publierons le premier ban. »

Cette nouvelle renversante, si peu attendue, me donna un rude coup. Oh! oui. — J'aimais mademoiselle Z... depuis deux ans, et depuis deux ans, malgré larmes et prières, la pauvre enfant, cruellement repoussée par son père, me disait de l'oublier. Quelle ascension rapide et dangereuse de l'extrême désespoir à la joie intense! Pendant une heure, après l'entrevue, je fus certainement fou, fou à lier. J'arpentais les rues avec rage, au hasard, me tenant à quatre pour ne pas hurler. J'étouffais, en outre.

Je ne rencontrai pas un ami sur les boulevards. Oh! si j'avais pu m'épancher, empêcher ainsi mon cœur gonflé de se rompre! Mais non; je fus obligé de garder mon cher secret pour moi seul. Cela me fit mal, un horrible mal.

* *
*

Le soir de ce jour ravissant je me rendis, comme de coutume, à mon pauvre restaurant.

Vous y êtes venus souvent. C'est là-bas, sur le quai, près de la rue Harlay-du-Palais. De la fenêtre cintrée du cabinet où nous avons tant ri jadis, on voit la Seine et, pendant l'été les sublimes couchers du plus beau soleil du monde, l'adorable soleil du pays où l'on aime.

A ma table se trouvait, avant mon arrivée, un monsieur très-sec, très-râpé, mais au regard profond et brillant : une lumière au fond d'un puits.

Nous nous examinâmes. Un échange de poivre et de sel amena la conversation. Elle fut longue.

On parla du temps, que je trouvais charmant, quoiqu'il bruinât depuis le matin, et du temps, on passa à tant d'autres sujets que l'horloge marquait neuf heures lorsque nous descendîmes sur le quai.

**

« Un cigare, me dit-il.
— Volontiers. Avez-vous du feu?
— Non, mais tenez. »

En prononçant ce mot, il plia un petit morceau de papier en forme d'allumette, et, me montrant le bec de gaz sous lequel nous étions arrêtés, il allongea la main vers lui.

La main s'allongea, s'allongea, s'allongea démesurément, atteignit la lanterne, ouvrit la vitre, et finalement alluma le papier.

Je me mis à rire singulièrement.

Il retira sa main énorme avec un mouvement identique, et, lorsque de la grosseur d'un gant rouge à la porte d'un gantier de province elle fut ramenée aux proportions du 7 1|4 d'un homme bien constitué, il m'offrit gracieusement le feu obtenu d'une façon aussi suspecte.

Je riais toujours, mais il me sembla que la température s'abaissait sensiblement; je grelottais.

« Ce n'est pas plus difficile que ça, reprit enfin l'inconnu en tirant de larges bouffées de fumée.

— Bah! mais...

— Cela vous étonne, enfant amoureux que vous êtes! Je vous en ferai voir bien d'autres. Je peux tout. Je suis *l'homme élastique.* J'ai fait le voyage de Paris à Alexandrie dans un carton à chapeau ; c'est vrai ; mais, en revanche, de Liverpool à New-York, je puis occuper à moi seul le *Leviathan.* »

Les nuits de décembre sont glacées. Celle-là me parut sibérienne. Oh! que j'avais froid! — Marchons, lui dis-je.

« Halte! je tiens à vous amuser, reprit l'inconnu maigre et mal vêtu qui m'accompagnait. Voyez-vous de l'autre côté de la rivière, sur le quai d'en face, un gros monsieur qui passe : cette forme noire, là-bas?

— Oui, parfaitement.

— Voyez-vous derrière lui, à quelques pas, sous un parapluie, protecteur immoral, un couple d'amoureux qui marchent doucement en échangeant probablement...

— Oui, je les vois, aux baisers près...

— Et bien vous allez rire. »

Et le bras de ma diabolique connaissance s'allongea subitement. En une seconde, il eut dix mètres de longueur. L'instant d'après, il planait sur le fleuve sombre aux bruits tristes ; bientôt il atteignit l'autre parapet.

Qui se retourna bien étonné? ce fut le gros monsieur dont le chapeau, enlevé tout à coup, alla se planter sur la pointe du parapluie des amoureux qui le suivaient.

Mais qui fut plus grandement étonné encore, ce fut le couple lui-même en reconnaissant dans le décoiffé, qui se précipitait vers lui pour réclamer sa parure, un mari jaloux et courroucé.

Ainsi me l'expliqua mon jovial camarade.

※

Il était bien gai, ce monsieur! Moi je riais du bout des dents, et ce rire-là les faisait claquer, ma parole. Brrr... c'était fort drôle, en vérité.

Nous reprîmes notre entretien.

« Que vous prouve mon élasticité? me demanda-t-il.

— D'abord que votre puissance est immense, et par suite que vous savez des secrets qui doivent faire froncer le sourcil de Dieu, si vous êtes une créature humaine.

— Peuh! Je conservre ma petite autonomie à côté de Lui, voilà tout. En effet, au point de vue humain, je peux tout. Je fais de l'or.

— De l'or?

— Oui, de l'or. L'essieu du genre humain; l'or! un joli mot, n'est-ce pas?

— Oui, monsieur.

— Eh bien, je veux vous faire cadeau d'un peu d'or.

Vous me plaisez, et d'ailleurs j'ai un service à vous demander?

— A moi ?

— Oui.

— C'est la nuit de Noël, bientôt j'ai ma cheminée à garnir. Prêtez-moi vos souliers.

— Mes souliers !...

— Oui, c'est une fantaisie, je vous payerai leur location un million, en or, en or luisant comme basilic.

— Mes souliers?

— Eh oui ! Prêtez-les-moi jusqu'à demain matin. A dix heures, vos chaussures, parfaitement cirées, seront chez vous. Et vos tiroirs, pleins à déborder, ruisselleront sous vos yeux.

— Mais... si vous me trompiez... C'est que je n'ai que cette unique paire de souliers, savez-vous?...

— Soyez sans crainte. Je tiens ma parole, toujours. »

*
* *

Nous nous séparâmes, poursuivit Gustave D...., plus rouge et plus animé que jamais.

Le lendemain, plein de confiance, je promenai en me réveillant mes yeux par la chambre.

Pas de souliers !!!

Je fut diablement embarrassé. — Je devais aller chez ma fiancée, le matin même, et, juste au beau moment, mon faiseur d'or me faussait compagnie. Cruel ennui ! rendez-vous était pris ! On m'attendait pour déjeuner.

L'horrible filou ! Je le maudis pendant une heure. Puis, moins patient que sœur Anne, — et surtout plus pauvre qu'elle, — je résolus de partir malgré ce contre-temps assez grave.

Je sortis pieds nus.

Les rues étaient boueuses. Mes pieds devinrent hideux. Les gamins me suivaient.

« Il a fait un pari.

— Ohé ! ohé ! le Juif-Errant !

— A la *chienlit !* »

Cela me faisait de la peine de les entendre s'exprimer ainsi.

Un bourgeois me fit remarquer la nudité de mes infortunés pieds.

Je le remerciai de son attention, « Mais que voulez-vous, lui dis-je, le voleur ne m'a pas rapporté mes bottes ! »

On s'amassait autour de nous. J'avais très-froid, plus froid que la veille. Un cercle de fer me martyrisait le crâne ; je ressentais aussi une vive douleur à la racine du nez.

Un sergent de ville m'arrêta et m'interrogea sévèrement. Je lui répondis que cela ne m'arriverait plus, et que j'étais très-pressé.

Il me prit doucement par le bras et me pria de le suivre... chez un cordonnier.

Oh ! que j'avais froid ! partout je voyais des yeux

de toutes les couleurs fixés sur moi, et cela me faisait peur.

Enfin un ami me rencontra. — Ah! que n'était-il venu la veille sur mon chemin ! Il parla bas au sergent de ville. Je crus entèndre : « Laissez-le, il est soûl. »

Pauvre ami, comme il se trompait. Je n'avais rien bu, non rien, je le jure.

On prit un fiacre. La chaleur me revint. Je me sentis bien heureux, et je pleurai toutes les larmes que je gardais depuis la veille sous mes paupières.

Mais j'avais attrapé un rhume très-violent, et l'on dut me conduire ici, chez ce brave docteur Blanche, pour me faire soigner. Ça va mieux, heureusement. Dans quelques jours, j'irai rejoindre ma fiancée. Elle a dû trouver le temps long, la charmante fille !

*
* *

Pauvre Gustave D..., voilà six ans qu'il se fait traiter pour son rhume dans la maison de santé du docteur Blanche ; nous allons dîner avec lui quelquefois, et chaque fois, invariablement, il nous raconte son histoire, en ajoutant un mot bien affreux à la fin de son récit, et qui fait froid, venant de lui :

« Prenez garde aux rhumes... de cerveau. »

LES JAMBES DE CE MONSIEUR!...

On parlait de jambes. C'était entre femmes, à Paris, dans le salon chauffé à blanc du consulat de la République de Racahout de los Arabos.

Madame Santa-Tapioca recevait quelques visites. Le jour de l'an lui faisait ce loisir.

Une huitaine de dames très-brunes, au teint d'une blancheur mate, créolement étalées çà et là sur tous les siéges bas et longs, autour de la cheminée, tendaient leurs bottines étroites au feu ardent.

Des arbres exotiques semblaient frémir d'aise. Une brise brûlante, exhalée par les bouches de chaleur, agitaient leurs rameaux bizarres. Dans l'épaisseur du tapis un grand écureuil volant, de couleur grise, se roulait avec délices, en gloussant. Une servante noire, coiffée d'un madras, frottait doucement, avec une brosse à longs poils rouges, les pieds fins des visiteuses. Elle passait de l'une à l'autre avec un grand sourire niais, montrant des dents de cannibale.

Les dames poussaient de petits cris de satisfaction, relevant un peu leur jupe, tandis que la mulâtresse réchauffait leurs extrémités délicates.

On parlait donc de jambes, naturellement, et, qui plus est, de jambes d'hommes, par extension. Comme il n'y avait chez madame Santa-Tapioca aucune espèce d'Anglaise, aucun *shocking* indigné ne s'élevait dans l'air, tout à coup, aux points scabreux de la conversation.

Les jambes d'ailleurs sont un sujet de bavardage comme un autre. Est-ce votre avis? Parbleu! je le savais bien. Vous en convenez. En suivant la pente, après la tête et le buste, viennent naturellement les jambes. Les jambes ne sont pas les colonnes d'Hercule. Personne n'a gravé sur leur chapiteau : *Tu n'iras pas plus loin*. On peut donc en parler, les examiner, les décrire. Ce que nous disons à propos des jambes voilées des dames, les femmes ont bien le droit de le dire à propos des jambes masculines, toujours mises si bravement en évidence.

On parlait donc des jambes du sexe véritablement faible. Cela n'a rien d'étonnant.

Entre dames, on s'occupe souvent de bien d'autres choses! Un homme qui aurait la hardiesse d'écouter aux portes d'un boudoir rempli de dames s'enfuirait quelquefois épouvanté de la crudité innocente des récits qu'il entendrait faire par des anges aux ailes de poult de soie.

Qu'on se rassure. Nous n'avons pas l'intention coupable de trahir les secrets qu'on a bien voulu nous confier parfois. Nous ne ferons dégringoler aucune idole de son piédestal. Nous répéterons seulement ce qui se disait pudiquement chez madame Santa-Tapioca à propos de jambes masculines.

« Un souvenir ! dit tout à coup la belle et indolente Mathilde Stéphenson, une Américaine seize fois millionnaire, l'étoile de la colonie.

— S'agit-il de jambes ?

— Oui, et de jambes agaçantes. Elles ont failli me donner une attaque de nerfs, en wagon.

— Racontez-nous cela, ma chère.

— C'était une nuit, sur la ligne du Havre, avant mon mariage. Nous avions pris le *char*... Oh ! pardon, je me crois toujours à la Nouvelle-Orléans. Nous avions pris l'express, ma mère et moi, à Rouen. Nous voulions être à Paris le lendemain matin. En entrant dans le wagon, le premier objet qui frappa mes yeux, ce fut une paire de jambes d'une dimension prodigieuse, couvertes d'un pantalon gris, presque blanc, et qu'éclairait en plein la lampe. Ces jambes appartenaient à un individu, solitaire, habitant ce wagon avant notre arrivée, qui dormait dans un coin, le visage et le buste enveloppés dans les nombreux replis d'un châle épais. Je m'assis en face de cet inconnu. Ma mère se blottit à l'autre bout du compartiment. Elle s'endormit bientôt. Je voulais l'imiter. Mais, impossible. Ces jambes sans limites, étalées de ci, de là, avec un abandon presque indécent, m'empêchaient de fermer l'œil. Pourquoi ? je ne sais pas. Mais elles m'agaçaient. Elles n'en finissaient pas, ces absurdes jambes ! malgré moi je les contemplais. Leur maigreur était extrême. La rotule, anguleuse, tendait l'étoffe et se dessinait pointue.

J'avais envie de leur faire mal, de leur donner un bon petit coup dans les os : elles m'agaçaient. Le monsieur sans gêne qui les possédait s'agitait de temps à autre, et semblait faire exprès d'agrandir l'ouverture de ce compas ridicule. La lumière de la lampe illuminait comme à plaisir cette paire de pincettes humaines. Je n'en perdais aucun détail. Oh! j'étais agacée! Ce monsieur portait des sous-pieds qui tiraient le drap de son vêtement, et le faisait coller sur l'ossature grotesque de ses jambes. Je ne sais comment j'ai pu résister au désir impérieux que j'avais de le réveiller, ce vilain dormeur, et de lui crier : Mais ôtez de là vos jambes de héron! — Je pensais aussi qu'un accident, un déraillement par exemple, pourrait avoir pour résultat de couper net ces jambes : cette perspective me réjouissait.

Cependant nous débarquâmes saines et sauves, ma mère et moi, à Paris. Pressées d'arriver à l'hôtel, nous descendîmes du wagon avec précipitation, et c'est ainsi que je perdis de vue les stupides jambes de mon compagnon de voyage. Mais pendant trois ou quatre nuits j'en rêvais. Les jambes de ce monsieur ne me sortaient pas de l'esprit. Enfin, cela se calma, Dieu merci, et si je pense quelquefois encore aux jambes de ce monsieur, ce n'est que pour en rire. Elles ne m'agacent plus.

— Les jambes de ce monsieur! — Voilà un sujet de vaudeville! s'écria madame Santa-Tapioca. Je comprends votre agacement, ma chère. Les jambes de ce monsieur, si lourdement endormi, n'avaient rien de bien agréable à voir, en effet.

— Eh bien, mesdames, reprit une petite femme au teint basané, les jambes de ce monsieur, qui agacèrent si fort madame, me rappellent un autre duo de jambes masculines, qui, pendant un an, furent un mystère vivant pour moi. Et, faut-il l'avouer, les jambes en question, les jambes de mon monsieur, ne m'apparurent pas, à moi, bien qu'à trois reprises différentes, dans le costume de rigueur, dans le pantalon traditionnel. Madame Stephenson a eu plus de chance que moi.

— Eh ! eh ! — murmurèrent toutes les dames. Que voulez-vous dire ? Diable ! Mais alors !... De grâce, dites-nous cela, vite...

— Oh ! c'est bien simple.

— Simple ! vous allez bien, ma bonne amie !... Voir trois fois des jambes nues... des jambes de monsieur !... c'est palpitant d'intérêt et d'inouïsme.

— Honni soit qui mal y pense ! s'écria la petite dame au teint basané. L'histoire des jambes de ce monsieur n'a rien de par trop léger... Du reste, vous allez en juger, mesdames.

— Certainement... Nous vous écoutons.

— Il y a trois ans, c'était aussi avant mon mariage, quelques mois avant, au bal de l'ambassade de Honolulu, bal masqué qui, vous vous le rappelez, fut un des grands événements de cet hiver-là...

— C'est vrai. Quelle fête splendide !

— Eh bien, mesdames, tandis que, fatiguée au dernier point, je refusais avec regret les invitations les plus tentantes et les danseurs envoyés par ma mère elle-même, j'aperçus, du coin capitonné où je me tenais blottie, un superbe pêcheur napolitain causant avec une bergère ridicule qui devait être, si je me souviens, cette grosse pie de Louise de Caravansérail.

— Pie est le mot. Quelle langue, cette petite boule de femme, en effet !

— Mon pêcheur napolitain, superbe, je le répète, portait pour tout vêtement une chemise de soie blanche, ouverte sur la poitrine, une ceinture rouge et un caleçon de satin violet, fort court, qui laissait négligemment voir deux jambes nerveuses, irréprochables, moulées dans un maillot de couleur chair. C'était une *académie* vivante, splendide; un modèle parfait; un *Léopold Robert* sans défauts, et du meilleur monde. Un loup et une barbe postiche dissimulaient ses traits par malheur.

— Ah ! l'histoire se corse !

— Je demandai son nom à plusieurs de nos bonnes amies. Elles n'en savaient pas plus long que moi. Mais nous admirâmes de concert les formes magnifiques du pêcheur napolitain. Je n'en pouvais détacher mes regards, j'en fais l'aveu sans honte. Cet homme était une œuvre d'art naturelle. Je le regardais, comme on regarde Apollon dans un musée. Le bal se termina comme tous les bals, par un cotillon absurde. J'y assistai dans l'espérance d'apprendre quelque chose sur mon inconnu. Mais ce fut bien inutilement. Il avait disparu.

— Et d'une! dit madame Santa-Tapioca.

— Les jambes de ce monsieur me trottèrent longtemps dans la tête. L'hiver se passa. L'été vint. Nous partîmes pour la mer. Les jambes de ce monsieur ne me sortaient pas de la cervelle. Et pas de nouvelles de leur propriétaire légitime! J'avais beau examiner avec quelque astuce les jambes de tous les jeunes gandins que ma mère autorisait à solliciter ma main, je ne découvrais aucune ressemblance, même lointaine, entre les supports fragiles de mes soupirants et les jambes... de ce monsieur. Mais un jour, cela se passait à Étretat, comme nous regardions de loin les jeunes gens de notre cercle piquer des têtes à la mer haute, j'eus un fort battement de cœur. Je venais de voir deux jambes magnifiques, les pieds en l'air, s'enfoncer dans l'eau à la suite d'un corps gracieux. Ce ne fut qu'un éclair. Mais je m'écriai : *Les jambes de ce monsieur !*

— Et de deux ! reprit la *consul* de Racahout de los Arabos !

— Ma mère me pinça le bras. Mon exclamation avait fait retourner quelques braves promeneurs. Nous nous hâtâmes de quitter la place. Et je ne pus voir, encore une fois, les traits de mon inconnu aux belles jambes. Je retournai plusieurs jours de suite sur la grève, à l'heure du grand bain de ces messieurs, mais les mollets idéaux, les mollets de mes rêves ne se montrèrent plus jamais à mes yeux intrigués.

— Pauvre petite !

— Comme, en définitive, on ne peut passer sa vie à regretter deux jambes, je pris le parti d'y renoncer pour toujours, et je confiai ma main, au mois d'octobre suivant, à un capitaine de cuirassiers, que vous connaissez d'ailleurs, mesdames.

— Cavalier ravissant, ma belle, ajouta madame Santa-Tapioca. Votre mari est un homme magnifique, en effet !

— Que vous dirai-je ? — Les mille préoccupations, bien naturelles, qui précèdent une chose aussi grave qu'un mariage, éloignèrent tout à fait de ma pensée le souvenir des jambes de ce monsieur. Le soir de mes noces, je puis vous assurer que j'étais à cent lieues d'y songer.

— Certes !...

— Pendant la nuit... Lucien..., mon mari bien-aimé, voulut absolument faire lui-même un verre d'eau sucrée à la fleur d'oranger... que je lui demandais timidement. « Ne réveillons pas votre Lison, ma bonne petite, me dit-il, elle est harassée de fatigue. Laissons-là dormir. Vous allez voir comme je sais bien préparer un verre d'eau... » Le capitaine en disant cela, se leva donc, traversa la chambre en deux ou trois enjambées, ôta le couvercle de la veilleuse, afin d'y voir clair, et se mit en devoir de prodiguer l'eau et le sucre dans le verre en question. Le feu, qui s'éteignait, l'illuminait à demi... par le bas... et machinalement je le regardai !... et, tout à coup, je me mis à crier comme une folle : Oh! *les jambes de ce monsieur !... les jambes de ce monsieur !...*

— Votre rêve était exaucé ? — Et de trois !...

— Absolument! Car — ce monsieur — c'était mon mari.

— Créature favorisée du ciel !

— Je ne vous raconterai pas l'explication curieuse qui eût lieu l'instant d'après, entre le capitaine et sa femme, sa bienheureuse femme... vous en devinez les termes... Lucien rougit de plaisir...

— Je le conçois!...

— L'histoire est un peu roide, fit tout bas une dame d'un âge malheureusement certain... Mais c'est égal... elle est drôle... Mes compliments, ma chère, poursuivit-elle tout haut. »

Toutes les visiteuses suivirent son exemple. Et la petite femme au teint basané, recueillit une pleine corbeille de félicitations... sincères.

MON AMI LE PHÉNOMÈNE

J'ai eu l'honneur autrefois, quand j'étais garçon, de compter au nombre de mes amis un excellent phénomène, un modeste et tendre géant, un vrai. Bébé, c'était son nom, — vous saurez plus tard pour quel motif il portait le surnom du plus célèbre des nains qui ont brillé, fleurs éphémères, avant Tom-Pouce — Bébé, dis-je, mesurait, sans les bottes, 2 mètres 297 millimètres, du *calcaneum* au *sinciput*.

Une jolie taille, comme vous voyez, et que bien des gens ambitieux envieraient. Mais Bébé n'en était pas plus fier pour cela ; au contraire! Sa haute stature le rendait fort malheureux en somme. Tout à l'heure, vous le comprendrez parfaitement. Disons tout de suite que les parents de Bébé ne pouvaient se consoler de la crue subite de leur fils au-dessus du niveau normal de l'étiage humain. Or Bébé, fils respectueux, s'affligeait abondamment et versait d'énormes larmes toutes les fois que son père et sa mère au dessert, racontaient aux invités de la maison les trente-quatre années de désappointement que leur enfant leur ayait procurées depuis sa venue au monde.

Bébé avait donc trente-quatre ans et pas de barbe.

pas l'ombre même ! Ainsi qu'une pâle tête de veau dans le baquet des bouchers, son visage bonasse et d'une blancheur virginale apparaissait aux regards dans la baraque où on l'abritait. Car Bébé, phénomène forain, gagnait tristement sa vie en se montrant aux populations de France et d'Allemagne, orné d'un habit écarlate à brandebourgs, et chaussé de bottes monumentales, au fond desquelles il ne glissait aucun jeu de *bezigue*. Bébé était un géant sincère.

Où, comment, pourquoi nous nous étions connus, Bébé et moi, peu importe à la postérité. Que l'on sache seulement que le lien qui unissait nos deux cœurs était fort et solide. A quelle époque ce lien a-t-il été brisé ? je ne me le rappelle guère, et cela n'intéresse personne. Les amis, à Paris, ressemblent assez aux enfants du père du Petit-Poucet. On les aime beaucoup et on les perd facilement parce qu'on ne sait plus, quand leur nombre augmente, comment faire pour les conserver. Le cœur moderne est si pauvre !

Un soir, mon ami le phénomène m'invita à venir passer la soirée chez lui, en famille. C'était dans les premiers temps de notre liaison. J'acceptai la proposition avec une joie que je m'efforçai de dissimuler sous les apparences d'un refus poli. Il insista. Je me rendis.

« Le *général* vous recevra parfaitement, mon cher, me dit-il. C'est un gamin, un diable, soit ! mais soyez bon pour lui. Il a un cœur d'or. Ah! s'il n'aimait pas tant le *crick!* mais il aime le *crick*, le *général*, voilà le malheur! Que voulez-vous? l'habitude des camps! Quant à maman, *madame Trois-pieds*, c'est une femme de tête! La bourse un peu serrée peut-être, mais c'est aussi un cœur d'or. Le *crick* est son faible. Cela me chagrine. Mais que faire? c'est une enfant. Elle pleurerait si on la grondait, et je l'honore. »

Pendant que mon ami le phénomène parlait ainsi, le chemin qui nous séparait de son domicile avait été franchi. Bientôt nous frappâmes au seuil paternel, situé, il faut l'avouer, au cinquième étage, rue de Pontoise. D'aigres voix nous crièrent d'entrer. Nous entrâmes.

« *Général*, je vous amène un ami, un homme de goût, un de vos admirateurs! Maman, voici un monsieur qui est fou de vos talents. » C'est en ces termes aimables que mon ami le phénomène me présenta à ses vénérables parents ; ils grimacèrent et grognèrent pour toute réponse.

Ces parents inouïs, perchés sur deux chaises d'enfants aux deux bouts d'une vaste table, ressemblaient à s'y méprendre à deux singes rabougris, se livrant à leurs exercices ordinaires. Bref, c'étaient deux nains de la plus vilaine eau. Le *général* faisait partie, comme comparse humain, d'un théâtre d'animaux savants ; vous l'avez vu sans doute dans les fêtes publiques. C'est lui qui, habillé en général, chamarré de croix, le sabre en main, et chevauchant une chèvre, mène à l'assaut d'une forteresse peinte des chiens costumés en militaires, et conduit des singes belliqueux à la victoire.

Quant à la *maman*, la belle *madame Trois-Pieds*, je la reconnus immédiatement pour la dame que l'on montre dans les boutiques en construction, et qui habite, invisible, une petite maison de carton, à deux étages, pourvue de portes et de fenêtres. Sybille criarde, elle rend des oracles précieux qui arrivent à l'oreille avide du public par le canal d'un porte-voix gigantesque.

Je saluai fort bas les deux vieillards. Ils daignèrent me prier d'un air rogue de vouloir bien prendre place à l'énorme table.

« Nous allions dîner sans vous, Bébé, fit le général tordant sa moustache rousse. Vous êtes libre, monsieur, bien libre de laisser vos père et mère crever de faim. Oh! vous êtes libre, parfaitement libre. Un géant, c'est connu, ça n'a pas de cœur. Non, non, pas de cœur.

— Voyons, *général*... supplia Bébé, pas de scène! vous savez bien que l'ouvrage m'a retenu. C'est lundi, aujourd'hui. »

Et le brave phénomène murmura à mon oreille :

« Le *général* est agacé, ce soir; mais c'est un gamin, un diable... le fond est bon. Ne vous fâchez pas, hein! et puis l'habitude des camps! »

On dîna tant bien que mal. *Madame Trois-Pieds*

fit mine de s'évanouir dans les environs du café, parce que Bébé, fils prudent, s'avisa de vouloir lui verser son *crick* en quantité raisonnable. Mais ce ne fut qu'un nuage dans l'azur de cette soirée.

« C'est une femme de tête, me dit tout bas Bébé, un enfant, un petit enfant, une créature angélique », et, en prononçant ces paroles, il abandonna à sa mère bien-aimée le flacon d'eau-de-vie qu'il avait voulu lui ravir respectueusement.

Le café pris, on causa. J'étais ravi. La conversation étrange de la société distinguée qui m'entourait me transportait au septième ciel.

Les deux affreux magots se démenaient sur leurs siéges, et racontaient des histoires qui faisaient pâlir et rougir Bébé, l'innocent phénomène. Bien entendu, le fameux *crick*, rosée brûlante, tombait sans cesse dans le gosier blindé du général et de son épouse.

Car *madame Trois-Pieds* était l'épouse légitime du *général*.

« Gare la bombe! me dit tout à coup Bébé, à voix basse. Maman, une enfant, une frêle enfant, va raconter l'histoire de son mariage. »

En effet, *madame Trois-Pieds*, larmoyant (ce qui ne l'empêchait pas de boire, du reste), narra longuement à son auditoire, le récit funeste de son union. Elle avoua, et le général pris à témoin, avoua également, que leur but en se rendant à l'autel avait été de se voir revivre dans un enfant aimable, et d'une taille encore plus exiguë que la leur. Le ciel aidant, quelle resource pour leurs vieux jours, et quel motif de juste orgueil ils auraient trouvé dans un enfant plus *nain* qu'eux! Mais le ciel les avait punis, cruellement punis. Au lieu d'un nain, ce fut un géant que leur ardent amour produisit !

Dérision amère! on avait baptisé du charmant prénom de Bébé le marmot qui naquit un jour, un jour, un sombre jour, croyant qu'il le porterait dignement, et ferait honneur à sa famille. Hélas! quelle déception foudroyante! *Bébé*, malgré leurs soins, avait grandi. Il les avait trompés ! ! ! Un géant né de deux nains, c'était bien étrange. Le *général* n'en revenait pas. Il émit des soupçons outrageants. *Madame Trois-Pieds* fondit en pleurs âcres et voulut plaider en séparation. On raccommoda à grand peine les époux. Mais depuis l'heure fatale où il fut bien constaté que Bébé dépassait pour toujours le niveau paternel, Bébé, leur doux espoir, devint presque un objet d'horreur.

Pauvre Bébé, qu'il dut souffrir, en effet, entre ces deux extraits humains, qu'il aimait avec ferveur, comme une bête !

Aussitôt qu'il prit de la taille, les querelles devinrent plus fréquentes dans le ménage, le *crick* aidant. Bébé vit plus d'une fois les auteurs de ses jours se prendre aux cheveux. Le phénomène alors, fort comme saint Christophe, se décidait à enlever ses parents dans chacune de ses puissantes mains, et, les portant à bras tendus, comme des kilogs, il les laissait s'expliquer — à distance, en l'air. Ce remède les calmait très-bien.

Je fus même témoin de son effet merveilleux, le soir de mon introduction dans la famille de mon ami le phénomène.

Mais tout le temps que dura la lutte à coup d'injures entre le *général* et *madame Trois-Pieds*, suspendus dans les airs, entre les doigts de leur fils, celui-ci pleurait comme un cerf, soupirait bruyamment et sanglotait : « Ce sont de bien vilains enfants! oh les vilains méchants! »

Je n'ai jamais vu de tableau plus épouvantable et plus grotesque. Dieu! que j'ai ri !

LA BELLE MADAME PATTE

La conversation qui va suivre a eu lieu, il y a quelques jours, pendant un entr'acte, au café de la Comédie à Cambrai.

Cambrai (Nord), chef-l. d'arr.; sur l'Escaut. 24 kil. S.-E. de Douai. 20,846 hab. Évêché, tribunal de première instance. Forte citadelle.

Cathédrale. Hôtel de ville. Bibliothèque. Toiles renommées. Linons. Dentelles. Mégisseries. Huiles... Cambrai, dis-je, contient depuis vingt-cinq ans dans ses murs, *des Français l'épouvantable écueil,* comme s'écrie Boileau, contient qui ? mon pauvre ami Joseph Le Cateau, troisième clerc de M⁰ Gluâtre, notaire.

J'étais venu passer une semaine dans la famille de ce brave Le Cateau, histoire de troubler les habitudes de plusieurs honnêtes gens de province.

Ceci vous explique comment je pouvais me trouver, en compagnie de Joseph, il y a quelques jours, attablé au café de la Comédie, pendant un entr'acte. Nous épuisions la coupe des plaisirs!

Joseph n'était pas gai. Un chagrin secret semblait le ronger jusqu'à l'os. En vain je m'efforçais de le distraire au moyen d'anecdotes. Son front restait couvert de nuages.

« Voyons Le Cateau, qu'as-tu? Toi si joyeux jadis? Quel sombre mystère me caches-tu? Serais-tu amoureux, par quelque infernal hasard?

— Hélas! soupira Joseph.

— Si j'en crois le *han* douloureux que tu pousses, j'ai mis en plein dans le mille. Tu es en proie à une passion. Monstrueuse, peut-être? Allons, Le Cateau, soulage-toi. Ouvre-moi ton âme! Tiens, voilà ma main ; tiens voilà mon cœur.

— Hélas! murmura de nouveau l'infortuné Joseph.

— Qui diable, dans cette ville aimable comme un pique-nique de cercueils, a pu t'inspirer des sentiments aussi particuliers? Le Cateau, ne fais pas le muet. Réponds à cette question, ô mon ami?

— Eh bien!... reprit à voix basse et en rougissant le pauvre garçon poussé dans ses avant-derniers retranchements, eh bien! oui!.. — Oui! j'aime une adorable créature; mais hélas! une créature de bronze!... Un ange... de marbre... Une femme enfin... de pierre...

— C'est toujours ça. Mais je ne vois là-dedans rien de triste. Les charmes qui offrent les duretés combinées du bronze, du marbre et de la pierre sont fort rares. O Le Cateau! de quoi te plains-tu?

— Je ne suis pas payé de retour!

— Tarteifle! c'est impossible! Toi, un joli garçon; de l'œil, du mollet, du biceps, vingt-cinq ans... repoussé par une provinciale...

— Elle est mariée!... gémit Joseph.

— Raison de plus! — Un mari, mais c'est... comme la soupe et le bœuf, pour le militaire... Un peu de rôti, de temps en temps, avec de la salade, cela n'est pas à dédaigner... Et quelle est la dame qui refuse l'*extra* que tu pourras lui offrir, Joseph Le Cateau?

— Silence!... si l'on nous entendait... Oh! ces Parisiens!... Ami, reprit en s'approchant de mon oreille, l'amoureux transi, ami, j'aime la belle madame Patte!... chut! que ce secret meure avec toi... promets-le moi?

— La belle madame Patte!...

— Oui, la pharmacienne de la rue des Fromages!

— Ah! j'y suis. Parfaitement. Elle est donc toujours charmante, cette droguiste?

— Toujours! Et je l'aime depuis cinq ans!

— Depuis cinq ans!... Tu es repoussé depuis cinq ans? Étrange! oh! bien étrange!

— Je ne suis pas repoussé, car... elle ne sait rien encore!

— Ah ça, mais... quelle plaisanterie me contes-tu là?...

— Je vais tout te dire.

— Sois bref; je t'écoute.

— Oui, depuis cinq ans, je me consume pour cette ingrate...

— Dis donc, Le Cateau, si tu supprimais les phrases à effet, hein? Tu sais, c'est un peu démodé...

— Depuis cinq ans, tous les soirs, poursuivit Joseph, tirant un énorme mouchoir de sa poche volumineuse, depuis cinq ans, je viens me poster, lorsque la nuit tutélaire tombe du firmament, au coin de la rue des Fromages. De cet endroit béni, je puis l'apercevoir, la belle madame Patte, assise dans son comptoir, entourée des attributs de son négoce. Quelquefois, son époux s'installe à ses côtés. Alors, je souffre cruellement. Mais mon regard ne peut se détacher de la bien-aimée...

— Et comme ton corps ne peut également se détacher de ton regard, tu restes cloué à ta place.

— Tu l'as dit. Et cela est ma seule joie! Oh! la regarder! Son front pur, — elle se coiffe à la russe, la coquette! — son front pur se découpe sur un fond prosaïque de flacons en porcelaine. On lit, comme voltigeant autour de sa chevelure, les étiquettes dorées de ces flacons. A la lueur du gaz, étincellent des mots mystérieusement abrégés, et que je sais par cœur... Tu comprends, cinq ans de regards!... Oh! ces mots!...

— Si tu les passais?...

— Non, ils brillent à mes yeux et me troublent comme MANÉ, THÉCEL, PHARÈS. A droite près de son oreille délicate, on lit SUBL... POT... NATR... ; à gauche : CHL... CALC... PLUMB ; au-dessus de sa tête adorée, je vois encore : GUIM... PAN... GLOSS...

— C'est gai.

— Elle est si belle !... Elle travaille toujours. Diligente abeille ! Sa petite main couvre de fleurs brillantes les tissus les plus... Hélas ! cette chère petite main sur laquelle je voudrais poser fougueusement mes lèvres, je ne la vois que par instants. Un grand bocal, honneur de la vitrine, rempli d'une dissolution de sulfate de cuivre, me la dérobe quelquefois. En outre, une espèce de perchoir à oiseaux, aux bâtons duquel sont suspendus des bandages, des chaînes électriques et des colliers de perles pour les enfants, voile aussi cette main si désirée.

— Bon. Mais ne peux-tu, sous un prétexte quelconque, pénétrer dans la boutique, et glisser dans l'oreille de la dame...

— Oh ! tu l'oserais ?... Eh bien, j'ai essayé, moi,

de faire ce que tu dis... Tous les mois, à bout de patience, je prends mon courage à deux mains, je ferme les yeux, et tête baissée, je me précipite dans la pharmacie, lorsque le mari est dans son laboratoire.

— Bravo !

— J'entre, rouge, en sueur, tremblant des pieds à la tête, le regard étincelant, et, d'un pas rapide, je m'approche du comptoir. Terrible comptoir ! Il supporte une boîte en fer blanc, sur lequel est gravé un mot terrible : ZIZYPHUM ! Ce mot me glace.

— Et puis ?...

— Et puis, hélas ! mon air bizarre étonne la belle madame Patte... elle sourit... et, — aveu qui me torture ! — croyant deviner, à ma rougeur, à mon embarras, à mon silence obstiné, que je viens chercher quelque remède qu'on est bien aise de demander à un homme...

— Je comprends ; vous avez de la garnison ici...

— Oui ; la belle madame Patte se hâte de s'éclipser, en me jetant froidement ces paroles : — Je vais avertir monsieur Patte ! et je reste, anéanti, les yeux rivés sur le fameux *zizyphum* de la boîte. Et quand le mari me demande, toujours en souriant, ce qu'il y a pour mon service, j'articule péniblement, la mort au cœur : « Donnez-moi quatre sous de *zizyphum !* »

— Et tu remets alors, pauvre le Cateau, la suite au prochain numéro.

— Oui, continua Joseph, et je me sauve, avec mes quatre sous de pâte de jujube, béchique, pectorale et stomachique... Mais cela ne me calme pas !... Et voilà cinq ans que je meurs d'amour pour la belle madame Patte ! »

Au moment où j'allais consoler mon ami, on sonna, autour du théâtre, la clochette d'avertissement. Nous rentrâmes dans la salle.

LE VAGUE A L'AME

Urbain Z***, jeune homme blond, s'élançait hier, trois heures sonnant, hors d'une *victoria* de louage arrêtée soudain devant l'une des premières maisons de la rue Fontaine.

On eût dit qu'il avait un kilo de picrate de potasse dans le corps.

Rapide, il gravit deux étages et s'arrêta devant sur le palier du troisième, en face de la porte de gauche.

Son regard fut attiré par une carte clouée sur le panneau supérieur.

On y lisait ces simples mots tracés à l'encre rouge :

« *Inutile de sonner. Je lis des vers ! Qui que tu sois, va-t'en !* »

Urbain Z***, sans tenir compte de cet aimable avertissement, tira fougueusement le cordon de la sonnette.

La réponse se fit longtemps attendre. Urbain Z*** réitéra son carillon.

« Ah ! c'est toi ! s'écria Gaston P***, jeune homme brun, entre-bâillant enfin sa poterne close. Que diable veux-tu ? N'as-tu point lu ma petite affiche ?

— Si, reprit, haletant, Urbain Z*** ; mais j'avais absolument besoin de te voir, de te parler.

— Entre, mon brave. Tu es rouge d'un côté et pâle de l'autre, ô mon ami, le cas est donc grave ?

— Grave ! soupira Urbain Z*** lorsqu'il fut assis dans le cabinet de Gaston P*** (les verrous étant de nouveau tirés) ; oui, très-grave.

— Un duel ?... Ah ! j'ai de fort bonnes épées....

— Non.... pas un duel.... il s'agit de madame de M***.

— Bon ! vous êtes fâchés ! L'heure solennelle de la rupture a retenti ?

— Eh ! oui. Aussi bien cela traînait depuis un mois...., mais, enfin, j'ai le cœur brisé. Tu sais ce que dit Henri Heine ?

— Non. Mais merci. Pas de citation, si cela ne te fait rien. Tu as le cœur brisé. C'est convenu. Tu viens chercher un peu de baume ici, n'est-ce pas ? — Un baume, un ! Conte-moi ta petite histoire tout de même. Je vais préparer mon élixir en t'écoutant.

— Eh bien ! mon ami, madame de M*** m'a donné mon congé.

— Sans les huit jours ?

— Oui ; et je suis désespéré. Mon amour s'est réveillé plus vivace, plus ardent.... Mais c'est bien fini.

— Fallait pas ouvrir la cage. Elle a repris sa liberté ?

— Et par ma faute ! ma faute !

— Hum ?

— Tu dis ?

— Je dis : « Hum ! » — mais raconte.

— Eh bien ! voilà. Je te l'ai dit tout à l'heure, notre liaison montrait la corde depuis un mois. Mais, avec du soin on aurait pu.... Ah ! quelle bêtise j'ai faite !

— C'est entendu. Mais fais-moi un croquis de cette bêtise. Je t'en prie ô Urbain !

— Il y a quinze jours, un soir que nous prenions le thé chez elle, son mari étant au gymnase Paz, où il se régénère sans cesse, dit-il.....

— Un joli blagueur !...

— Soit ! Nous prenions le thé. On causait de choses et d'autres. Mauvais signe, en amour ! Cela ressemblait à dix ans de ménage. Tout à coup, elle se mit à rire. « Qu'avez-vous, Marianne ? lui dis-je étonné. — Rien. — Pardonnez-moi, ma chère.

Qu'avez-vous à rire. — Je pense, répliqua-t-elle, à une lettre que j'ai reçue aujourd'hui de Clémence. Elle est folle, en vérité. — Folle? interrogeai-je. — Oui, ma parole. — Mais quelle sorte de folie ? — Ah ! vous êtes trop curieux. — En effet, je suis trop curieux. »

J'insistai pour lire la lettre de cette Clémence. Elle me l'abandonna ; la voici. Veux-tu que je te la lise ?

— Il le faut bien ! Mais je vais allumer un simple *médianitos;* c'est le viatique de l'auditeur.

— Ci, la lettre de Clémence :

J'ai du vague à l'âme, mon amie. Un sentiment indéfinissable remplit tout mon pauvre être. Je ne suis pas un ange déchu, et pourtant je me souviens des cieux par instants. Je rêve d'ineffables et longues amours. Fi de la terre ! Je n'ai pas de fausse modestie. Je me sais belle, digne d'être aimée, mais sentir que je suis seulement désirée m'écœure. O mon amie, te figures-tu l'étrange tourment qu'éprouverait un ange égaré sur la terre, cherchant l'âme qui répondra aux voix délicates de son âme, et à qui sa tournure charmante, — provocante, hélas! — attirerait des compliments.... plus que brûlants. Quelle torture !

Eh non! je ne suis pas une créature céleste, mon amie. Je suis une femme. Aussi ces phrases que mon oreille de femme entend, je les comprends, et elles me blessent cruellement. Que l'homme est vil et grossier ! Il ne sait pas voir au-dessous de l'enveloppe. C'est un voyageur qui s'arrête au premier village un peu gai, sur sa route, s'y établit, y mange, y boit, y dort, et oublie les pays inconnus après lesquels il aspirait, et qu'il était allé découvrir.

Oh ! l'amour ! L'union pure de deux pensées ; le vol

parallèle et candide de deux âmes; deux cœurs marchant de conserve sur les eaux bleues de l'idéal. Voilà l'amour comme je l'entends !

Où trouver l'homme dont les sens se contenteront de ce bonheur presque divin? Il n'y en a pas sur la terre. L'as-tu jamais rencontré celui-là de qui je te parle, brisée, ô mon amie. Non !

Si je t'écris ces lignes absurdes, ma charmante, c'est que le vague à l'âme que je ressens m'oppresse, m'étouffe; il faut que je me soulage. Je souffre. Tiens, mardi, par hasard, j'ai dîné, seule, au restaurant. Je sortais du Petit Saint-d'Été, mon magasin de prédilection. Je venais d'acheter quelques babioles. J'étais en retard. Je ne suis pas rentrée à la maison. Donc, je dînais seule. En face de moi deux amoureux mangeaient, le ciel dans les yeux et dans le cœur. Ils étaient gentils comme tout ! Ce dîner était une fête pour eux. Ils se partageaient les plats, riaient, se taquinaient. Personne, à part moi ne les regardait. Ils ne regardaient personne. Ces deux gamins m'ont mis le cœur à l'envers. Il m'ont ôté ma faim. Je suis sortie troublée.

Mais quelle chute! Par les rues, comme je passais, le voile baissé, et rêvant à des affections surhumaines, irréalisables sur ce globe vicieux, des hommes pleins d'audace me suivaient, sans vergogne, et leurs lèvres me soufflaient des paroles corrosives à l'oreille. Je marchais vite. Mais je les entendais. Quelque honnête femme qu'on soit, on rumine machinalement ce qu'on entend. Oh ! infamie ! Pourquoi suis-je créée telle que je suis, de corps, quand mon âme est si naïve? Est-ce donc ma punition ? Qu'ai-je fait? Je vais modeste et silencieuse, cherchant l'ombre, et tout ce que je récolte ce sont des madrigaux pimentés... des...

Cela me tue. J'ai horreur de la vie! O saison affreuse ! Que de larmes tu me fais verser en secret. Quel sort !... apercevoir des fleurs et découvrir, en les cueillant, le fumier qui les nourrit.

Je t'ennuie, Marianne. Pardonne-moi ma longue confidence, et sois toujours heureuse. Tu aimes, tu es aimée, toi ! »

« Ta Clémence, ta pauvre Clémence ! »

— C'est tout ? Pas de *post-scriptum ?* demanda Gaston P***.

— Non.

— Alors, la suite ?

— Donc, je lus cette lettre. Et.... un paradis tout neuf, abondamment pourvu de fruits excessivement défendus, se montra tout à coup devant mes yeux fatigués. — Oubliant Marianne, qui lisait le journal, pendant que je parcourais, à plusieurs reprises, la lettre de la douce et tendre Clémence, je me mis à réfléchir....

— Le vélocipède des rêves t'emporta !

— Tu l'as dit. — Et je pensais que Marianne était bien imprudente. Il fallait qu'elle se crût bien ancrée dans les eaux calmes de mon cœur pour m'avoir autorisé à lire la confidence de son amie. Cela me vexa. Je me sentis petit garçon devant elle. Omphale ne se gênait pas assez pour Hercule. Mon pauvre orgueil dressa sa petite tête de serpent, et quand je rompis le silence, ce fut d'une voix grave, et d'un air de révolté.

— Hum ?

— J'ai fini, mon ami. — Je rentrai chez moi, amoureux de Clémence, de cette délicate inconnue, de cette sensitive oubliée par l'homme aveugle. — Tu devines l'épilogue de ce roman éternel. Au bout de huit jours, j'étais parvenu à glisser une déclaration angélique, congruante à la position, à cette Clémence immatérielle. Mais, ô revers inattendu, ô surprise foudroyante, ce fut Marianne qui me répondit. Elle savait tout, me disait-elle, et me rendait ma liberté. Je ne veux pas de rivale, ajoutait-elle. De là, scènes, pleurs et grincements de dents.

— Bon! tu devais t'y attendre. Les amies ne se cachent rien. — Mais Clémence?

— Clémence?... Clémence me renvoya ma lettre, et me fit défendre sa porte. Elle ne comprenait pas mon audace. Son étonnement n'avait d'égal que sa profonde pitié.....

— Je le crois bien, qu'elle ne te comprenait pas!

— Que veux-tu dire?

— Je veux dire, ajouta Gaston P***, riant aux éclats, qu'elle était bien dans son droit en te marquant sa surprise.

— Et pourquoi?

— Parce que... Au fait, je vais t'expliquer tout. Cela ne sera pas long. »

Gaston P***, prenant un portefeuille rouge sur sa table, l'ouvrit, et tira d'une poche un papier qu'il déplia sous les yeux de Urbain Z***.

« Lis, » dit-il.

Urbain lut précipitamment les premiers mots :
— « *J'ai du vague à l'âme, mon amie...* etc, et courut à la signature : *Ta Clémence! ta pauvre Clémence!* s'écria-t-il. — Mais c'est ma lettre.

— Parbleu! je m'en doutais! C'est une circulaire! Nous en avons chacun une épreuve. Car moi qui te parle... cher ami, j'ai été...

— Je sais... j'avais repris ton rôle, dans l'*Amour*, comédie en quelques actes, dont Marianne est l'auteur... Elle me l'avait dit.

— Bon!... j'ai été l'amant de madame de M*** et elle m'a fait lire la lettre de Clémence aussi... et j'ai *adoré Clémence*... comme toi...

— Pauvre Clémence!

— Mais, triple Bélisaire, c'est Marianne qui a composé cette lettre-là! — Ne le vois-tu pas? — C'est son moyen de rompre avec les honneurs de la guerre; elle devient une victime qui se venge... Elle se crée une rivale, et en triomphe... en nous mettant à la porte...

— Oh! la Circé!

— Parbleu, et qui change joliment les petits crevés comme nous en bêtes énormes.

— Mais le moyen s'usera. Nous avons les lettres. On peut les communiquer...

— Bah! elle trouvera bien d'autres tours, si le diable lui prête vie! »

UN SINGULIER VOYAGEUR

Rien de plus triste à voir qu'une gare à marchandises, l'hiver, quand il pleut. Sous le ciel bas et d'un gris sinistre, les longues files de trucs immobiles, chargés de colis et recouverts d'une toile goudronnée, ont l'air d'interminables trains de catafalques arrêtés devant la porte d'un cimetière. Pas une couleur chantant, joyeuse, à l'œil. A part les disques-signaux d'un rouge austère, tout est noir, d'un noir qui rappelle exactement la teinte des tentures de deuil. Ce n'est pas de l'eau qui tombe du ciel, on dirait que ce sont des larmes. Partout un morne silence, entrecoupé par les sifflements désolés des locomotives. Les employés eux-mêmes, se promenant, lugubres et affairés le long des quais ruisselants, ressemblent à des ombres inquiètes au bord d'un Styx.

Le voyageur qui contemple, après une nuit de voyage, à travers les vitres brouillées d'un wagon, le tableau que nous venons d'esquisser, ne peut s'empêcher de faire les plus navrantes réflexions en pensant à sa maison, à ses enfants, à ses habitudes rompues, à toutes ces choses charmantes enfin qu'il a quittées la veille. En attendant l'arrivée définitive au débarcadère, roulé dans son paletot comme un hérisson dans son terrier, il regarde avec un certain froid au cœur les sombres abords de la ville où il va s'engouffrer l'instant d'après.

Cette émotion désagréable remplissait l'âme d'un voyageur de troisième classe, par une après-midi de printemps boueux et glacial, le Mardi-Gras de l'année... dans la gare du chemin de fer du Nord, à Paris.

Ce voyageur, enveloppé des pieds à la tête dans un vaste manteau de forme antique, et que ses compagnons examinaient parfois avec une curiosité intermittente, tout brisés et tout endormis qu'ils se trouvaient, était monté dans le train pendant la nuit à quelques kilomètres de la frontière, en Belgique.

Il s'était poliment installé dans le coin du wagon où nous le trouvons, et les yeux fermés, sans mot dire, sans même allumer sa pipe, on l'avait vu, indifférent aux conversations, se résigner comme tout le monde, à son déplorable rôle de voyageur sans le sou que l'administration condamne au manque de confort et surtout de feu.

On avait essayé de le faire parler. Mais il n'avait pas paru comprendre les paroles qu'on lui adressait. Ouvrant de très-beaux yeux d'une couleur tendre, il s'était incliné avec grâce d'un air grave, mais il n'avait pas, comme la plupart des autres voyageurs, raconté son histoire, ses mœurs, ses espérances, pour le plaisir d'un auditoire improvisé.

Las de bavarder en vain, on l'avait laissé tranquille et libre de se laisser aller au roulis du wagon, à sa guise.

Quelqu'un — un plaisant qui avait vu toutes ses avances successivement repoussées — avait dit de ce singulier voyageur :

« C'est un homme qui arrive de la lune. »

Cette saillie avait fait beaucoup rire. On a le rire facile dans le wagon de troisième classe.

Le voyageur mystérieux avait paru goûter aussi tout le sel de cette plaisanterie. Il l'avait témoigné par un délicat froncement du coin des lèvres.

Le jour venu, la portion féminine des voyageurs que quelques heures seulement séparaient encore de la capitale, avait remarqué la merveilleuse chevelure blonde, s'échappant à flots charmants de dessous le vieux chapeau de feutre noir de l'inconnu. La jeunesse et la finesse de ce qu'on pouvait voir de ses traits, entre le collet de son manteau et les ailes de sa coiffure bosselée, avait fait aussi une vive impression sur l'esprit des dames.

Les hommes, de leur côté, avaient regardé leur compagnon de voiture avec des yeux étonnés, et même avec une certaine envie dissimulée sous un air de moquerie. Plusieurs même s'étaient empressés alors de faire examiner le paysage à leurs voisines.

Mais quand le train asthmatique et poussant des hurlements d'enrhumé féroce entra tout à coup, en faisant sauter les plaques tournantes, dans la gare de

Paris, le voyageur mystérieux fut complétement oublié par les messieurs comme par les dames, et chacun se précipita hors des voitures avec satisfaction, tirant la jambe, humant l'air et brandissant des paquets multiformes.

Le jeune et joli voyageur, aux grands cheveux blonds, se glissa à son tour, inaperçu, dans les flots bruyants de la foule. Il franchit les salles d'attente, et se trouva bientôt dans la rue au milieu des fiacres dont les cochers le hélèrent.

Au moment où l'inconnu, fort indécis, hésitait sur le choix du chemin à prendre, une bande de masques de la dernière catégorie — c'était un Mardi-Gras, nous l'avons dit — entoura en criant le singulier étranger.

L'un de ces masques, qui portait pour tout costume une chemise souillée de moutarde, passée par-dessus ses guenilles ordinaires, se mit à le poursuivre en l'accablant de sales paroles.

« Tiens! il a des ailes! » s'écria-t-il soudain.

En effet, détail que n'avaient point constaté les voyageurs du wagon de troisième classe, au bas du manteau qui dérobait le costume du singulier voyageur, passaient deux bouts d'ailes parfaitement emplumées, que des taches de boue constellaient tristement déjà.

Le voyou, qui, en sa qualité de teigne humaine, s'accrochait de plus en plus à la victime que sa malice avait choisie, se mit à chanter alors sur l'air connu des *Bottes à Bastien :*

« Ah! il a des ailes, z'ailes, z'ailes, etc. »

La troupe fit chorus.

Quelques curieux se joignirent à elle.

Une voix dit encore :

« Il s'a déguisé en chérubin. Excusez! Faut du céleste à monsieur! ohé! »

Une ronde se forma bientôt autour de l'étranger, dont les yeux brillants et purs se mouillèrent de larmes.

Cette preuve de faiblesse fut accueillie par des rires énormes et multipliés. Elle éperonna la joie de la foule, qui prit le mors aux dents et entraîna le joli inconnu dans une farandole insensée.

Des sergents de ville s'interposèrent enfin. On menaça le jeune homme de lui faire passer son carnaval au violon s'il continuait à troubler la paix publique. Bref, après avoir été rudement admonesté, on lui intima l'ordre d'aller faire l'ange plus loin et sans bruit.

Le singulier voyageur avait perdu son manteau dans la bagarre. Il descendit donc le boulevard de Strasbourg sous la pluie, et ses ailes — car il avait réellement des ailes — traînaient sur ses talons dans la crotte infâme de Paris.

C'était pitié de voir ces belles et délicates choses blanches, faites pour être baignées d'azur, perdre peu à peu leur lustre et se transformer en plumeau mouillé d'un jaune hideux.

Des projectiles de toute sorte, trognons de choux

et pelures d'orange, lui furent lancés. Un Polichinelle difforme, qui rencontra le pauvre chérubin devant un café, lui sauta au cou en lui bredouillant des serments d'amour. Puis il lui versa une chope de bière immonde sur la tête. Le liquide couleur de boue inonda la longue robe d'un bleu pâle dont était revêtu le singulier voyageur et souilla à son tour les plumes soyeuses de ses ailes misérables.

Heureusement la nuit vint, protectrice et consolante. Le singulier voyageur fut alors comme délivré. Il circula dans les rues d'un pas d'agonisant, coudoyé par les promeneurs qui, après lui avoir jeté un coup d'œil rapide, continuaient de marcher en se disant :

« Quel drôle de costume ! En voilà un qui n'arrivera pas frais au bal, au moins. Il est crotté comme un chien perdu. »

Vers onze heures du soir, deux jeunes gens, un *Pierrot* et un *Fou*, qui se rendaient à l'Opéra, rencontrèrent le singulier voyageur près de la Madeleine.

Il sommeillait, affaissé sur un banc, derrière une baraque du marché aux fleurs.

Le déguisement de l'inconnu les frappa, en dépit de sa saleté, par son exactitude scrupuleuse.

« Tiens ! un ange ! fit le plus jeune des deux. Son costume ne vaut pas cher, mais il a une bien jolie figure tout de même. Hé, camarade ! ohé ! on ne dort pas les uns sans les autres. Debout !

L'ange entr'ouvrit ses grands yeux, dont l'éclat divin surprit fort les deux jeunes gens, et dit :

« Que me voulez-vous ?

— Viens avec nous, mon ange.

— Où ? Je meurs de fatigue. Ah ! si vous saviez !... j'ai faim !

— Allons, viens ! Tu n'as pas le sou ? nous ferons des crêpes et t'en auras. Viens donc ! Nous avons le sac ! »

Ahuri, douloureux, sans force, l'ange suivit les deux camarades, qui avaient l'air de bons garçons après tout, et, se suspendant comme un enfant à leur bras, il se remit en marche et alla avec eux où il leur plut d'aller.

Nous ne raconterons pas ce qui eut lieu à l'Opéra. Nous dirons seulement que le singulier voyageur au costume étrange, grisé de punch et de liqueurs, fit partie, sans avoir conscience de ses actes, d'un souper monstrueux donné dans un restaurant du boulevard.

Il fut la *great attraction* de cette orgie stupide et bestiale. Sa beauté surhumaine frappa les femmes de stupeur et de jalousie,

« C'est un véritable enfant ! hurla une admirable créature aux yeux de jais ; il faut lui donner du lait ! »

Au lieu de lait, ce furent des torrents de vin de Champagne qu'on lui fit avaler, pour « rigoler ». L'ivresse effroyable de cet être si bizarre et si magnifique fit beaucoup rire les soupeurs du boulevard. On a le rire facile au boulevard les nuits de folie.

Enfin l'ange, à bout de nerfs, s'endormit lourdement tout de son long sur la nappe du festin : ses ailes, devenues moins dégoûtantes qu'horribles à voir, trempaient dans le vin répandu, et dans la crême des glaces que la chaleur avait fait fondre ; il avait de la salade dans les cheveux.

Comme le matin venait, les dames — afin d'attendre joyeusement l'heure du départ — s'amusèrent à arracher les plumes de l'ange endormi.

Il ne poussa pas un cri, ne fit pas un mouvement et continua de dormir, la bouche affreusement ouverte, comme une brute sur un fumier.

Quand le soleil lança sa flèche d'or dans le cabinet particulier où l'épilogue d'une nuit de carnaval avait eu lieu, il illumina, sur une table qui ressemblait à un tas d'immondices, une chose informe qui avait l'air d'une volaille ignoble.

C'était l'ange plumé.

. . . .

Dans un désert sauvage, loin de Paris, cinq ans après les scènes que nous avons décrites, le singulier voyageur qu'un train du Nord avait si mystérieusement amené dans la capitale un Mardi-Gras, se tenait au soleil couchant sur des cailloux brûlants encore.

Il priait avec ardeur. Il disait prosterné :

« Mon Dieu ! suis-je assez puni de ma fatale curiosité ? Vous m'avez permis d'aller sur cette terre que je regardais avidement du haut des cieux. J'y ai péché, mais je me repens ! Pardonnez-moi ! Oh ! laissez-moi revenir à vous, mon Père ! Pardonnez-moi ! Faites que je puisse de nouveau voler jusqu'à vous ! »

Et l'ange disait cela les yeux rougis de larmes, maigre, tremblant d'une immense douleur et d'un regret poignant.

C'était l'heure du crépuscule. La nuit tombait, protectrice et consolante, chargée de paix et d'espoir.

Et comme le singulier voyageur se relevait, il vit l'ombre vague de ses ailes se dessiner à ses côtés, aux dernières lueurs du jour.

Avec un tressaillement ineffable de joie et de crainte mêlées, il prit entre ses doigts pâles les pointes fines de ses ailes.

Et il vit — ô moment solennel ! — il vit que les plumes avaient recommencé de pousser, blanches et fortes.

UNE VIEILLE HABITUDE MILITAIRE

C'était, après un excellent dîner, dans le fumoir de Louis de R..., notre hôte, entre hommes...

Nos épouses et nos filles, voire nos belles-mères

(celles-ci calmées et tranquilles comme l'antique Cerbère après une distribution de gâteaux de miel) s'enivraient, à la mode anglaise — et c'était bien leur droit ! — de thé fort et de musique faible, dans le salon voisin.

Étalés, çà et là commodément, sur les larges divans d'une fraîcheur agréable, de divins cigares aux lèvres, nous digérions, en silence, placides comme de tendres moutons, sur l'herbe des vallons, aux sons du chalumeau !

Instant unique de pieux recueillement ! Notre estomac murmurait les Grâces mondaines. Bref, nous étions, diraient nos voisins : « Confortables. »

Notre amphitryon (tudieu, le vilain nom, surtout quand il s'applique à un hôte marié, mais l'usage...), notre cher amphitryon, dis-je, rompit le premier la glace. Il nous raconta, entrecoupant son récit de bouffées nombreuses, le dernier cancan de la ville : l'histoire du petit A... et de la grosse madame C...

L'exemple étant donné, chacun se hâta de le suivre.

Car, avouons-le, il y a toujours, parmi de joyeux compagnons de digestion, entre hommes, des narrateurs pressés de débiter leur mot drôle, leur mot de dessert, le mot qui leur vaut toujours un succès flatteur, encore qu'il ait pris de l'âge.

Donc, des mots irrésistibles, mais auxquels, avec Racan, on aurait pu dire amicalement : *Tircis, il faut songer à faire la retraite,* furent édités de nouveau, pour la centième fois peut-être, au vif plaisir des oreilles indulgentes de l'auditoire.

Chacun passa la casse et reçut le séné de la louange d'une façon exquise.

Et moi-même, je daignai donner à plusieurs reprises, le signal des applaudissements.

Des simples mots on passa aux histoires... truffées.

Un grand blond, qui faisait de l'équitation sur une fumeuse, au milieu de la pièce, demanda la parole pour un fait personnel.

On la lui accorda à l'unanimité.

Alors décochant au loin, d'un coup sec de son doigt auriculaire, la cendre démesurée de son londrès, et se penchant vers nous d'un air confidentiel, il débuta en ces termes modestes :

« Il y a trois ans, je demeurais rue de Rivoli, au quatrième ; — petit appartement de garçon, fraîchement décoré, avec balcon, eau de Seine, cave, vue superbe, etc...

Un matin, remontant à mon aise, j'entrai chez le concierge réclamer les lettres, livres et journaux que ce fonctionnaire feignait trop souvent d'oublier dans les tiroirs de son bureau de palissandre !

— Ah ! monsieur Léon, eût-il la bonté de me dire, grande nouvelle ! Vous allez avoir des voisins de balcon. L'appartement qui suit le vôtre a été loué hier.

— Bah ? fis-je, inquiet. Pas de machine à coudre, dite *silencieuse*, n'est-ce pas ?

— Oh! non! monsieur. Pas d'enfants non plus. Du moins pour le moment. Nous avons loué à un ménage rangé, des gens posés; le mari est un officier en retraite. Il a uni récemment son sort à celui d'une jeune dame fort agréable. Ils reviennent d'un petit voyage de noce en province.

— Voilà qui est bien, répliquai-je soulagé.

— Le monsieur est absent pendant la journée. Il est quelque chose quelque part...

— Tant mieux! — Et la dame, pas de piano? j'espère. Je crains beaucoup les cris déchirants de ce volumineux appareil. Je préférerais la machine à coudre, même silencieuse, je l'avoue.

— Pas de piano? Je ne sais pas. Mais soyez sans crainte. Je saurai mettre un frein à la fureur de cet instrument, monsieur Léon.

— Ah ça, monsieur et cher concierge, quand ce ménage posé, rangé (où le militaire, dans ce qu'il a de plus grincheux, s'unit si étroitement au civil, dans ce qu'il a de plus aimable), doit-il s'installer dans l'appartement que vous avez eu l'obligeance de lui louer?

— Demain, monsieur Léon.

— Parfait. »

Ainsi se termina ce paisible entretien.

Le lendemain, en effet, l'escalier de la maison fut mis en triste état. Des hordes de gens de mauvaise mine, vêtus de sayons informes, découpés dans de vieilles tapisseries, descendirent et montèrent sans relâche ses quatre-vingts et quelques marches, émaillées de brins de paille.

Des témoins oculaires m'ayant affirmé, vers le soir, que nul piano n'avait fait sa pénible entrée dans l'appartement de mes voisins, je me mis au lit en remerciant la Providence avec ferveur.

La nuit fut douce. Le juste, qui a l'honneur de vous parler en ce moment, jouit sans trouble du repos proverbial que le ciel décerne à ses élus. J'ai le sommeil fort léger, pourtant.

Mais la nuit suivante, ce ne fut pas du tout la même chose.

Vers une heure du matin, tandis que, sur l'aile des songes, je m'élançais vers des pays enchanteurs, uniquement peuplés de jeunes demoiselles modestes, et qui ne jouent d'aucune espèce d'instrument, un bruit aigre, métallique, me réveilla soudain.

« Bon ! — Qu'est-ce que cela ? m'écriai-je. — Une pendule à tableau ? »

J'écoutai haletant.

Le bruit ne se renouvela pas. Je me rendormis, agité, et déjà mécontent de mes voisins.

L'aube blanchissait à peine le haut des cheminées quand le bruit inconnu éclata de nouveau de l'autre côté du mur où s'adossait ma modeste couche.

« Cette fois, comme le roi des mers de la *Muette*, il ne m'échappera point, » pensai-je.

— *Ding ! ding ! ding ! ding ! ding !* — (*Di-ding !*) — (*di-ding*) ! — (*di ding !*)

C'était la sonnerie enragée d'une montre à répétition. Elle annonçait de sa voix perçante cinq heures trois quarts.

« C'est idiot ! hurlai-je. On ne peut plus savourer les noirs pavots ici ! Quelle idée de faire sonner une machine comme ça la nuit ! » et je me roulai furieux dans les draps.

En y réfléchissant plus longuement, car il me fut impossible de me plonger de nouveau dans le sein de Morphée, je pensai que chez mes voisins cet exercice nocturne devait être, surtout de la part du mari, le résultat d'une vieille habitude militaire.

Dans la vie douce des garnisons, il est utile en effet de savoir exactement l'heure qu'il est, chaque fois qu'on ouvre l'œil pour un motif ou pour un autre. Il ne faut pas plaisanter avec les gardes, les corvées, que sais-je ? qui ont lieu pendant la nuit.

Je comprenais parfaitement que mon voisin eût pris cette fatale et commode habitude, mais j'aurais bien donné sept francs cinquante pour qu'il l'eût perdue, en rentrant dans le sentier des pékins.

Il n'avait plus de rondes ou de corvées de Damoclès sur la tête, alors pourquoi s'acharne-t-il à faire partir sa petite mécanique ?

Ce vieux soldat me semblait inexcusable.

N'avait-il donc aucun respect pour le sommeil de sa chaste épouse, cette jeune dame fort agréable, au dire de mon libidineux concierge.

Enfin le jour se leva, qui m'arracha à mes rêveries désolantes.

Le lendemain, pendant les horreurs d'une nuit assez profonde, répétition de la montre à répétition.

Je fus réveillé trois fois.

Hélas! je ne perdais pas un — *di-ding !* — de la sonnerie. Le mur était mince et en briques. Ma parole, après chaque constatation de l'heure, j'entendais le guerrier retraité raccrocher sa montre au clou. Clic!

Pourtant, il y avait des nuits où le silence le plus agréable régnait chez mes voisins. La montre restait muette.

Mais aussi par contre, de temps en temps, cela devenait comme une rage. La montre glapissait toutes les deux heures à peu près.

Que de coups j'ai comptés avec une fureur mêlée de cris !

Néanmoins, et je m'en apercevais délicieusement, la vieille habitude du.... capitaine (pourquoi pas?) perdait peu à peu de sa force.

Au bout de trois mois, la petite mécanique de mon voisin ne marchait plus qu'une fois par nuit, et encore.

« Allons l'élément civil prime le militaire, me disais-je, tout joyeux. Mon voisin rentre dans le bon chemin. Les souvenirs de la garnison s'éteignent. »

Un moment, je fus près de regretter que la vieille

habitude militaire tirât à sa fin. Pour me venger, pour lui rendre la pareille, parbleu, j'avais, moi aussi, fait l'acquisition d'une montre à répétition énorme. Ces bassinoires sont rares aujourd'hui. Enfin j'en avais déniché une, et je comptais en faire usage sauvagement !

Mais je n'en fis pas usage, pour deux raisons :

La première, c'est que le capitaine ne se servait plus que bien rarement de son instrument à détente.

La seconde, c'est que, à partir du jour où la sonnerie de la montre de mon voisin ne me réveilla plus, je rencontrais très-fréquemment ma voisine sur le balcon commun, aux heures où j'y venais fumer la cigarette madrilène. Or, les yeux de ma voisine, calmes et purs, mais soulignés dans l'angle d'une virgule bleuâtre, avaient fait une vive impression sur mon cœur ulcéré.

D'abord ses regards avaient effacé complétement mes ressentiments, ensuite ils avaient caressé assez gentiment mon âme allégée, pour lui faire oublier les tortures subies.

Sans fatuité, je dois cet hommage à la vérité d'avouer que les choses marchèrent rapidement, très-rapidement.

Je ne perdais du terrain que le lendemain des nuits où, par hasard, — *ding-ding !* — *(di-ding) !* — *(di-ding) !* vous comprenez ? Cela la rendait de mauvaise humeur, la pauvre enfant ! Elle me boudait par contre-coup, mais quelles charmantes réconciliations, sur le balcon !

. . . .

« C'était écrit ! » Comme dit le Koran.

Enfin, ma voisine voulut bien, un jour, vers le soir, son mari étant retenu à dîner par des confrères (et les bonnes.... au diable !)... venir visiter mon petit appartement de garçon, — fraîchement décoré, balcon, eau de Seine, vue superbe..., etc.

On causa, longuement. La nuit vint. Nous n'allumâmes pas les bougies roses de la cheminée... Au contraire !

Tout à coup, Eugénie, — elle s'appelait Eugénie, — s'échappant de mes bras, au moment où, avec de nouveaux serments, paraphés et scellés d'une façon honorable, je lui jurais un amour éternel, s'écria :

« Mais, ami, et mon mari ? Il est bien tard, trop tard, peut-être ?

— Tard ? fis-je. Nous allons bien le savoir ! »

Au lieu de frotter une allumette et de regarder à la pendule, par paresse, je pris la montre à répétition, et la fis sonner : *ding ! ding !*... et *(di-ding)! — (di-ding) !*

« Comment ! — fit Eugénie, avec un cri de surprise extrême. Toi aussi ! — Tu as donc servi ?

— Servi ? *moi aussi ?* — comprend pas, chérie. »

Eugénie, mettant son doux visage contre ma joue, me murmura quelque chose dans un baiser, exécuté avec *trémolo* à l'orchestre.

« Bah ? m'exclamai-je au bout d'un instant, toutes les fois qu'il....

— Oui, on m'avait fait croire que c'était une habitude militaire. »

LE MARI DE MA FEMME

« Que les parents sont imprudents !... »

Cette exclamation soudaine, mais très-connue, a une cause, c'est certain; pourtant, qu'on ne s'attende pas à me voir écrire, après l'avoir poussée :

« *Encore un accident par les allumettes chimiques !* »

Non, mesdames, non. Je laisse les roses aux rosiers, les enfants à leurs mères, et les phrases *clichées* aux faits divers.

Il s'agit ici, tout bonnement, de l'imprudence de l'un des miens (mon cousin Henri), qui a laissé traîner entre mes mains le tome Ier de son autobiographie.

Mon cousin Henri (âge : trente ans ; profession : riche propriétaire), écrit ses mémoires depuis le temps où ses pions lui *collaient* le verbe — « *Je m'occupe de poésie en temps inopportun* — à conjuguer douze fois pendant la recréation. »

Pas de chance mon cousin Henri !

Mais, passons. — Mon cousin Henri, le riche propriétaire, écrit donc ses mémoires.

Il y a quelques jours, après le déjeuner, il m'a confié ce grand secret ! Ma cousine, pendant que mes oreilles béantes absorbaient la confession de ce brave Henri, stationnait, sans doute, devant quelque magasin. Nous étions seuls dans ce délicieux réduit que mon cousin appelle son cabinet de travail, parce qu'il n'y travaille jamais.

Le tome Ier (il n'y en a pas de second) de l'autobiographie en question, me plut infiniment. C'était un peu touffu, comme un bois, mais il y avait des coins charmants. Nous nous y arrêtâmes longtemps. Bref, à force de ruses et de mauvais prétextes, j'obtins la permission d'emporter le fameux volume chez moi, afin, disais-je, machiavéliquement, d'y relire avec plus d'attention divers passages philosophiques.

Mais j'avais mon plan !

Et je l'exécute aujourd'hui.

Je copie textuellement à votre attention, mesdames, un passage des mémoires de mon cousin Henri; il est intitulé : *le Mari de ma femme*.

Si je ne craignais d'offenser la modestie de mon cher Henri — que mon indiscrétion coupable va faire crier comme un paon, du reste — j'ajouterais bien que le récit que vous allez lire m'a séduit tout particulièrement par sa naïveté originale, par sa pureté sans taches, mais.... j'ai trop peur de faire rougir l'auteur.

Et puis, présenter quelqu'un, en le couronnant d'avance des fleurs de l'hyperbole, c'est préparer souvent, à ce quelqu'un, un *four* insondable.

Je me tais donc. Place au théâtre !

. . . .

CHAPITRE XXV

Le Mari de ma Femme.

La première fois que j'entendis parler, à voix basse, entre dames, du « *mari* » de ma femme, j'étais fort jeune — et garçon.

Ma femme — *aussi !*

Et la scène se passait à Choisy-le-Roi, un jeudi de décembre, dans le parloir de l'Institution de madame C*** (*Boarding school for yung ladies*), avec un grand jardin.

Ma femme était alors l'une des *yung ladies* auxquelles la maternelle madame C*** prodiguait des leçons de toute sorte : *français, botanique, danse, piano, anglais, dessin aux deux crayons, humilité chrétienne, gymnase,* etc.

Or le jour où, en compagnie de la mère de Claire (*Claire est la femme de mon cousin Henri. Note du copiste*) et de plusieurs autres dames respectables, mais qui avaient bavardé comme des pies, dans la voiture, tout le long de la route, je vins à Choisy-le-Roi, ma future femme était ornée de l'*os à moelle*.

Terrrible, l'*os à moelle !*

Je vais vous expliquer ce qu'il faut entendre par l'*os à moelle*.

Dans la *boarding school* de madame C*** (avec un grand jardin), quand une de ces demoiselles avait rongé ses ongles, avec l'avidité d'un naufragé de *la Méduse*, réduit à cette appétissante nourriture, on lui offrait, comme punition, au choix, ou le *bonnet de nuit*, ou l'*os à moelle*.

Claire, humiliée au dernier point par le bonnet, et ne comptant recevoir aucune visite, avait sollicité l'*os à moelle*.

C'était un os énorme, d'un blanc d'ivoire, épave inerte d'un pot-au-feu digéré depuis des années, et qu'on suspendait au cou des coupables, au moyen d'une ficelle déplorable.

Cet os à moelle, ainsi porté, faisait naître cent mille plaisanteries aigües qui entraient dans le cœur de celle qui en était décorée, comme de cruelles épingles.

Terrible, l'os à moelle !

Moins affreux pourtant que le *bonnet de nuit*, puisque Claire, et beaucoup de ses compagnes, l'acceptaient de préférence.

Mais Claire avait compté sans son hôte. A midi précis, pendant la récréation, alors que ma femme, rêveuse, accablée sous le poids de son *os à moelle —*

se promenait loin de ses amies, la bonne était venue l'appeler.

« Mademoiselle Claire, on vous demande au parloir. »

Sombre moment !

Claire, les larmes aux yeux, avait prié la sous-maîtresse, *mère Manguet*, de lever sa punition. La vieille dame avait refusé !

Alors, ma pauvre petite femme, le cœur bien gros, se décida à suivre la bonne.

Celle-ci, avec méchanceté, lui apprit en route que plusieurs personnes, entre autres un élève de Sainte-Barbe, l'attendaient au parloir.

« Monsieur Henri ! s'écria Claire, mettant la main sur... son *os à moelle*. Quel malheur ! J'en mourrai ! »

Enfin l'infortunée enfant parut devant notre bienveillante assemblée. Quelques sacs blancs, ficelés de rouge, reposaient, çà et là, sur les coussins des divans, près de nous. Claire sourit.

« Encore les ongles, n'est-ce pas ? demanda la mère de ma femme à sa fille rougissante. Voyons les mains ? »

Ma chère Claire, sanglotant, montra, après bien des hésitations, les extrémités en question, et que je devais plus tard baiser si tendrement. Pour le moment, elles ne se manifestaient aux regards que sous les apparences de deux petites pattes rouges, aux ongles taillés comme.... par Ugolin !

Affreux spectacle !

L'os *à moelle*, insensible, se soulevait et s'abaissait en même temps que la poitrine ingénue de la chère enfant, et des larmes colorées sillonnaient le visage si mignon et si gentil de la petite Claire.

Elle n'osait pas me regarder.

J'étais fort attendri. Nous nous étions juré un amour éternel aux dernières vacances, et, dame, sa douleur était ma douleur!

Aussi, l'embrassant à mon tour, je lui dis tout bas, pour la consoler, en lui montrant mes mains :

« Moi aussi, je ronge mes ongles! »

Cette communauté de goûts la fit sourire.

J'avais gagné son cœur pour jamais! Et je le sais bien maintenant, bien que nous ayons perdu totalement l'habitude de nous nourrir de notre propre substance dermique. Elle m'adora, à dater de ce jour. Elle me l'a dit.

Elle me l'a dit le jour où je la suppliai de m'accorder sa main effilée et blanche.

Car elle répondit en souriant à mes prières amoureuses :

« Voici la main — et les ongles, mon ami, et j'espère qu'il y en aura toujours pour deux, si vous rongez parfois les vôtres. »

. . . .

Chers souvenirs!

Revenons à *l'os à moelle*.

On fit prier madame C*** de descendre au parloir pour donner quelques explications.

Cette personne solennelle fit son entrée bientôt, et ces dames se mirent à bavarder de plus belle.

C'est alors que j'entendis parler à mi-voix d'un certain « *mari* » — glissé, sans bouchon, dans le lit d'une voisine.

Claire, un vrai diable, avait commis cette farce insensée !

Et c'était moins pour le fait des ongles arrêtés dans leur croissance par des dents juvéniles, que pour le cas pendable du « *mari* » répandu dans la couche d'une compagne, que l'*os à moelle* avait été si rigoureusement infligé à Claire.

Le « *mari* » de ma femme ? Ce mot m'intriguait. D'autant plus que Claire riait en dessous en écoutant les reproches de sa famille.

On parla également de *moine* ce jour-là. Il me parut même qu'on établissait une certaine synonymie entre les mots de mari et de moine. Cela me semblait incompréhensible !

Nous quittâmes enfin Claire munie de sacs blancs ficelés de rouge, et presque consolée.

. . . .

Cinq ans plus tard, toujours en hiver, en décembre encore, si je ne me trompe, à l'issue d'un bal costumé donné par ma future belle-mère pour produire la ravissante Claire, et attirer autour d'elle des papillons pourvus de rentes solides, j'errai de chambre en chambre à la recherche de je ne sais plus quoi, de mon cœur peut-être, enlevé pendant la soirée,

Mon cœur ne se retrouvait pas!... Au fait, il s'agissait peut-être de mon chapeau. Or, l'hôtel de ma belle-mère était sens dessus dessous. Les coiffeurs, les costumiers, etc., avaient mis la maison au pillage. Le diable aurait marché sur sa queue ce matin-là dans les anti-chambres bouleversées.

Tout le monde (il était quatre heures) s'en allait, et, seul, dans tous les coins, je fouillais avec désespoir. Les domestiques, éreintés, soupaient à l'office.

Enfin, je mis la main sur la femme de chambre de Claire, cette pie-grièche de Laure! — Elle tenait d'une main un cylindre d'étain, et de l'autre une sorte de gaîne en fourrure.

« Mon chapeau, Laure, au nom des saints anges dont vous ne faites pas partie, du reste.

— Ah! monsieur Henri, dame, je ne sais pas, moi. Et puis, je n'ai pas le temps. Mademoiselle va se coucher, il faut que je lui porte son « *mari*. » Je suis déjà en retard. »

Et elle se sauve en riant.

Son mari? — Je restai muet et sombre dans le corridor que j'explorais en vain depuis une heure. Son mari? — répétais-je. Quel drôle de nom. Que diable cela peut-il être, un mari de demoiselle?... de demoiselle que j'aime, en outre?

A quoi bon se creuser la cervelle à quatre heures et demie du matin! Je me résignai à partir sans chapeau, avec un foulard sur la tête en façon de turban.

Il était temps : mon cocher de louage se mourait

de froid sur son siége. Le pauvre homme « toucha »
avec ivresse, et ses coursiers, qui semblaient se con-
former à ses joyeuses pensées, me déposèrent bientôt
à ma porte.

. . . .

La troisième fois que le *mari* de ma femme fit son
apparition dans mon existence, ce fut par une chère
nuit de janvier, douze mois après le fameux bal pendant lequel je perdis successivement mon cœur et
mon chapeau.

Mon cœur, je l'ai retrouvé. Et, pour ne plus l'éga-
rer, je l'ai donné à ma femme; elle le garde avec
soin!

Quant à mon couvre-chef!... Mais où sont les
gibus d'antan?

Ce fut donc, je le répète avec émotion, par une
nuit exquise de janvier, au clair charmant de la
lune... de miel, qu'il fut question, pour la troisième
et dernière fois, du « mari » de la femme... dont
j'étais le mari pour toujours.

La bonne petite, aussi bonne que belle et avec de
jolis ongles d'un rose tendre, soignés avec amour —
(dame, l'*os à moelle!*) — se tenait, droite comme
une sainte, à côté de moi, dans le lit nuptial, large, et
qui eût été solennel en diable si... Mais il n'était pas
solennel, le nôtre, du tout!

On y riait de bon cœur en parlant du passé, du
doux passé, en se rappelant les diverses bêtises dites
ou faites avant le mariage, et les fàcheries sans **motif**,

et les réconciliations arrosées de larmes abondantes!

« Ce que c'est qu'une habitude! petit mari, s'écria Claire tout à coup.

— Eh bien! enfant, que voulez-vous dire?

— Ris, si tu veux, mais mon « *mari* » me manque.

— Ton mari?...

— Oui, mon mari, mon fidèle mari. Le mari que j'avais à la pension, et qui m'a suivie partout.

— Ah! oui, à propos, qu'est-ce donc que ce mari énigmatique, madame?

— Allons! ne froncez pas le sourcil, monsieur et très-cher maître. C'est une boule d'eau chaude.... pour les pieds!

— Quel nom absurde!

— Oui, mais la chose ne l'est pas, surtout quand on est frileuse comme moi; et, cher Henri, autrefois... »

Le reste fut dit tout bas. Je ne le crierai donc pas sur les toits. Mais je répondis en souriant :

« Pas de bigamie! — Il faut choisir à l'instant même entre vos deux maris.

— C'est que.... dit Claire.... l'habitude.... un vieux serviteur....

— Petite gamine, répliquai-je, acceptez plutôt les services dévoués de votre jeune serviteur.... d'un « *mari* » qui....

— Qui?... fit-elle malicieusement.

— Qui ne sera pas froid le matin comme l'autre.... »

. . . .

AFFAIRE DU BOIS D'ÉCOUEN

Détournement de majeur. — Une accusée de dix-neuf ans. — Coups et blessures n'ayant pas occasionné une incapacité de travail de plus de cinq jours. — Nombreux et singuliers détails. — Acquittement. — Condamnation d'un témoin.

COUR D'ASSISES DE LA MORALE
(SAINE... ET OISE)

Audience du 10 juillet 18...

PRÉSIDENCE DE M. LE VIEILLARD.

Avant l'ouverture des portes, une foule énorme, presque entièrement composée de dames en grande toilette, et qui ont obtenu, grâce à leur entregent particulier, le plus grand nombre des billets dits de *faveur* (et à juste titre), encombre les abords du prétoire.

Les huissiers et les gardes municipaux ont grand peine à maintenir l'ordre.

Un bataillon d'avocats stagiaires, en robe, est massé sur le seuil de la Grand'Chambre.

On discute chaleureusement les chances d'acquittement de l'accusée.

Quelques personnages publics et célèbres : ténors,

marchands de contre-marques, reporters, etc., ponctuent de leur habit noir le vaste bouquet multicolore que forment les costumes féminins.

Le *huis-clos* ayant été énergiquement refusé par le Président, et l'*Affaire du bois d'Écouen* ayant eu un retentissement énorme à Paris, les tribunes réservées au public et les stalles destinées aux grands personnages sont occupées de bonne heure.

Le bruit des conversations particulières et des disputes à propos des petits bancs emplit la vaste salle d'un grand murmure.

Le thermomètre marque 35° à l'ombre.

Bientôt on annonce l'arrivée de la Cour !

Il y a de bien bonnes têtes parmi les membres de la Cour !

Le silence, réclamé avec furie par les huissiers, est enfin obtenu ; mais dans quel état, hélas !

En lambeaux !

M. le Président annonce une première fois qu'il se verra dans l'obligation de faire évacuer la salle, si le public s'obstine à se croire à la Bourse ou au Champ de Mars un jour de revue.

On introduit l'accusée.

L'ACCUSÉE.

L'accusée est une petite femme, frêle, très-blonde.
Elle est entièrement vêtue de noir.
Ce qui lui va très-bien.

Son nez retroussé, mais fort mignon, son œil limpide, dont le regard fin semble devoir pénétrer dans les cœurs jusqu'aux entrailles, sont l'objet d'un long examen de la part des spectatrices.

L'accusée, rose et fraîche, promène son regard avec tranquillité sur l'imposant appareil de la justice.

Les gendarmes à la garde desquels l'accusée est confiée, se frisent la moustache sans relâche, et la regardent constamment d'un air attendri.

L'accusée n'a pas l'air de s'en apercevoir, et, de temps à autre, elle croque des *caramels*, en clignant de l'œil dans la direction de M. le Président Le Vieillard, qui, blessé, ne sait plus que faire de sa calotte noire au bout de quelques minutes, et finit par y planter un bouquet de plumes d'oie.

L'ACTE D'ACCUSATION.

Mᵉ Le Bêcheur, procureur de la République, lit l'acte d'accusation :

« Le dimanche 2 juillet, entre huit et neuf heures du soir, un jeune homme d'excellente famille, le sieur Alfred-Aristide-Alban de Blandaim, étudiant en droit, venu à Écouen-le-Bois en compagnie de l'accusée, quittait tout à coup le chemin vicinal n° 29, qui mène du bois précité à la station du chemin de fer et entraîné par l'exemple, ou par des paroles, s'enfonçait dans les taillis qui bordent ce sentier peu fréquenté.

« Que ce passa-t-il, à la faveur des ténèbres naissantes, sous les ombrages, illustrés par le souvenir d'une des paternelles créations de l'empereur Napoléon Ier ? C'est ce que les débats se chargeront de mettre en lumière.

« Mais l'instruction a déjà révélé ceci :

« Une heure après être entré sous les vertes feuilles du bois, où les innocentes élèves de madame de Campan se livraient entre elles jadis à des jeux renouvelés des Grecs, le sieur Alban de Blandaim, pâle, défait, l'œil allumé et brillant d'une flamme étrange, était aperçu dans la gare du chemin de fer, riant aux éclats d'une façon fébrile au nez même du gendarme de service.

« L'accusée, précédant l'infortunée victime de sa... *feminineté* — (car je n'ose, à cause des messieurs qui sont dans la salle, poursuivit le procureur général, m'exprimer ouvertement), — l'accusée, précédant sa victime, chantait des chansons absolument légères, et, s'approchant à son tour du représentant de l'autorité, lui dit :

« — Eh bien, Géromé, tout va bien ?

« — Le ministère public, défenseur de la Saine Morale, protecteur de la société, ne pouvait laisser échapper une si belle occasion de faire preuve de son dévouement à la chose publique.

« En conséquence, sur la déposition du sieur Leribiniou, gendarme, la fille Léontine-Alexandrine Chaton est traduite, pour les faits ci-dessus relatés, devant la barre solennelle du tribunal. »

INTERROGATOIRE DE L'ACCUSÉE.

M. le Président procède à l'interrogatoire de l'accusée.

Entre parenthèse, disons que cette dernière a écouté la lecture de l'acte d'accusation en faisant preuve du plus profond cynisme.

Un scandale a été sur le point d'éclater.

L'accusée, après avoir promené son regard sur les fronts impassibles des jurés, s'est mise à rire tout à coup, en s'écriant :

« Eh! Louis! pstt! Fais donc pas ta tête, parce que tu es du jury. »

Stupeur du juré.

Mais sur une simple observation d'un gendarme de service, l'accusée se tait en murmurant :

« Tu as raison mon vieux Pandore. Faut de la tenue. »

INTERROGATOIRE.

M. le Président à l'accusée :

D. — Vos nom et prénoms?

R. — On vient de les dire... et d'ailleurs, tu les connais bien, Alphonse!

— Mais cette fille est folle! s'écrie soudain un des jurés, celui qui s'appelle Louis. »

Sans avoir égard à l'interruption, M. le Président poursuit l'interrogatoire :

HISTOIRES DIVERTISSANTES.

D. — Votre âge?

R. — Dix-heuf ans, à la fête de Saint-Cloud.

D. — Votre profession?

R. — Femme. — Et ça n'est pas toujours bien amusant!

D. — D'où veniez-vous, le dimanche, 2 juillet, entre huit et neuf heures du soir?

R. — Du restaurant.

D. — Quel restaurant?

R. — Le restaurant du père Maclou, au *Pigeon vert*.

D. — Pourquoi quittâtes-vous le chemin vicinal n° 29.

R. — Dame!... (*Avec hésitation*) pour faire... (*Rires dans l'auditoire*) pour faire un bouquet de pimprenelle et lon lon là... (*Nouveaux rires.*)

Pour la deuxième fois, M. le Président fait observer au public qu'il se verra dans l'obligation de faire évacuer la salle si de pareils rires se renouvellent.

Le silence se rétablit.

M. le Président à l'accusée.

D. — Un bouquet de pimprenelle?

R. — Tout bêtement.

D. — Mais alors, pourquoi vous enfonciez-vous sous les charmilles, en compagnie de votre malheureuse victime?

L'accusée ne répond pas.

D. — Dites plutôt que vous aviez de mauvais desseins?

Nouveau silence de la part de l'accusée.

D. — Pourquoi le sieur Alban de Blandaim était-il pâle et défait en sortant de ce petit bois?

L'accusée paraît prête à fondre en larmes, mais elle se ravise, et s'écrie :

« Oh! zut!... des bêtises... faut demander ça à votre papa, mon bon. »

M. le Président, sans se laisser émouvoir par les insidieuses réponses de la fille Chaton, demande l'introduction des témoins et de la victime. (*Vif mouvement de curiosité*).

Quelques éventails tombent sur la tête vénérable de plusieurs juges, qui se réveillent en s'écriant

« Coupable! »

AUDITION DES TÉMOINS.

La victime, joli garçon, à l'œil doux, déclare ne pas vouloir servir de témoin à charge. Il ne sait rien. Ne réclame rien. Il ajoute que c'est le gendarme de la gare qui a tout fait, et qu'il s'en lave les mains.

En disant ces mots, la victime et son bourreau échangent des gestes qui témoignent d'un accord parfait. (*Mouvement d'horreur dans la salle*).

DÉPOSITION DES TÉMOINS.

Grillon (*habitant le chemin vicinal*). Voilà, monsieur le Président. Je chantais, car que faire en son gîte, à moins que l'on ne chante, sur le pas de ma porte, quand j'entendis marcher près de moi. L'accusée, suivant le monsieur ici présent, fumait une cigarette.

D. — Était-ce bien une cigarette que l'accusée tenait entre ses lèvres.

R. — Oui, monsieur. Je vais vous dire. J'ai un parent qui est employé chez un boulanger, il connaît tout ce qui a rapport au tabac, à preuve qu'il voit tomber des chiques dans la pâte.

M. le Président. — Passons !

On passe à l'audition des autres témoins.

MÉSANGE (*pifferaro au bois d'Écouen*). — J'étais sur la branche où je loge à la nuit, quand j'aperçus la prévenue. Sa tenue laissait beaucoup à désirer... à son compagnon. — Et leurs désirs...

M. le Président :

« Je ferai remarquer au témoin qu'il y a des messieurs dans la salle. Je l'engage à gazer... »

Le témoin poursuit. Le témoin est certain que s'il y eu crime, il n'y a pas eu violence. Le jeune homme riait en entrant dans le bois, et il disait : « Mon lapin noir, nous manquerons le train si ça continue. »

Autre témoignage.

C'est une bouteille, à goulot couvert d'argent, qui se présente le bouchon de travers, et tibutant sur sa base.

D. — Votre profession ?

R. — Moët ou Cliquot, au gré du consommateur.

D. — Votre nom.

R. — M'sieu le Président la connaît mieux que moi. (*Rumeurs dans la salle, rires*).

M. le Président fait observer pour la troisième fois qu'il se verra dans l'obligation de faire évacuer la salle si...

L'ordre se fait comme par enchantement.

Le témoin malencontreux est mis à la porte de la salle.

On écoute encore une *Croûte de pain* et un *Os de jambonneau*.

Ces deux témoins, qui demeurent au *Pigeon vert* depuis un temps immémorial, déclarent qu'ils étaient sous la table au moment où l'accusée et la victime sont venus prendre leur repas dans le jardin du patron.

L'os de jambonneau, un digne vieillard, ajoute :

« Je n'ai rien vu de grave. Seulement, voilà. La bottine de cette demoiselle reposait sur le soulier de ce monsieur, même que je voyais le bas rose de l'accusée. Au dessert, j'ai entendu, à plusieurs reprises, un petit bruit au-dessus de moi. On m'a dit (et c'est à M. le juge d'instruction que je dois ce renseignement) que c'étaient des baisers. Le jeune homme a dit : — *Ma petite Alexandrine, je suis sur le gril.* Et ce mot m'a frappé, vous comprenez. »

L'Os de jambonneau est également mis à la porte et traité d'idiot par la Cour.

RÉQUISITOIRE.

La liste des témoins épuisée, l'avocat général se lève au milieu d'un silence qui n'a rien de profond, et débite avec des gestes indignés, son copieux réquisitoire.

Il demande la tête de l'accusée, naturellement.

« T'es pas dégoûté, toi! » crie une voix partie du fond de la salle.

On ordonne aux huissiers de rechercher l'audacieux interrupteur. Bousculade. Tumulte. Mais, en fin de compte, l'audacieux interrupteur reste complétement invisible.

La Cour frémit d'indignation.

L'accusée fait un discret pied-de-nez à M. le Président.

La parole est enfin donnée à la défense.

Me l'Amour, le célèbre et toujours jeune avocat, est aveugle (Lachaud n'est que borgne); il s'élance à la barre, relève sa manche, joint le pouce à l'index, en forme d'anneau, tousse et commence.

Nous ne reproduirons pas *in extenso* la brillante, la lumineuse improvisation de l'avocat de la fille Chaton.

Bornons-nous à dire que ce maître en l'art de bien dire fait un tableau enchanteur d'une belle soirée d'été, admirée à deux, après dîner, à travers le prisme d'une bouteille de vin de Champagne. Il évoque habilement les souvenirs personnels du Président et des jurés. Il montre au milieu des herbes fleuries, alerte et suggestif, le mollet arrondi d'une femme, mollet sur lequel bat voluptueusement le volant tuyauté d'un jupon tumultueux.

(*Un frémissement et quelques soupirs circulent en ce moment dans l'auditoire. Les dames font des mines; les avocats stagiaires rassemblent avec grâce les plis nombreux de leur toge.*)

M. le Président se mouche avec bruit.

Les gendarmes écrasent une vieille larme sous leur pouce rugueux.

Plusieurs personnes quittent volontairement l'audience, vivement impressionnées, et volent retrouver la créature enchanteresse qui embellit leur foyer.

Après un court instant de repos, M^e l'AMOUR reprend le fil blanc de son discours.

M^e l'AMOUR ne demande pas que l'on récompense sa cliente! Non, loin de lui, cette pensée grotesque! Mais (*Effet de reins*) il veut que justice soit faite. Il veut (*Effet de toque sur l'oreille*) que la Cour, si intelligente, si noble, si spirituelle (*Effet de manche*) regarde l'*Affaire du bois d'Écouen*, comme une aventure toute naturelle et bien excusable, et qui d'ailleurs (*Effet de jambe*) n'a pas eu de suites fâcheuses pour les deux parties.

« Il faut, dit-il, en écrasant son portefeuille sur son cœur, il faut que la demoiselle Chaton sorte du prétoire la tête haute, à la face d'un auditoire témoin

de ses angoisses, et des combats livrés à sa pudeur ! »
(*Tonnerre d'applaudissements.*)

M. le Président :

« Toute marque d'approbation ou d'improbation sera sévèrement reprimée !... »

Les huissiers :

« Silence ! »

M⁰ l'Amour se rassied, et reçoit les félicitations d'un grand nombre de ses confrères.

La Cour se retire dans la salle des délibérations.

Pendant son absence, qui dure vingt minutes, un plaisant crie :

« *Carjat, limonade, bière !* »

On rit.

Enfin les juges et les jurés reprennent leur place. Une odeur de londrès et de grog au kirsch trahit le secret et véritable motif de leur absence :

« *Non, l'accusée n'est pas coupable !* »

Telle est la phrase que prononce le Président, en rougissant. Cent trente voix contre deux, l'autorisent à faire mettre immédiatement en liberté la fille Chaton.

Condamne le gendarme de la gare à sept ans de travaux ennuyeux.

(*Cris de joie dans l'auditoire.*)

Au milieu de la salle, étroitement enlacés, la victime et son bourreau se donnent des marques nombreuses de leur complète satisfaction.

Les huissiers donnent leur carte à la pauvre fille.

Messieurs les avocats stagiaires proposent d'organiser une collecte dont le produit sera versé ès mains de la prévenue réhabilitée.

Celle-ci, pour couper court à ces manifestations bienveillantes, s'écrie :

« Messieurs, si nous allions prendre un bock ? »

La foule heureuse s'écoule bruyamment par les nombreux vomitoires du Palais.

A cet instant, un vieux juge, profondément oublié sur un banc, se réveille hébété, dans la salle vide, et les yeux à demi clos, crie d'une voix pâteuse :

« Cou... cou... coupable ! »

Le greffier : Signature illisible.

LE RELAIS

COMÉDIE

PERSONNAGES

MADAME.
MONSIEUR.
UN AMI.

DÉCOR.

Une large terrasse à l'italienne, dont les piliers en briques rouges et la toiture de bambous, à claire-voie, qu'ils supportent, sont couverts par les rameaux élégants d'une vigne énorme. La terrasse est de plain-pied, à l'une de ses extrémités, avec un pavillon rustique. Au fond, entre les piliers, à travers les feuillages, on aperçoit un vaste horizon de collines verdoyantes, parsemées de villages.

Au milieu de la terrasse, une table qu'un domestique vient de charger des accessoires du café : liqueurs et boîtes à cigares. Bancs et chaises Tronchon.

SCÈNE I

MADAME, MONSIEUR, L'AMI.

MADAME *se lève, verse le café et montrant les cigares.* Messieurs, l'autel est paré et les victimes sont prêtes ! Je vous laisse à vos cigares. Permettez-moi maintenant de vaquer à mes petites occupations de femme sérieuse. Une châtelaine se doit à ses vassaux, et j'ai promis de visiter la vieille Marianne, une ancienne domestique qui a attrapé une pleurésie...

MONSIEUR, *souriant.* Allez, noble dame, et n'oubliez pas d'emporter votre *ausmônière*.

MADAME *à l'ami.* J'espère, monsieur, que j'aurai le plaisir de vous dire au revoir avant votre départ. Je serai de retour dans une heure. En attendant, messieurs, bonne digestion !

(Elle sort par le pavillon.)

SCÈNE II

MONSIEUR, L'AMI.

MONSIEUR, *après un silence.* Eh bien, Henri, mon vieil ami, comment trouves-tu ma femme, là, franchement ?

L'AMI. Dame, elle me paraît charmante ! Fraîche, gracieuse comme une... rose, simple et naturelle comme cette fleur. Voilà.

MONSIEUR. Prends-tu du cognac ou du kirsch ?

L'AMI. Un peu de chartreuse plutôt... Mais pourquoi me demandes-tu subitement mon avis à propos de la compagne que tu t'es choisie « pour le bien comme pour le mal », selon la formule des protestants ? N'as-tu pas tes yeux, n'as-tu pas un cœur ? Serais-tu comme ces timides amateurs de tableaux qui, après avoir payé cher une toile moderne, à quelque vente ont besoin du suffrage des visiteurs de leur salon pour trouver toujours bien et de grande valeur ce qu'ils ont choisi, de leur propre mouvement, tout seuls, un jour de goût intuitif ?

MONSIEUR. Oh! non, mon ami. — J'adore ma femme, et cela est bien excusable ; il y a si peu de temps que la chère créature égaye ma vie !... Mais tu es le plus ancien de mes amis, mon seul véritable ami plutôt. Le jour de mon mariage, je ne sais quel empêchement t'a retenu chez toi. Ta poignée de main, à la sacristie, m'aurait été précieuse. Elle m'a manqué. Et mon interrogation de tout à l'heure n'avait d'autre but que de te la demander.

L'AMI. Soit, mais je t'ai déjà félicité, sous enveloppe, avec timbre. J'espère que mes compliments et mes souhaits épistolaires t'auront été agréables. Je te les réitère, en ce jour, de vive voix. — Allons, la main, mon garçon ? que je la presse bien fort. Sois heureux, Gustave ! (*ils se serrent la main.*) Ta petite femme, d'ailleurs, avec son exquise inexpérience de la vie à deux, me fait l'effet d'être pour toi ce qu'est le *petit Noël* pour les bambins : une enfant, mais une enfant qui apporte avec elle le bonheur !

MONSIEUR. Oui, c'est un ange...

(Il fume précipitamment.)

L'AMI. Eh bien, ami, qu'est-ce encore ?— Voyons ? — Tu m'as écrit de venir te voir. Me voilà. J'ai pris le train à une heure indue, laissant Paris dans les bras du sommeil ; j'ai mis de côté toute affaire, y compris les affaires frivoles qui sont si sérieuses pour moi. Qu'as-tu à me dire ? — Je pense bien que tu ne m'as pas contraint de me lever à cinq heures du matin pour me faire déclarer, à haute voix, à midi, et cela à trente lieues de Paris, que ta femme, que je n'avais pas l'honneur de connaître, est la plus ravissante personne de France et de Navarre.

MONSIEUR, *absorbé*. Non, Henri. Je voulais....

L'AMI. Dis. Courage, grand niais ! Qu'as-tu ? Que veux-tu ?

MONSIEUR. Eh bien.... eh bien.... après trois mois de ménage....

L'AMI. Dont deux en Italie.... et cela ne compte pas.

MONSIEUR. C'est cela.... Après trois mois d'union enfin, et de l'union la plus douce, la plus divine, la plus complète....je ne sais pas....je ne sais plus.... Ah !

L'AMI, *à part*. Diable ! (*Haut.*) Quel être indécrottable! Quoi? Que ne sais-tu plus? Explique-toi.... dans un français que je puisse écouter sans horreur surtout! Voyons, parle. Ta femme est absente.... c'est le moment. — L'heure du train approche.

Monsieur. Oui, c'est le moment. Oh! je le sais bien. En résumé, je devrais me taire, attendre, voir.... que sais-je?

L'ami. Oh! si tu joues les Sphinx, je ne suis plus ton homme. Je ne devine pas les rebus, moi! — En outre, je ne comprends rien absolument à ton agitation.... Sapristi! qu'est-ce qui peut donc clocher ici! — Tu es heureux, riche, jeune. Tu as bien arrangé ta vie. Ton existence de garçon a été flatteuse pour toi. Ta vie d'homme marié, et d'homme marié avec une femme qui, je te l'avoue, m'a fait, pour la première fois, trouver que les célibataires ne sont pas dans le vrai, ta vie de ménage enfin me paraît établie dans les meilleures conditions. Que te manque-t-il?

Monsieur. Rien, il est vrai. (*Avec force.*) Eh bien, il y a des jours où il me semble que tout me manque!

L'ami. Mais c'est de la folie! de la folie!

Monsieur. De la folie?... Soit! — Mais, vois-tu, Henri, il y a des jours, quand je suis seul, quand la chère petite est en visite, il y a des jours où j'ai envie de me sauver comme un lâche, de tout planter là, de m'enfuir.... où?... je ne sais, mais de partir!... Je regrette la liberté perdue!

L'ami, *à part*. Ceci est plus grave. (*Haut.*) Libre?

mais ne l'es-tu pas? Au bout de quatre-vingt-dix jours de bonheur, tu te trouves esclave! Quelle lubie? Ah çà, mais quel jeu jouons-nous ici? Comment! c'est moi, moi qui tout à l'heure, pauvre débauché parisien, touchais les doigts de ta femme, comme Satan touche une croix, avec effroi et remords, comment, c'est moi qui monte en chaire et prêche! Voilà qui est singulier! Allons, fou, réfléchis. Tu as mis des lunettes lugubres sur tes yeux, ce matin, mon cher, comme aurait dit de Ségur. Brise-moi ces tristes verres et vois avec tes prunelles ordinaires.

Monsieur. J'ai essayé. Souvent j'ai réussi à chasser mes obsédantes pensées, plus souvent aussi j'ai été vaincu. Je te demande pardon, je t'ennuie. Mais parle-moi encore. Que faire?

L'ami. Au fait, Gustave, ton cas, car tu es malade, mon bon, ton cas n'est pas sans précédents. A Paris, les maladies nerveuses de l'espèce de celle qui t'enlace aujourd'hui sont communes. C'est l'infâme Paris, seul, qui les engendre. Tu as trop vécu, de bonne heure, loin du foyer, loin de la famille, pour arriver, sans crise plus ou moins prolongée, à graviter paisiblement autour d'une femme placide qui ne peut comprendre, et par suite, soulager par des paroles fortifiantes, tes douleurs tout imaginaires.

Monsieur. C'est cela, peut-être? *La domestication de mon indépendance* ne peut se faire d'un seul coup. Je ne regrette point le passé, non; ma bien-aimée Cécile remplace sans effort le boulevard, les camarades, le cercle et les autres *et cœtera* qui sont Paris. Je regrette, je regrette.... de n'être plus *moi*.... seul, quand je veux!... Je regrette enfin des choses qu'on ne peut spécifier, mais dont l'absence subite me rend inquiet, anxieux, prêt à faire des folies....

L'AMI. Une comparaison, veux-tu?—N'éprouves-tu pas ce qu'on ressent le soir d'une arrivée à la campagne, dans un château où l'on doit passer une quinzaine, chez des amis.... de rencontre, qu'on connaît pour être aimables seulement? On a envie, une fois seul dans la grande chambre verte ou jaune, mais inconnue, au seuil de laquelle le domestique vous laisse, de se sauver et de reprendre le train immédiatement...

MONSIEUR. Oh! oui. — Oui, une tristesse inexplicable, stupide vous envahit. Un rien, le bruit du vent dans les arbres, d'une cloche lointaine, d'un chien qui hurle, de la pluie qui tombe, suffit pour vous réduire à cet état misérable dans lequel je me trouve parfois, aujourd'hui surtout, malgré ta présence réconfortante.

L'AMI. Peur de l'inconnu, regret du passé, lâcheté, enfin ; oui, je le répète, c'est de la lâcheté, cela. Eh! bon Dieu, si tous les voyageurs qui, à la première poste, se sont sentis découragés et prêts à retourner à leur point de départ, avaient cédé à cet inévitable premier mouvement de peur et de recul, qui suit les prises de décisions solennelles, eh! bon Dieu! mon bon et mon faible Gustave, nous mangerions encore les navets indigènes au dessert, au lieu des ananas qu'ils ont rapportés! En avant, en avant, c'est la loi de l'humanité!

Monsieur. En avant?

L'ami. Eh! oui. — Au début de tout voyage, il y a le premier relais; c'est l'instant suprême. Ceux qui se repentent déjà peuvent laisser là la voiture et retourner chez eux, dans leur trou; mais il est noble et courageux de crier au postillon : *Touche!* Se résigner à une chose utile, ce n'est pas être vaincu, c'est triompher. Et puis le premier quart d'heure d'émotion est bien vite passé. Il est rude, j'en conviens; mais le tintement des grelots, les paysages qui se succèdent le font vite oublier. Et, au premier visage charmant qu'on rencontre en courant sur la route, on retrouve un sourire joyeux, et c'est fini....

Monsieur. Hélas !... j'hésite encore au premier relais, moi; je ne sais s'il faut continuer. Pourtant, je n'ai nul motif pour ne pas le faire...

L'ami. Bah! essaye. — Quant à moi (*il regarde à sa montre*), je vais reprendre le train. — On m'attend à Paris. — Je suis désolé, complétement désappointé de ne pouvoir offrir mes plus respectueux madrigaux à ta bonne et loyale compagne. — Mais l'heure me presse. Rappelle-moi, je te prie, à son bon souvenir. Exprime-lui tous mes regrets.

Monsieur. Je ferai ta commission, mon très-cher. (*Il regarde à sa montre.*) Nous avons le temps. Je vais te reconduire à la gare.

(Ils sortent par le jardin.)

SCÈNE III

MADAME.

La scène reste vide pendant quelques instants. On entend, dans le lointain, le sifflet du chemin de fer et la corne du garde-barrière. Puis Madame, un panier à ouvrage à la main, entre et vient s'asseoir sur un banc, et pose son panier à côté d'elle.

Je suis en retard! — Ces messieurs sont partis! — (*Elle tire de son panier de petits morceaux d'étoffe blanche qu'elle arrange et déplisse sur ses genoux.*) Ce monsieur Henri a l'air d'un brave garçon. — Gustave a été d'un joyeux.... Oh! c'est que monsieur Gustave n'est pas tous les jours gai; ah! mais non.... Petite jalouse, va! — C'est pourtant bien naturel!... Mais, bouche close; il ne s'agit pas de bavarder, il faut travailler comme une vraie femme, maintenant (*Elle coud silencieusement et sourit*). — On vient?...

SCÈNE IV

MONSIEUR, MADAME.

Monsieur, *rêveur, sans voir sa femme.* « Le premier relais.... Se résigner bravement.... Et l'on sourit bientôt au premier visage charmant qu'on rencontre.... » (*Il aperçoit madame.*) — Chère Cécile, te voilà revenue? — Henri a dû partir sans t'avoir dit adieu.... Il était désolé.... Je l'ai accompagné à la gare. (*Il s'assied près de sa femme et prend le panier à ouvrage sur ses genoux.*) Oh! oh! toujours au travail, ma belle dame de charité.... Il me semble que vous le comblez, ce marmot. Pour un enfant de village (*il met un petit bonnet sur son poing*), de la dentelle, c'est un peu luxueux.... diable!... Et va-t-il bientôt venir, ce gamin? Vous avez vu la mère aujourd'hui? Cette pauvre femme....

Madame, *avec émotion.* Oui, je l'ai vue....

Monsieur, *souriant.* Et quand va-t-il venir?

Madame. Oh! dans.... quelque temps seulement. Mais je voulais vous dire....

Monsieur, Que veux-tu dire, mon enfant? — Pourquoi rougis-tu?

Madame. C'est que ce gamin, comme vous dites, qui doit venir....

Monsieur, Eh bien! vite.... vite.... Mais qu'as-tu Cécile?

Madame, *passant le bras autour du cou de son mari.* Eh bien! je crois que c'est chez nous qu'il viendra.... d'abord.

Monsieur, *avec un cri.* Ma femme! un petit enfant!...

(*Il serre avec transport sa femme dans ses bras et la regarde avec amour appuyer sa tête charmante sur son épaule.*) — (*A part.*) « Le premier relais est passé; postillon : *Touche!* »

(La toile tombe.)

FIN DES HISTOIRES DIVERTISSANTES.

TABLE

Pardon, mon ami; venez!...	1
L'amour mouillé...	10
Le gros vieux bouquin...	18
Monsieur Cendrillon...	23
Et la mer montait toujours!...	36
La dernière heure...	47
Un conte de peau d'âne...	56
Comment le capitaine Bastouil, « s'crrr'bleu, m'sieur », célèbre le jour des Morts, lui...	73
Les « Christs » dans la neige...	78
L'amour à la landaise...	84
Mademoiselle Chassepot...	93
Ce pauvre Gaston...	103
Pour parler d'autre chose...	122
Night bell...	127
Le petit vieillard de Toul...	137
M. Samuel Coq...	143
La dévocion à la Cruz...	151
L'artiste bossu...	165
Le vent d'automne...	174
Les babas de la comtesse...	179
Modéran des Comices...	187
Un ballo in maschera...	201
La Blette rompue...	211

TABLE.

Le vieux linge	227
La femme sans tête	232
En singe	243
Un costume ton sur ton	248
Cauchemar	261
Rêve de jeune fille	267
La victime des pantalons	272
En avance	277
Il a le bec de-cane!	285
Confidences	290
L'Homme élastique	298
Les jambes de ce monsieur!	306
Mon ami le phénomène	315
La belle madame Patte	321
Le vague à l'âme	327
Un singulier voyageur	335
Une vieille habitude militaire	343
Le mari de ma femme	352
Affaire du bois d'Écouen	362
Le relais	374

FIN DE LA TABLE.

Paris. — Imp. E. Capiomont et V. Renault, rue des Poitevins, 6.

RAPPORT 15

www.ingramcontent.com/pod-product-compliance
Lightning Source LLC
Chambersburg PA
CBHW060050190426
43201CB00034B/659